DOMINIQUE DROUIN

Dominique Drouin travaille dans le milieu de l'écriture et de la télévision depuis près de trente ans. Diplômée en sociologie et en communication, elle est auteur, scénariste et directrice de maisons d'édition. *De mères en filles*, sa première saga romanesque, a paru en 2015 chez Hugo & Cie.

Retrouvez toute l'actualité de l'auteur sur : dominiquedrouin.com

DE MÈRES EN FILLES

Anaïs

Tome 3

DU MÊME AUTEUR
CHEZ POCKET

DE MÈRES EN FILLES

ALICE
ARIANE
ANAÏS
AVA

DOMINIQUE DROUIN

DE MÈRES EN FILLES

Anaïs

Tome 3

HUGO ROMAN

Pocket, une marque d'Univers Poche,
est un éditeur qui s'engage pour la préservation
de son environnement et qui utilise du papier fabriqué
à partir de bois provenant de forêts
gérées de manière responsable.

ISBN : 978-2-266-27252-0

Arbre généalogique

Jean-Jacques & Élise Martin

Marianne
Maurice Achard

Jeanne
Maurice Achard

Alice

Georges Deusden

Annabelle

Claudio Calvino

Ariane
Marcel Lepage

Claude

Henri

Agathe
Léon Saintonge

Anaïs
James Robert

Ava

À mes enfants, Gabrielle et Jean-Michel.
À mon amour, Bernard.
À Isa.
Aux amis d'enfance. Aux cousins et cousines.
Aux frères et sœurs. Aux enfants adoptés.
À la famille.

À ceux qui, en dépit de tout,
se sont quand même relevés
pour continuer d'avancer.

Chapitre 1

En ce matin de l'hiver 1951, Anaïs Calvino se lève à l'heure des poules. À neuf ans, elle ne traîne pas au lit. Pour elle, les samedis sont sacrés. Une fois le petit déjeuner avalé, son lit fait et sa chambre remise en ordre, elle s'installe pour écouter les histoires de *tante Lucille*, un incontournable. Ce rendez-vous hebdomadaire lui permet de traverser la semaine avec patience et bonne volonté. Cette maîtresse conteuse l'emmène toujours droit au paradis, là où tout devient possible et où tout est plus vrai que la vie même. Elle est d'accord avec les jumeaux Claude et Henri, ses complices : aucun plaisir n'égale cette émission de radio destinée aux enfants.

Une fois son moment d'écoute passé, elle s'empresse d'aller à l'étage pour faire sa toilette et s'habiller. Anaïs s'observe dans la glace, découvrant une image d'elle-même qui lui convient : jupe de laine à plis serrés et chemisier ajusté aux manches bouffantes. Elle se coiffe toute seule, enroulant ses deux nattes derrière ses oreilles, et se félicite du résultat. Pas un frisottis impertinent et pas un faux pli ne viennent gâcher sa tenue. À l'intérieur, une fébrilité l'habite : elle se prépare pour son cours de diction. Elle avalera son déjeuner sans se presser. Mme Bernard l'attend à quatorze heures pile, dans cette vaste pièce plutôt dénudée qui cache costumes et jeux dans des coffres sous les fenêtres.

Un peu avant le moment convenu, Anaïs enfile son manteau et ses guêtres, puis ses bottillons d'hiver fourrés de mouton blanc qui se replient à la cheville. Elle s'assied dans l'entrée de la grande maison, attendant sa mère.

— Je suis prête ! lance-t-elle à l'intention d'Ariane, occupée à coucher les garçons sous la garde de Marcel, en visite à la maison pour quelques jours.

Pour les jumeaux, une courte sieste l'après-midi n'est pas un luxe.

Une fois au studio, Anaïs sait qu'elle oubliera tout, plongée dans un autre monde, celui des comptines, des chansons et de la fantaisie. Et il lui tarde de se lancer dans cet univers d'évasion. Elle quitte le siège de la Peugeot et part en courant vers l'escalier qu'elle gravit en grimpant les marches deux par deux.

À peine ses vêtements d'hiver enlevés et accrochés, et pour montrer ses progrès de la semaine, elle récite de courtes phrases piochées au hasard dans un pot de verre.

— Un dragon qui se dégourdit, le voilà dans de beaux draps !

— Bravo, Anaïs ! Aucune hésitation ! Excellent !

— Petit peton, peut-on te promener sur le pont ? continue la gamine pour ajouter à son succès.

Un rythme s'impose et emporte la fillette. Elle adore sentir le regard d'admiration infinie porté sur elle par Mme Bernard. Pour cette seule satisfaction, elle ne lésine pas sur les efforts.

— Tu en as fait, des progrès, depuis que tu viens chez moi, n'est-ce pas ? Tu peux être fière.

— Oh oui, madame Bernard, répond l'enfant avec conviction.

D'aussi loin qu'elle se souvienne, s'exprimer devant les adultes lui avait toujours paru une affaire complexe. La mort d'Agathe et les bouleversements causés par son départ avaient intensifié son malaise et sa nervosité. Au moment de prendre la parole, intimidée, nerveuse, elle éprouvait de plus en plus de mal à se laisser aller librement.

Une fois les exercices de pose de voix achevés, la répétitrice prend un temps d'arrêt pour adresser un large sourire à son élève.

— Tu progresses, jeune demoiselle. J'ai une proposition pour toi… Des auditions seront organisées d'ici quelques mois. On cherche une enfant qui aurait à peu près ton âge pour un rôle au théâtre. Cela te plairait-il de concourir ?

— Oh oui, c'est certain !

— Je vais en discuter avec ta maman quand elle viendra te chercher. Ce sera beaucoup de travail que d'apprendre autant de texte.

— Je pourrai très bien le faire, madame Bernard.

— Je le crois aussi. Ça n'est pas pour tout de suite. Et le récit est sombre, tu sais…

— Aucune histoire ne peut être plus triste que celle de Bambi. Pourtant, je l'ai adorée, c'est même ma préférée !

Le jour tombe sur la ville. Sur la cuisinière au gaz, une soupe aux pois mijote tout doucement. Sachant qu'Ariane rentrera tard du travail, Mme Demers, l'aide de la maison, l'a fait réchauffer pour elle tout juste avant d'aller au lit.

De retour d'une journée particulièrement difficile à cause d'un enregistrement houleux, Ariane Calvino doit faire un effort pour ne pas se coucher l'estomac vide. Debout, une cuillère de bois à la main, elle brasse machinalement le contenu de la casserole. Elle éteint le feu, verse le liquide chaud dans un bol et s'assied à la table de la cuisine. Une missive pliée avec application l'attend. Anaïs, d'une main assurée, a écrit à celle qui est, par la force des choses, sa maman. Celle-ci déplie la feuille et se met à la lecture. Sa fille décrète qu'elle n'en peut plus d'attendre sa réponse tellement le projet l'emballe. Elle l'implore de la laisser passer l'audition pour obtenir ce premier rôle au théâtre. Secouée par le ton de cette missive, la mère, contrariée, s'éveille tout à fait. *Pourquoi faut-il que cette petite aime tant l'art dramatique ?* Tandis que la question vient à son esprit, elle se reproche d'être en partie l'artisan de son propre malheur, puisque c'est elle-même qui a inscrit la petite chez un des meilleurs professeurs de diction de Montréal.

Alors que Marcel, son époux, se trouve à Toronto, où il s'est installé pour affaires depuis plus de trois ans, et qu'il n'est pas là physiquement pour lui adresser des reproches, elle imagine la conversation qu'ils auraient s'ils se trouvaient ensemble à ce moment précis :

— *Cette enfant n'est pas normale parce que tu ne l'as pas traitée normalement ! À la mort de sa mère, tu l'as laissée se replier sur elle-même en l'emmenant avec toi en France au lieu de lui permettre de retrouver ses repères auprès de ses frères qu'elle adore ! Depuis, elle vit dans son monde !*

— Pourquoi faut-il que, dès qu'il est question d'Anaïs, tout devienne tellement tragique ?

— Ton attitude envers elle n'est pas la bonne. Tu lui passes tous ses caprices. Elle a déjà fait quelques publicités. N'est-ce pas suffisant ?

— J'ai envie de lui accorder ce qu'elle me demande, pour la récompenser de ses progrès. Les cours de diction lui ont permis de mieux s'exprimer, et la petite adore Mme Bernard, qui lui fait une proposition plus qu'intéressante.

— Donc, tu vas la laisser passer cette audition ? Et si elle emporte le rôle, tu vas lui permettre de le jouer ? Après ce rôle, ce sera un autre, puis un autre ! Tu es pleine de contradictions, lui répondrait Marcel.

D'autant plus implacable qu'il aurait raison, car Ariane ne cesse de répéter qu'elle ne veut pas nourrir les ambitions artistiques de sa fille.

— Je sais… Mais je ne peux pas lui refuser ça, se surprend-elle à répondre à voix haute, alors qu'elle se trouve seule dans la cuisine. J'en suis incapable, lance-t-elle, exaspérée.

Depuis que son mari habite la Ville reine et qu'elle élève seule leurs trois enfants tout en travaillant de plus en plus fort, elle trouve sa plus grande consolation dans le fait que ces divergences de vues, jadis si fréquentes avec son époux, n'ont plus cours. *Sauf dans mon imagination*, s'amuse-t-elle à penser en déposant son bol dans l'évier. *Je réfléchirai de nouveau à tout ça demain. Car ce soir, je suis à bout de forces.*

L'hiver a passé, puis le printemps. Anaïs prépare son audition. Elle tient le texte de la pièce sur ses genoux, imaginant la scène au fur et à mesure de sa lecture : une enfant de son âge est assise sur son lit. Elle tient une image dans ses mains. Au moindre bruit, elle cache son trésor sous sa veste. La petite regarde fixement la photographie et prie à voix basse pour que de là-haut on l'entende. Elle n'a pas aperçu l'ombre qui se dessine dans l'embrasure de la porte. Une mégère sèche et grinçante apparaît en hurlant. Elle agrippe le portrait et le déchire en mille morceaux. Elle quitte la chambre et, d'un geste hargneux, soulève le rond du poêle et y jette les débris sous les cris stridents de la gamine. Anaïs relève la tête. Son cœur bat à toute allure ; une envie de pleurer l'étreint. Elle sanglote sans bruit, car si sa mère surprend sa peine, elle reviendra sur la permission accordée et si difficilement acquise.

— Si le drame te bouleverse trop, je veux que tu me le dises tout de suite.

— Mais c'est du théâtre, maman !

Anaïs porte son mouchoir à son nez et s'essuie discrètement. C'est Agathe qui a brodé ces marguerites sur le carré de coton. Du coup, une scène se superpose sur le tissu. Elle revoit le petit instrument d'un noir lustré qui scintillait dans la nuit lorsque la lune, pleine et brillante, faisait entrer les rayons de sa lumière par l'ouverture vitrée. Cette réplique en format réduit d'un piano à queue sortie tout droit de la fabrique Craig, elle l'avait reçue un jour en cadeau. Et le sourire de sa mère posé sur elle avait réchauffé son âme.

Ce matin-là, après s'être levée, elle avait remarqué une étincelle particulière dans le regard d'Agathe. Sa mère se démenait, servant le petit déjeuner rapidement et, au moment de le couper avec un peu d'eau, elle avait renversé le lait si précieux. Les garçons, sensibles eux aussi à l'agitation inhabituelle de leur tante, échangeaient quelques coups de poing amicaux en ricanant nerveusement.

— Ma chérie, sais-tu combien ta maman t'aime et te trouve aussi intelligente que douée ?

Anaïs adorait la fierté qu'elle lisait dans les yeux de sa mère.

— Eh bien, aujourd'hui, je vais te donner un présent… Il s'agit d'un instrument très rare qui appartenait à un ami.

Agathe avait dans la voix une solennité presque hypnotisante qui marquait l'importance de l'objet qu'elle comptait lui offrir. Et la journée, plutôt grise et immobile, semblait vouloir accentuer le suspense du moment ; Anaïs avait attendu la surprise avec impatience. Vers la fin de la matinée, le mystère était enfin résolu : deux hommes à la carrure forte et imposante s'étaient présentés à la porte, et c'est en courant que le petit trio infernal était venu leur ouvrir. Les colosses tenaient une boîte qui, en contraste avec leur corpulence, semblait minuscule et ridiculement légère et dans laquelle se trouvait le piano en format réduit. Fébrile, Anaïs avait vu sa mère indiquer aux livreurs de passer par la ruelle pour se rendre jusqu'à l'arrière, où elle leur ouvrirait la porte. C'est en courant et en riant que les enfants avaient parcouru le grand couloir de la maison, qu'ils avaient dévalé l'escalier du sous-sol et ouvert la porte de la chambre.

Les hommes étaient entrés et avaient déposé leur livraison dans la pièce attenante à la chambrette de la mère et de la fille. Ils étaient repartis après avoir pris le temps de faire jouer leurs énormes biceps tatoués, pour le plus grand plaisir des jumeaux médusés. Claude avait passé le reste de la journée à descendre et à relever les avant-bras comme un haltérophile…

La boîte intriguait tout autant que ce qui pouvait se dissimuler dedans. Elle était toute de bois massif, et il avait fallu aller chercher un marteau et un pied-de-biche dans l'atelier. En travaillant du coude et de l'avant-bras et en y mettant tout son poids, Agathe avait fait sauter les clous retenant les planches. Une fois la première latte arrachée, Anaïs avait enfin assouvi sa curiosité brûlante et aperçu les touches d'un clavier.

— Un piano ! n'avait-elle pu s'empêcher de hurler.

La mère s'était affairée de plus belle à libérer l'instrument miniature, tandis que les garçons s'étaient appliqués à empiler les planches sous l'évier, les déplaçant d'un bout à l'autre du couloir avec force roucoulements et gazouillis joyeux. La persévérance avait enfin été récompensée quand avait fièrement émergé, au bout des bras d'Agathe, un piano à queue pas plus haut qu'un mètre mais tout à fait magnifique, avec son couvercle s'ouvrant et se refermant, un clavier à trois octaves, des pédales actives et un petit banc rembourré et recouvert de velours rayé. Plus excitée encore que la fêtée à qui elle destinait son présent, Agathe s'était agenouillée face au meuble et avait soulevé le pupitre…

— C'est exactement comme un vrai ! Tu vois, ma chérie ? Tu vas pouvoir jouer ! Je vais t'apprendre !

Et des étoiles scintillaient dans les yeux de la maman.

Anaïs n'a rien oublié des traits du visage de sa chère disparue. L'intensité de l'émotion, intacte, hante toujours son âme. Le petit piano a été remisé depuis, mais la scène qu'elle doit apprendre a ravivé ce souvenir. Car elle aussi cache une photo de sa vraie maman dans le tiroir de sa table de chevet.

En ce début d'été 1951, au moment de le décliner, Anaïs n'hésite pas et récite un texte répété depuis des mois. Alors que partout ailleurs elle se sent timide, gauche et maladroite, voilà que, dans la peau de cette petite fille brisée et maltraitée, elle, Anaïs Calvino, émerge. Quand on lui demande de faire semblant, elle s'exécute sans gêne. Et s'il lui arrive de buter sur une consonne, plutôt que de laisser l'angoisse la dominer, elle revient en arrière, respire à fond et corrige son faux pas. Le metteur en scène semble impressionné. La fillette découvre sa puissance, cette capacité de capter l'attention qui l'habite. Dès les premiers moments, elle sait qu'elle sera choisie.

Un silence s'installe dans la salle d'audition. La victoire lui paraît possible ; elle ne pouvait faire mieux. Désolée de voir venir la fin d'un moment aussi parfait, elle reste là, charmante dans sa robe saumonée avec ses cheveux blonds presque blancs tombant en boucles sur son dos. Le contraste avec l'horreur de la scène qu'elle vient de jouer est d'autant plus frappant. Un instant passe et un monsieur bedonnant à l'air gentil lui sourit et quitte sa chaise pour la rejoindre.

— Bonjour, Anaïs… Ton prénom est rare et bien joli. Tu as très bien rendu l'extrait.

La petite acquiesce, tout de suite rassurée par le ton posé et l'attitude chaleureuse du metteur en scène.

— Mais je m'interroge… Si je te demandais de pleurer, comme ça, maintenant, est-ce que tu le pourrais ?

La connexion avec un moment triste se fait rapidement. La toux de sa mère lui revient aux oreilles. Persistante. Inquiétante.

— La clinique se trouve à Sainte-Agathe, c'est un signe, non ? avait déclaré sa maman entre deux expectorations.

La valise trônait, ouverte, comme une bouche béante et monstrueuse. Elle s'emplissait à une vitesse effrayante : les bas Nylon si précieux et élégants, les gaines, les soutiens-gorge entretenus avec soin, les culottes de viscose qui avaient tout de la soie. Dès que sa mère avait le dos tourné, Anaïs s'empressait de les retirer du bagage pour les remettre à leur place, dans la commode. Quelque chose d'irrémédiable se préparait, elle le sentait. Elle avait beau poser les questions qui traversent l'esprit d'une jeune enfant, personne ne la prenait au sérieux.

— Ma poupée, pourquoi ne m'aides-tu pas ? Tu es si agitée !

Anaïs s'était sentie envahie d'une angoisse profonde car elle avait détecté une pointe de colère, d'irritation à son endroit. Elle s'était crue responsable de ce départ rapide et impromptu.

— Si je le pouvais, je t'embrasserais et te serrerais très fort, mais on me l'interdit car je risquerais de te transmettre ma maladie.

Elle avait très bien saisi le sens du propos et avait justement souhaité être atteinte de ce mal, elle aussi, pour suivre celle qu'elle aimait plus que tout au monde.

— Tu vas rester ici avec tante Ariane et oncle Marcel. Ils vont prendre bien soin de toi. Ils me l'ont promis. Henri et Claude seront avec toi.

Pour toute réponse, l'enfant avait tendu les bras, implorante. Elle aurait voulu que sa mère la prenne, l'enlace, la cajole. Elle l'avait souhaité à un point tel que ça lui faisait mal comme une plaie ouverte au milieu de son petit corps. Quand elle avait vu qu'au contraire Agathe s'était détournée, elle avait poussé un hurlement.

Dans le local d'audition, Anaïs pleure avec tellement de sincérité que l'homme s'y laisse prendre et l'enlace pour la consoler.

— Allez, allez, je ne souhaitais pas te chagriner.

Anaïs réagit vivement à ces paroles. Elle stoppe ses sanglots et sèche ses larmes du revers de la main.

— Mais je ne pleure pas pour de vrai…

De son regard bleu azur, elle rassure le bon monsieur. Une seconde plus tard, voilà qu'elle sourit de toutes ses dents.

Chaque fois qu'il tente d'aborder le sujet, son épouse s'esquive et veut dévier la conversation. Marcel Lepage n'est pas dupe : de toute évidence, sa femme préfère habiter seule dans une ville où elle a ses amis, son travail, voire ses amants, pourquoi pas ? Il enrage. Il ne se sent bien nulle part. À Toronto, lors des visites de Minnie, il doit se cacher et multiplier les astuces pour éviter que sa relation adultère soit dévoilée au grand jour. Une telle révélation causerait le plus grand tort à sa réputation. Il perdrait des clients et beaucoup d'argent, en plus d'amis et de relations essentielles. Par moments, l'envie de quitter sa maîtresse gagne en force. Mais lorsqu'il se retrouve devant son épouse froide comme de la glace, par ce soir de canicule de juin, et qu'elle refuse systématiquement de quitter Montréal pour le suivre et l'appuyer, il se sent pris au piège.

— Alors… Que veux-tu que je fasse ? Quel choix me laisses-tu ?

— Je ne sacrifierai pas ma carrière, Marcel. Cesse d'insister.

— Quand nous nous sommes mariés, tu disais que jamais le travail ne nous séparerait.

— Il y a bien des choses qui ont changé pour moi, depuis ce temps-là. Et toi aussi, tu avais de grandes prétentions, à l'époque. Tu m'avais d'ailleurs juré ton honnêteté…

La colère tout en retenue qu'il décrypte l'alerte. A-t-elle pu avoir vent de quoi que ce soit en ce qui a trait à Minnie ?

Ariane porte son verre de vin à ses lèvres. L'alcool lui réchauffe l'esprit. Elle a pris sa décision : celle de mettre un terme définitif aux espoirs de Marcel. Jamais elle ne quittera sa maison de l'avenue Outremont, ni ne s'éloignera de sa famille. Pour son mari, elle ne prendra plus de risque. Elle a perdu confiance en lui.

— Tout à l'heure, avant de quitter la station, j'ai croisé M. Desrosiers, le directeur de Radio-Canada. Nous avons discuté. Il y a longtemps que je me promettais de lui parler ; depuis mon départ pour l'Europe, en fait, il y a de cela déjà quatre ans.

— Je ne vois pas le rapport avec notre discussion.

— Attends, j'y arrive… Il faut parfois du temps pour comprendre qu'on a été trahi. C'est ce que j'ai saisi au cours de ma conversation avec lui. J'ai appris des choses surprenantes et très instructives te concernant.

Pesant bien ses mots, Ariane dévoile ce qu'elle désigne comme une fourberie inacceptable. Ainsi donc, Marcel a profité du fait qu'elle se trouvait en voyage à Paris pour rencontrer le directeur de la programmation de la société d'État à sa place… Et non content de lui avoir menti, il a en plus soumis une série radiophonique sur le jazz pour remplacer celle qu'elle avait déposée ? C'est du joli !

— Ça te fera plaisir de savoir que mon projet n'a pas fonctionné. Mon émission n'a pas été produite, répond l'homme, agacé. Le jazz n'a pas la cote, semble-t-il. Le public préfère les courriers du cœur avec un curé importé de France qui se dit psychologue !

Soufflée par la réplique de Marcel, elle hausse le ton. Alors qu'il devrait s'excuser de l'avoir trompée et d'avoir lâchement pris une place qui lui revenait à elle, il se moque de son travail ! C'en est trop ! Ariane, qui déteste les cris et les colères, sait habituellement garder son calme en toutes circonstances. Mais là, elle explose.

— *L'abbé Gilles vous écoute* n'a rien d'un courrier du cœur, c'est une émission essentielle qui informe sur des faits importants de la vie courante ! J'en suis très fière. J'ai travaillé dur pour arriver où je suis aujourd'hui. Ma carrière, je l'ai bâtie à la sueur de mon front ! Jamais je ne pourrai te pardonner d'avoir pu me nuire comme tu as osé le faire !

— Et toi, en présentant une série à Radio-Canada sans m'en parler, presque dans mon dos, tu m'as dupé sans retenue ! Trahison pour trahison, tu as autant de reproches à te faire !

— Comment peux-tu espérer que je te suive à Toronto après ce que je viens d'apprendre ? Que j'abandonne tout pour jouer les épouses confiantes ? Jamais, tu m'entends ! Jamais ! C'est hors de question !

Elle s'enflamme et rougit. Il rétorque à son tour. Le mot « divorce » est lancé au-dessus de la table. Ariane pense aux enfants et tente de recouvrer son calme. Elle ne veut plus que Marcel lui adresse la parole. Plus jamais qu'il la touche.

— Ça suffit. Restons-en là pour ce soir.

Marcel déteste lorsque sa femme met fin à leurs discussions. Il exècre cette autorité qu'elle se donne sur lui. Et cette distance qu'elle place entre eux. Il la regarde quitter la salle à manger, glaciale comme une reine au milieu de ses sujets. Il a envie de la secouer, de la frapper et de lui rappeler qu'elle aussi a ses torts. Qu'elle n'est pas blanche comme neige et qu'il n'est pas le démon…

— Je suis fatiguée. Je vais me coucher.

Il rejoint sa chambre à son tour, celle des amis, qu'il occupe désormais quand il vient à Montréal. Empreint de hargne et de chagrin mêlés, il ne prend pas le temps de se dévêtir et se couche tout habillé.

Cette nuit-là, Ariane ne parviendra à trouver le sommeil que très tard. Comment l'amour peut-il se transformer autant et prendre le visage de la rage et du dégoût ? Voilà l'effrayante énigme à laquelle chacun se bute. Mais chose certaine, Marcel Lepage et Ariane Calvino n'envisagent plus de partager ensemble autre chose que le malheur.

Quelques heures plus tard, une petite souris se glisse sous les draps et rejoint sa maman. D'abord éveillée en sursaut par les éclats de voix de ses parents, la gamine était retombée dans une nuit pleine de cauchemars, de sorcières et de gnomes affreux. De nouveau éveillée en sursaut et effrayée par ses mauvais rêves, elle préfère terminer sa nuit dans le lit accueillant de sa mère. Bien qu'elle aime son père de tout cœur et regrette le temps où il habitait avec eux à la maison, il reste qu'elle anticipe avec beaucoup d'anxiété ces moments où il revient à Montréal pour passer quelques jours avec eux. Car si Marcel annonce sa venue pour un vendredi, alors dès le lundi précédant son arrivée Ariane se montre plus soucieuse. Il faut comprimer le temps et les tâches de sorte que tout soit achevé pour l'arrivée du roi, comme le dit souvent sa mère, en blaguant. Mais Anaïs perçoit l'ironie et l'agacement dans ses propos. Cela l'inquiète : est-ce à cause d'elle que son père a quitté la demeure familiale ? Elle se pose la question quand elle sent le regard noir de Marcel sur elle. Il n'a plus la patience d'autrefois à son égard.

Ariane dort à poings fermés quand un hurlement la tire du sommeil. Elle saute du lit et se dirige en courant vers la salle de bains. Elle ne le sait pas, mais elle court vers l'impensable.

Ariane déteste les parents qui usent de leur influence et qui intercèdent pour obtenir des passe-droits pour leur progéniture. Mais cette fois, elle n'a pas le choix.

— Ma fille adorait son père. Et elle l'a trouvé mort… Elle n'est pas en état de tenir son rôle, je suis absolument désolée.

— Quelle triste nouvelle… Je comprends très bien la situation.

— Si par ailleurs, quand elle ira mieux, elle pouvait assister à la pièce depuis les coulisses…

— Dites à Anaïs qu'elle pourra venir nous voir tant qu'elle le voudra.

— Merci. C'est gentil. Je lui ferai le message. Cela la consolera un peu.

Elle raccroche le téléphone. Lasse, il lui faut annoncer à sa fille que ce rôle qui emplissait son âme de bonheur lui est refusé. À la mort de Marcel, Anaïs a subi un choc nerveux. Le médecin est formel : l'enfant doit profiter de l'été et du congé scolaire pour se refaire des forces.

Cette saison qui s'annonçait pleine de promesses, Anaïs Calvino la passera au repos forcé.

Chapitre 2

Depuis son lit, Anaïs peut apercevoir par la lucarne l'azur limpide et sans nuages du jour. Elle se laisse glisser dans l'infini céleste. En cet été 1951, rien ne la distrait ni ne la console. Pas même les câlins des jumeaux, tristes eux aussi mais surtout inquiets de l'état léthargique de leur complice de toujours. Elle souffre terriblement et garde le regard plongé dans ce carré de ciel. Elle n'a pas faim, pas chaud, pas envie de jouer, de parler ou de bouger. Dans ses mains, elle garde encore le souvenir de la froidure du corps de son père, à jamais inerte, qu'elle a frictionné en vain. Elle n'a pas pu ramener le cadavre à la vie. C'est comme ça. Encore et toujours, elle se demande si son impuissance est pardonnable. *Mon papa est mort.*

En se retournant, elle fait tomber une pile de livres entassés pour elle par Mme Demers, qui cherche par tous les moyens à la distraire. Au milieu des bouquins, une revue qu'Ariane lui a donnée, lors de leur traversée vers la France. C'était quatre ans plus tôt, alors qu'elle se débattait encore avec le choc du décès de sa mère.

— J'ai quelque chose pour toi ! avait annoncé Ariane en glissant sa main dans sa valise. Ferme tes yeux !

Anaïs les avait ouverts pour découvrir une image brillante et glacée avec, tracé d'un trait fin à l'encre de Chine, un lièvre bondissant qui tentait de rejoindre une tortue toute proche du fil d'arrivée. Intéressée par cette image et l'histoire qu'elle évoquait, elle avait remarqué le hameau où se déroulait l'action, avec ses maisons aux cheminées fumantes et ses champs ensoleillés. Elle aurait voulu plonger plus longtemps dans ce paysage bucolique, mais sa tante lui avait retiré le livret des mains.

— Pour que cette revue t'appartienne, il faut que tu me lises le titre, imprimé ici.

Jusque-là, Anaïs avait paressé ; elle ne progressait plus en lecture. Agathe avait tenu à lui apprendre à lire dès l'âge de trois ans, comme on l'avait fait pour elle-même. Mais depuis le décès de sa mère, la gamine refusait de lire à voix haute ce qu'elle déchiffrait très bien mentalement. Le silence lui convenait. Elle s'emmurait dans son mutisme. Cette fois cependant, avide de tenir dans ses mains l'alléchant magazine, elle avait énoncé d'un trait :

— *La Fontaine en images.*

Ravie, Ariane lui avait immédiatement tendu l'objet convoité. La petite Anaïs s'était empressée de l'ouvrir. Les dessins, signés Paul Colin, le célèbre affichiste français, avaient tout pour l'enchanter. Elle avait continué d'énoncer le texte avec un bon débit, à la plus grande joie de sa tante.

— *Le rat qui s'est retiré du monde.*

— Bravo ! Voilà la troisième fable. Toutes écrites par Jean de La Fontaine. Tu trouveras là une trentaine de courtes histoires qui t'amuseront et t'instruiront aussi.

Anaïs adorait déjà ce rat bien gras de la première histoire, caché dans son fromage, qu'il avait dévoré par l'intérieur, penché au-dessus des autres, maigres et affamés, auxquels il refusait l'aumône. Elle cherchait l'araignée, au cœur de sa toile, assistant à la scène. Après avoir longtemps scruté les dessins, elle s'était affairée à la lecture des vers.

Quelques lignes avaient suffi à l'ensorceler. Anaïs, qui lisait couramment malgré son jeune âge, ressentait le rythme qui la rassurait comme de la musique. Ces paraboles, elle voulait les apprendre, les mémoriser et les jouer, un peu comme une partition musicale. Si elle ne s'était pas montrée enthousiaste à l'idée d'apprendre le piano, elle aurait été toute dédiée à l'étude de ces fables si mélodiques. Ce projet meublerait bientôt tous ses temps libres.

Elle avait débuté avec *Le rat qui s'est retiré du monde*, qu'elle avait lu une fois, deux fois, cent fois. Elle avait répété chaque strophe à voix haute pour les mémoriser. Adieu, les hésitations ! Ces vers accaparaient ses pensées et effaçaient ses angoisses, comme l'extirpant d'elle-même. Et une fois la première comptine parfaitement sue…

— Assieds-toi, tante Ariane. Je te fais un spectacle.

Elle avait récité trois fables sans hésiter. Pour une fois, elle avait oublié sa timidité et l'exercice lui avait semblé facile, logique, gratifiant…

— Tu es merveilleusement douée, petite Nana ! Bravo !

— Merci…

Elle avait été tentée de terminer sa phrase avec le mot « maman ». Chaque fois qu'elle éprouvait cette envie, une pointe de culpabilité l'assaillait. Mais ce voyage qu'elles avaient entrepris ensemble, sans aucune interférence, lui avait fourni une occasion unique de renforcer les liens d'affection déjà puissants qu'elle éprouvait pour cette femme tellement généreuse et tendre à son endroit.

Ariane, de son côté, seule avec sa nièce orpheline, avait eu l'impression que l'occasion lui était donnée de combler ce besoin qu'elle n'avait pu assouvir avec sa fille biologique, morte trop tôt.

Plus proches de jour en jour, l'adulte et l'enfant adoraient ces moments de liberté passés ensemble, à s'apprivoiser, à se découvrir, à flâner et à discuter. Un après-midi, l'observation des nuages les avait occupées.

— Quand ils sont très hauts comme ça, on les appelle cirrus. Et comme il fait froid, des cristaux de glace se forment.

— Oui ! J'aperçois des vagues dedans !

— Les gros, plus bas, avec un ventre gras, ils se nomment cumulus.

— Ma maman, elle, dort dans un cirrus ! Penses-tu qu'elle me voit de là-haut ?

— Le jour, oui, mais le soir, elle s'allume. Et là, si tu choisis la bonne étoile, tu l'apercevras et tu pourras lui dire bonjour et lui parler autant que tu en as envie. Et quand tu seras vieille, tu la rejoindras, si tu veux.

— Oui, je veux !

— En attendant, ta mère, ça peut être moi. On est d'accord ? Plus de tante Ariane. Tu veux bien m'appeler maman ?

Un peu embêtée à l'idée qu'Agathe, de son ciel, entende des bribes de leur conversation et s'en trouve blessée, Anaïs avait acquiescé discrètement. *Je ne veux pas te faire de peine, maman, mais je ne veux pas faire de peine à tante Ariane non plus…* La fillette avait relevé la tête pour apercevoir, se dessinant dans l'azur, un faciès souriant ressemblant étrangement à celui de la disparue. Elle s'était détendue un peu et avait fait oui de la tête.

Chassant ses remords et reprenant confiance en son charme, Anaïs – mignonne à croquer dans sa robe jaune ornée de cerises – avait récité d'un trait un nouveau paragraphe d'une fable du célèbre auteur.

Stupéfaite de la voir aussi à l'aise, décontractée et rendant le texte avec sensibilité et force gestes, Ariane avait applaudi la prouesse de l'enfant qui l'emplissait de fierté. Tandis que la petite effectuait un salut élégant de demoiselle, la femme ne pouvait qu'admettre l'aplomb et la maturité du rendu, l'assurance dans la diction et les intonations. Par déformation professionnelle, Ariane avait immédiatement détecté les signes d'un talent brut. La gamine allait sur ses six ans mais déjà elle avait l'étoffe d'une comédienne. Cette pensée l'avait contrariée et elle l'avait chassée aussitôt.

S'étaient ensuivies *Le Conseil tenu par les rats*, *La Mort et le Bûcheron* et *Le Gland et la Citrouille*. Puis Anaïs s'était attardée à *La Cigale et la Fourmi*, qui lui plaisait particulièrement, tant par l'image que par le propos. Désormais, les fables allaient l'habiter et l'occuper durant tout ce voyage. Tel un pianiste répétant ses gammes, à tout instant elle réciterait les vers intérieurement et sans se lasser, comme un mantra.

Sa revue *La Fontaine en images*, elle l'avait emportée partout dans Paris : dans la chambre d'hôtel, au restaurant, dans le bus et avec la femme de chambre à qui on l'avait confiée pour permettre à Ariane d'aller rencontrer un certain M. Di Marco. L'ennui comme la solitude n'avaient plus existé.

— Aujourd'hui, j'apprendrai *Le Singe et le Chat* ! Quand tu rentreras, je la saurai du début à la fin.

Et la petite tenait parole. Fière comme un paon, elle livrait ses lignes avec de grands gestes et des mises en scène, se costumant parfois pour ajouter à l'attrait. Elle aimait plus que tout être en représentation, se libérant ainsi de sa gêne et de ses maladresses. Une découverte à laquelle elle se donnait sans réserve.

Elle s'y était appliquée tant et si bien qu'à la fin du mois passé en Europe avec sa nouvelle maman elle maîtrisait parfaitement les trente fables. Elle en avait même décliné une partie à une personne que sa mère lui avait présentée comme un cousin lointain, M. Eugène Boyer, qu'elle avait laissé impressionné et séduit. L'étranger si avenant avait tenu à entendre la récitation jusqu'au bout, comblant Anaïs de bonheur.

De retour à sa chambre, en cet été de 1951, réchauffée par la réminiscence de ces moments heureux, Anaïs ouvre la revue et retrouve Jean de La Fontaine. *Le Laboureur et ses Enfants* lui tombe sous la main. Elle voit là un signe :

Travaillez, prenez de la peine :
C'est le fonds qui manque le moins.

Elle poursuit sa lecture jusqu'à la morale qui tombe à point nommé :

Le père mort, les fils vous retournent le champ
Deçà, delà, partout ; si bien qu'au bout de l'an
Il en rapporta davantage.
D'argent, point de caché. Mais le père fut sage
De leur montrer avant sa mort
Que le travail est un trésor.

Inspirée par le souffle de la fable, Anaïs en tire la leçon qu'elle se prélasse depuis assez longtemps et que l'oisiveté, loin de la soulager, rend son chagrin pire encore. Voilà le message que Marcel lui envoie de là-haut. Il lui faut se relever et s'accrocher à ce qui lui redonne courage. Décidée à mettre fin à sa convalescence, elle repousse ses couvertures et descend du lit. Elle fait sa toilette, s'habille et va retrouver ses frères ravis.

Le soir venu, elle insiste auprès de sa mère pour assister à la représentation de la pièce dans laquelle elle est passée à un cheveu de jouer le premier rôle.

— Es-tu bien certaine, ma chérie ? Il me semble que ça risque de te causer du chagrin. Pas d'émotions fortes, que du repos, a dit le médecin. Or cette pièce est d'un tragique…

— Je te jure, maman ! J'ai envie d'y aller ! Je veux assister au spectacle en coulisses. Tu m'as dit que je pourrais si je faisais l'effort d'aller mieux.

Voyant que sa fille reprend positivement son entrain, et devant son insistance, Ariane cède aux supplications.

Après avoir assisté une première fois à la pièce, la gamine demande à y retourner dès le lendemain, puis le surlendemain encore. De guerre lasse, la mère finit par engager l'une des jeunes comédiennes de la troupe pour qu'elle passe à la maison, emmène Anaïs avec elle dans sa loge et assure sa surveillance de telle sorte qu'elle puisse assister aux représentations soir après soir.

Silencieuse, docile, fascinée par la découverte des décors et par le travail derrière la scène, Nana est absorbée par l'observation du jeu des acteurs. Elle est même vite adoptée par l'équipe de la production. Informés du décès tragique de Marcel Lepage, les comédiens accueillent l'enfant avec générosité et comme une des leurs. Anaïs ne manquera aucune représentation. Ces moments d'ivresse la consolent.

Un soir, alors que le rideau vient de se lever, Ariane marche en grand silence pour rejoindre sa fille à sa place habituelle, en coulisses, entre les rideaux côté jardin. Le premier acte s'ouvre sur une scène particulièrement dure. Mais Anaïs ne se trouve pas là. Sa mère se met donc à la chercher et, ne la trouvant pas, s'inquiète. Jusqu'au moment où elle découvre la gamine, juchée sur un escabeau en bois. Là où elle s'est blottie, Anaïs a une vue imprenable sur le spectacle. Rassurée, Ariane se réjouit, puis elle aperçoit de grosses larmes rouler sur les joues de sa petite. Elle s'empresse de la rejoindre, l'invite à descendre et l'enlace.

— Je t'ai dit mille fois que cette pièce est trop difficile pour toi en ce moment, lui murmure-t-elle dans le creux de l'oreille.

— Mais, maman, si je ne venais pas ici tous les jours, je ne pourrais pas pleurer ! rétorque-t-elle doucement, comme une évidence.

La mère reste sans mots tandis que sa fille lui adresse son beau sourire. Le chagrin, comme une ondée, est passé.

L'automne de 1951 marque le retour en classe des élèves du grand couvent Mont-Jésus-Marie. Un trousseau complet est confectionné pour Anaïs. Elle a tellement grandi au cours de l'été qu'il faut tout racheter à neuf : des chemisiers blancs à manches courtes et d'autres à manches longues, des tuniques marines, des chandails de laine, des culottes bouffantes qu'on porte sous les jupes pour cacher les sous-vêtements, un blazer, des chaussettes blanches, des souliers noirs, ainsi qu'un tablier pour les arts plastiques et le dessin. L'exercice demande un effort logistique et financier considérable qu'Ariane peine à fournir, d'autant plus qu'elle doit s'occuper de la tenue des garçons, tâche qu'elle reléguait autrefois à Marcel.

Elle se rend dans la rue Saint-Hubert, au magasin d'uniformes suggéré par les écoles religieuses. Les garçons s'imaginent en cow-boys et en Indiens, fantaisie qu'ils mettent en pratique sans se soucier de la quiétude des autres acheteurs dans la boutique. Ils se montrent particulièrement turbulents au fil des essayages de leur sœur, qui se multiplient et s'étirent en longueur. Anaïs, toujours coquette, prend plaisir à parader devant ses complices. Elle a le geste et l'élégance, et défile devant eux, la tête haute, déambulant de manière à avantager un vêtement pourtant rigide et sombre. Les vendeuses remarquent la fillette, soulignent sa beauté et sourient devant l'intelligence de ses répliques. Un peu oubliés, les garçons s'agitent et rigolent dans un coin de la boutique.

Pétillante, gracieuse et la repartie vive, Anaïs sait attirer l'attention. Et comme sa mère ne se prive pas du plaisir d'habiller sa petite princesse très à la mode, la fillette est toujours séduisante et tirée à quatre épingles. Le trousseau de couventine n'échappera pas à cette règle et suscite déjà les soupirs admiratifs des jeunes vendeuses. Alors que leur grande sœur est en pleine parade, les jumeaux, coincés le long de la vitrine, bousculent les mannequins et provoquent une rocambolesque hécatombe, interrompant net la séance d'essayage presque terminée.

Se confondant en excuses, Ariane n'est pas près d'oublier la facture salée qu'ont entraînée les frasques de ses fils en surplus des tenues qu'il a fallu leur acheter. Depuis la mort de Marcel, Claude et Henri sont de vrais diables qu'elle ne parvient pas à maîtriser. Elle s'emporte souvent contre eux. Parfois, c'est Anaïs qui s'interpose et calme le jeu.

Ma chère petite, pense la mère en jetant dans son rétroviseur un regard sur ses trois enfants. La fillette, assise entre les deux garnements, dessine avec ses doigts sur leurs genoux des choses qu'ils doivent deviner… Ariane profite de ce furtif instant de bonheur, puis se ressaisit. Elle doit vite rentrer à la maison si elle veut avoir le temps de broder sur chaque pièce de vêtement le nom de ses tendres enfants.

Tout va bien, se répète Anaïs pour garder confiance. Ses souliers de cuir verni scintillent au soleil, tout comme ses cheveux d'un blond très pâle fraîchement lavés tombant en boucles sur son chemisier immaculé. Assise sur le banc de la galerie, elle craint le moment où, à l'école, elle devra quitter sa mère adoptive. Sans qu'elle sache trop pourquoi, un vertige la saisit. La panique qu'elle devine dans les yeux d'Ariane, sa nervosité, son angoisse l'alertent et tous ses sens sont aux aguets.

Arrivée dans la cour de l'école, Anaïs ressent une peur viscérale partagée par sa protectrice qui, d'un geste, la retient contre elle et refuse la séparation. Que cache l'adulte derrière son affolement ? Qu'a-t-elle tant à craindre parmi cette horde de jeunes filles en uniforme ? Elle ignore quelle est la menace à redouter et d'où risque de surgir le danger. La paralysie gagne la petite. Elle a de la difficulté à respirer. Ariane, surmontant son dégoût des couvents, tente de reprendre contenance et de rassurer sa fille de son mieux. Il faut un bon moment avant qu'Anaïs trouve assez d'assurance pour se décider à s'avancer vers son groupe.

Une fois dans sa classe fraîchement repeinte et aux bureaux astiqués, la petite Calvino a perdu tout l'aplomb d'autrefois relatif à ses compétences scolaires. Il lui semble que l'été a effacé ce qu'elle a appris du français, des mathématiques et ce qu'elle a acquis en autonomie et en courage. Le dessin, ne figurant pas parmi ses plus grandes forces, pas plus que les activités ménagères, ne lui est d'aucun secours. Dès les premiers instants de son retour à l'école, elle craint d'être confrontée à un sentiment d'échec. Elle ne parvient pas à se détendre avec les autres, passant ses récréations seule, bras croisés, dans un coin de la grande cour. Plus les semaines passent et plus elle éprouve la désagréable impression d'être la cible des moqueries des autres élèves.

La récitation du *Petit Catéchisme* a toujours été son activité de prédilection. Elle y excelle et espère y trouver du réconfort. Elle se souvient de la première fois où elle a tenu contre elle le petit ouvrage à la couverture grise, apporté avec d'autres dans deux boîtes de bois posées dans un coin de la classe par un jour de gadoue du mois de novembre. Elle était en première année.

— Mesdemoiselles, le recueil que je vais vous donner aujourd'hui va vous suivre partout, à l'école et dans votre cœur. Montrez-vous-en dignes, car *Le Petit Catéchisme* est le livre de Dieu ; il vous préparera à votre première communion. Vous y aurez une leçon à apprendre par cœur tous les jours. Il devra devenir votre meilleur ami.

Quand on lui avait remis le livret sacré, Anaïs avait tout de suite aimé la couverture faite d'un tissu rugueux. Elle avait adoré la présentation sous forme de questions et de réponses numérotées, ce qui rendrait la mémorisation tellement facile et naturelle !

Le manuel avait été bien pensé : présenté dans un format facile à glisser dans une poche, il s'ouvrait sur les principales prières, en français et en latin, cnsuite suivaient la nomenclature des fêtes et des obligations, les dates de jeûne et d'abstinence, puis, en quarante et un chapitres, les cinq cent dix-neuf articles concernant les préceptes moraux et sociaux de l'Église catholique.

Anaïs avait rapporté le précieux ouvrage à la maison. Avec une fierté démesurée aux yeux des jumeaux, elle avait exhibé le recueil religieux.

— Ça ressemble à… un livre, avait décrété Henri, cherchant à s'expliquer l'enthousiasme délirant de sa sœur.

— Oui, mais il est magique. C'est Jésus qui l'a écrit ! Et c'est Lui qui nous parle.

— Moi, je ne L'entends pas, avait tranché Claude, s'en désintéressant totalement et retournant à ses occupations.

Anaïs avait haussé les épaules, désolée pour ses deux complices, si peu au fait des actualités religieuses. Elle s'était enfuie dans sa chambre, vaguement attristée que sa mère ne soit pas encore rentrée. Elle aurait aimé partager son trésor avec une personne susceptible d'en saisir la valeur. Elle s'était plongée avec délices dans la mémorisation. Elle avait lu et retenu avec aisance : *Qui est le créateur du monde ? Dieu est le créateur du ciel et de la terre et de toutes choses visibles et invisibles. Où est Dieu ? Dieu est partout. Qu'est-ce que Dieu ? Dieu est un esprit infiniment parfait...* La mémoire de l'enfant s'était mise en marche. Anaïs ressentait le rythme des questions et des réponses s'enchevêtrant et facilitant la mémorisation. Pour elle, une avenue s'ouvrait et elle s'y engageait en suivant la cadence.

Mais voilà que, tout d'un coup, en ce début de cinquième année scolaire, alors que son enseignante, sœur Rosabelle, la cite en exemple et l'invite à redire la leçon religieuse pour laquelle elle a obtenu un prix à la fin de l'année précédente, Anaïs se voit incapable de réciter la moindre ligne. Tout se contracte dans sa gorge. Elle n'émet pas un son. *Qu'est-ce que l'enfer ? L'enfer est un lieu de supplice où ceux qui sont morts en état de péché mortel sont privés de la vue de Dieu pour toujours et souffrent des tourments épouvantables et éternels...* Elle sait très bien que c'est ce qu'elle devrait dire, mais pas un mot ne sort de sa bouche.

Tout reste bloqué. Elle a l'impression de régresser en première année, avec l'effroyable sœur Henriette…

Au même moment, la sœur Henriette en question s'engage dans le couloir avec ses élèves. Elle passe à la hauteur de la classe de sœur Rosabelle et entrevoit la petite Calvino à laquelle elle s'était particulièrement attachée et qui constitue, à ce jour, sa plus grande réussite à titre d'enseignante. Dès ses premières présentations orales, la fillette, extrêmement timide, s'était mise à buter sur les phrases et à hésiter, comme cherchant dans une tête vide. À titre de professeur, décidée à faire preuve d'autorité, sœur Henriette avait refusé de se laisser attendrir par les airs désespérés de la gamine, debout à côté de son pupitre. *Qui aime bien châtie bien*, disait le proverbe. Si Mlle Anaïs cherchait une échappatoire, elle la remettrait sur le chemin du travail et des efforts, les seules caractéristiques admissibles pour ceux que la nature a dotés de grands talents. Et elle s'était acharnée sur son cas.

L'année dernière, c'est cette élève, précisément, qui a remporté la médaille en récitation ! Qui aurait pensé qu'elle raflerait ce prix après d'aussi inoubliables débuts :

— Alors ? Donnez-nous aujourd'hui notre…

— N… ot… re…

Anaïs tortillait compulsivement ses doigts sur son uniforme, elle était devenue muette comme une carpe, ce qui avait l'heur de faire rire les copines et d'exaspérer son enseignante.

— Mademoiselle Calvino, le *Notre Père* devrait être su par cœur. Les plus brillantes d'entre vous ont le devoir de donner l'exemple, d'apprendre leurs prières et de les connaître sur le bout de leurs doigts. Ne me décevez pas.

La religieuse, debout au fond de la classe, bras croisés, regardait fixement son élève pour que celle-ci se décide à réciter. Elle n'avait pas remarqué que la petite reculait d'effroi et s'approchait dangereusement de la marche à l'avant de la classe. La gamine avait fait encore quelques pas et était tombée assise, les fesses sur l'estrade, l'uniforme en l'air et les jambes dénudées.

— Elle a fait pipi ! avait lancé quelqu'un dans la classe.

Sœur Henriette avait résisté à la colère : montrer à la jeunette que par ces facéties elle était parvenue à attirer son attention équivalait à concéder la victoire. Imperturbable, elle s'était approchée pour agripper la délinquante par le bras et la traîner comme un pantin jusque dans un coin de la classe, en punition pour son numéro de clown. *Quand les semonces ne suffisent pas, il faut savoir agir.* Voilà le principe qu'avait appliqué la religieuse, bien décidée à faire d'Anaïs un exemple et à ne pas perdre le contrôle de son groupe.

La fautive, les vêtements souillés et publiquement humiliée, avait été privée de récréation et avait dû rester droite comme un piquet jusqu'à la fin de la journée. Mains de chaque côté du corps, elle n'avait pas versé une larme et avait assumé sa pénitence sans broncher. Elle s'était entêtée et n'avait pas parlé pendant plusieurs mois. *Mais il ne fallait pas céder au chantage...*

Après sœur Henriette en première année, sœur Philomène s'était à son tour attaquée au problème de timidité excessive de la jeune Calvino. Elle avait fait tant et si bien que le léger bégaiement de la fillette s'était accentué. Pour régler le problème qu'elle avait elle-même causé, la religieuse avait préconisé le recours à des cailloux propres gardés dans la bouche de manière à « distraire » la langue de ses mauvaises tentations. De l'hésitation, on était passé au franc bégaiement. Accédant à la troisième année, Anaïs avait été prise en charge par sœur Lucie, qui, elle, avait invité la fillette à glisser un crayon sous sa langue et à l'y maintenir. Cela avait empiré un peu plus la situation, jusqu'à ce qu'une autre religieuse vienne rectifier le tir et rappeler à sa collègue que le truc du crayon s'appliquait aux épileptiques plus qu'aux bègues. Aussi bien intentionnées qu'elles aient été, aucune n'était parvenue à atténuer le problème, l'accentuant plutôt au point d'en faire presque un handicap. Pour Anaïs, ce qui s'apparentait de près ou de loin à s'exprimer oralement en classe était devenu une véritable épreuve. Les interruptions se prolongeaient, se transformaient en pauses, puis carrément en arrêts, provoquant grimaces, contractions, crises de colère, vomissements parfois, qui laissaient la jeune fille rompue, épuisée et battue, tout humiliée de ne pouvoir s'exprimer normalement devant tout le monde. Et le tourment, jusque-là circonscrit à l'école, menaçait de se généraliser. Et plus elle butait sur les mots, plus sa timidité allait grandissant.

Lors des cours de diction qu'elle adorait, Anaïs s'échappait de ses difficultés.

— Je crois que lorsqu'elle endosse un rôle, elle relâche sa garde, avait observé Mme Bernard. Elle n'a pas à être elle-même et ça la libère, en quelque sorte.

Ariane avait adopté cette théorie et convaincu Marcel que le fait de jouer aiderait la petite et lui rendrait son assurance. Pour toute réponse, son époux avait haussé les épaules en signe d'incompréhension.

Mme Bernard avait vu juste. Quitter son propre rôle permettait à Anaïs de surmonter sa gêne excessive et d'oublier les réprimandes trop sévères des religieuses. Elle se souvenait de cette phrase magique qui avait tout détendu en elle.

— Oublie Anaïs un instant. Cesse d'être toi-même. Tu dois devenir quelqu'un d'autre. Pense à cette petite fille sur la plage, car c'est elle que tu dois être et c'est elle que tu dois faire parler, avait murmuré son professeur de diction.

Mme Bernard la préparait pour une publicité radiophonique à propos de laquelle Anaïs avait réussi à avoir l'accord d'Ariane. Elle n'avait que quelques mots à dire, mais ils recelaient bon nombre de ces consonnes qu'elle redoutait tant.

Aussi, lorsqu'elle était devenue Mademoiselle Baby's Own, sur les affiches publicitaires et dans les annonces promotionnelles à la radio, elle avait savouré pleinement sa victoire.

Oublie Anaïs, se répète-t-elle. Les mots se font enfin entendre dans la classe. Elle déclame la leçon avec une fluidité qui la rassure. La source coule de nouveau en elle. Sœur Rosabelle applaudit la récitation parfaite de la jeune fille, qui retourne tremblante vers son pupitre, épuisée par l'effort.

À la fin de la journée, elle se dirige vers la classe d'études. Elle s'installe pour y faire ses devoirs et étudier ses leçons en attendant que sa mère vienne la chercher. Depuis sa matinée catastrophique, Anaïs craint qu'à nouveau le grand froid ne s'empare d'elle. Aussi, au moment où elle retrouve Ariane, elle relate cette récitation maudite et son sentiment de peur.

— Je voudrais ne plus jamais aller à l'école, répond la fillette à sa mère quand elle la questionne sur sa journée.

Ariane Lepage a demandé à rencontrer la mère supérieure. Elle attend dans le couloir. De l'autre côté de la porte vitrée du bureau, les formes mouvantes se laissent deviner. Elle se souvient du choc éprouvé, toute petite, alors que ses parents l'avaient placée comme pensionnaire chez les religieuses. Elle avait détesté la grisaille dans laquelle ces femmes s'enfermaient. Si ses sentiments n'ont pas changé, elle les surmonte pour le bien de sa fille, qu'elle souhaite éduquée dans une institution catholique, ce qu'une jeune fille canadienne-française de bonne famille se doit de fréquenter.

— Loin d'être un caprice, ma sœur, il s'agit plutôt d'un mal qui affecte une enfant sensible !

— Si nous accordons à votre fille le passe-droit demandé sous le prétexte de sa timidité maladive et qu'elle se voie exemptée de réciter ses leçons en classe, il se trouvera une foule de parents à exiger des faveurs équivalentes.

— Mais, ma sœur, il s'agit d'un cas exceptionnel. Mon mari est décédé tragiquement cet été. Ma fille est encore bouleversée.

— Elle doit se conformer aux exigences. Anaïs est une enfant douée et intelligente. Et ce n'est pas parce qu'elle n'a pas envie d'aller à l'école que nous allons nous plier à ses caprices. Ça ne serait pas un service à lui rendre.

— Mon enfant a toujours eu du mal avec l'école et les récitations publiques. Elle comprend et maîtrise les notions. Aux examens écrits, elle réussit haut la main. Évitez-lui de nouvelles humiliations, je vous en conjure. Accordez-lui une exemption temporaire…

— Madame Lepage, avez-vous pensé que si votre enfant avait bénéficié d'un cadre de vie un peu plus normal, on ne se retrouverait pas où l'on est aujourd'hui ?

Poursuivant son allusion directe au fait que Marcel et elle avaient vécu séparément pendant quelques années, la mère supérieure renchérit :

— D'ailleurs, pour son propre bien, vous devriez confier votre fille au pensionnat. Du moins le temps d'apprivoiser votre veuvage et de concilier votre nouvelle réalité avec votre travail. Vous devriez y songer pour vos fils aussi…

Ariane se retient de gifler son interlocutrice. Elle qui avait espéré compréhension et intelligence mesure à quel point elle faisait fausse route. Sans aller jusqu'à acquiescer aux remontrances, elle concède la nécessité d'un bon encadrement à la maison et ajoute qu'elle se promet de corriger au mieux la situation. Sur le chemin du retour, elle se sent envahie par les remords et la culpabilité.

Anaïs le reconnaît tout de suite à sa stature. Le colosse d'un mètre quatre-vingt-dix lui semble plus grand encore qu'à Paris, où elle l'a rencontré pour la première fois.

— Cousin Eugène va habiter à la maison avec nous pour quelque temps.

Les paroles prononcées par sa mère la rassurent. Un homme, à la maison, va veiller sur elle quand elle dormira. Il va pelleter la neige qui tombera bientôt, il va jouer au hockey avec les garçons. Il va remplacer l'oncle Marcel…

— Je voudrais que cousin Eugène vienne me conduire… Je me sentirais mieux.

Ariane reste un moment saisie. Sa fille a adopté Eugène sans hésiter et a pour lui un attachement démesuré. Un peu mal à l'aise devant la demande spontanée d'Anaïs, elle jette un regard vers cet homme bon, mais qui a bien peu d'expérience avec les enfants et qui se trouve par moments dépassé.

— Ça me fait plaisir de l'accompagner jusqu'au couvent, si ça peut l'aider. Je ne la lâcherai ni d'une semelle ni du regard tant qu'elle ne sera pas entrée dans l'école. Tu as ma parole, précise-t-il à l'intention de sa belle, dont il devine le désarroi.

Ravie, Anaïs attrape son sac d'école et ses cahiers sans plus attendre et renchérit auprès de sa mère :

— En partant tout de suite et en allant d'un bon pas, Eugène et moi arriverons à l'heure, et toi, tu pourras t'occuper des garçons. Qu'en dis-tu ?

Sur ces mots, la gamine salue sa mère et entraîne son protecteur. Elle part avec lui sans hésiter.

— Merci beaucoup, ajoute-t-elle pour clore le sujet et détourner la conversation sur un terrain plus léger, celui de cette nouvelle audition qu'elle doit préparer pour obtenir un rôle au cinéma.

Au bout de la route, la cour du couvent les attend. Eugène laisse tomber sa main tandis qu'elle se détache de lui et avance de quelques pas. Au dernier moment, elle lui souffle un baiser du bout des doigts et le laisse complètement conquis.

— Merci, cousin Eugène ! J'aime que ce soit toi qui m'accompagnes ! lance-t-elle avec son plus beau sourire, s'engageant dans le rang avec les autres.

Chapitre 3

Avant de s'endormir, en ce mois de décembre 1951, Anaïs fredonne l'air de *Petit papa Noël*, entonné par Tino Rossi, le chanteur, acteur et séducteur, dans le film *Destins* de Richard Pottier. En quelques années, la chanson s'est répandue en Amérique autant qu'en Europe. Anaïs n'oubliera jamais le concert de ce M. Rossi auquel elle a assisté avec sa mère et sa grand-mère, grandes admiratrices.

Détendue, elle imagine sa vie sur un plateau de cinéma. Elle souhaite atteindre la popularité de Shirley Temple, cette enfant star américaine qui a commencé sa carrière à l'âge de trois ans et qui a joué dans de nombreux films. Sourire aux lèvres, elle s'abandonne au sommeil, enveloppée d'un sentiment de calme et de bonheur.

Eugène Boyer a l'impression de flotter. Il habite sous le même toit que celle dont il rêve depuis qu'il l'a aperçue, jeune et timide étudiante, à l'École des beaux-arts de Montréal. Soir après soir, une fois les enfants couchés, il l'entend qui descend les marches grinçantes de l'escalier menant à sa chambre. Elle le rejoint et se donne à lui sans retenue. De toutes les femmes qui ont traversé ses nuits, elle se montre de loin la plus audacieuse et la plus désirante. S'il est comblé, il craint parfois que le bonheur ne se termine abruptement. Si jamais leurs sentiments venaient à s'étioler, il sait qu'il ne pourrait plus revenir en arrière et retrouver celui qu'il était auparavant…

— Est-ce pour mieux raviver le souvenir de ton mari que tu me gaves ainsi de tes caresses ? Ou est-ce vraiment moi que tu aimes ?

— Quelle question ! Tu as des doutes ?

— Honnêtement ? Oui. D'ailleurs, je me demande souvent : pourquoi maintenant ? Et pourquoi pas à Paris ?

— À Paris, je me refusais à ton amour par loyauté envers Marcel. J'ignorais encore à quel point mes scrupules n'avaient pas raison d'être. Au moment où je te rencontrais dans ce petit café de Montmartre, mon époux abandonnait mes fils à leur sort pour s'enfuir avec une autre à New York sous prétexte d'un voyage d'affaires. Il me mentait effrontément. La vérité ne m'a été dévoilée que récemment alors que mon amie Colette m'a tout dit de cette parenthèse américaine dont elle avait eu connaissance.

Poursuivant sur le ton de la confidence, elle révèle l'existence de cette autre femme avec laquelle elle a, sans le savoir, partagé son époux.

Ariane se laisse emporter par son récit. Elle rage en s'imaginant Minnie Lester dans la salle de bains, achevant de se préparer, tandis que son mari raccrochait le téléphone, rassuré après une discussion avec Colette.

Marcel avait tout réglé. Il avait parlé avec l'amie de son épouse. Les garçons se portaient bien et resteraient sous la garde de celle dont il avait forcé la complicité. Leur conversation l'avait pleinement déculpabilisé, car Colette allait habiter la maison familiale jusqu'à son retour. Dans un bref et désagréable éclair de conscience, il s'était demandé comment il avait pu tout abandonner sur un coup de tête et laisser ses jeunes fils à une bonniche inexpérimentée... Mais vite il avait chassé cette pensée incommodante. Garder les enfants était une affaire de femmes et n'importe laquelle valait mieux que lui en cette matière, il en avait alors la conviction. Aussi avait-il été surpris lorsque, à la première occasion, la jeune écervelée lui avait fait faux bond et avait abandonné les petiots à leur sort. Belle irresponsable ! Heureusement que Colette avait volé à la rescousse !

Ariane poursuit le fil de cette aventure jusque dans le train ramenant vers Montréal les amants repus et au comble du sentiment amoureux. Lui : marié, père et blanc de peau ; elle : chanteuse noire sans le sou et... enceinte.

Entre-temps, Colette était venue à bout de ces diablotins bougeant sans arrêt et courant d'une pièce à l'autre de la maison déguisés en gangsters et en policiers, armés de pistolets de bois ou de lance-pierres faits d'élastiques prélevés à même les vieux caleçons de leur père. Les deux petits chenapans la laissaient épuisée et sans forces. Néanmoins, l'expérience avait eu le mérite de convaincre la nounou improvisée de ses dispositions maternelles. Elle possédait patience, compréhension, intuition et se montrait tout à fait à la hauteur de la tâche. Le séjour auprès de Claude et Henri lui en avait fait la démonstration.

Non content de tous les efforts de Colette et de la compassion attentive prodiguée à ses fils, Marcel, une fois à Montréal, lui avait demandé une nouvelle faveur. Le bougre avait bien ficelé son histoire, justifiant son départ pour New York par des motifs professionnels que des collègues corroboreraient, puisqu'il avait pris soin là-bas d'organiser quelques rencontres de travail. Il avait des explications pour tout, sauf pour un détail, et non le moindre. Aussi, il avait affiché son plus beau sourire pour faire à l'amie de sa femme un mensonge monumental.

— Nous étions convenus que, pour le temps de mon absence, vous passeriez à la maison tous les jours pour superviser le travail de la jeune gouvernante. C'est ainsi que vous avez constaté qu'elle avait failli à son engagement et s'était enfuie, n'est-ce pas, madame Lemyre ? Vous vous en souvenez ? avait-il suggéré sur le ton d'une interrogation.

Colette avait brûlé d'envie de lui retourner son mensonge au visage, de rectifier et de rappeler au mari de sa meilleure amie la fausseté de ce qu'il venait d'affirmer. Au contraire, Marcel était parti comme un voleur, sans prévenir quiconque. N'eût été sa visite inopinée à la maison, Henri et Claude y auraient passé trois jours seuls à jouer à cache-cache dans les placards, à barbouiller les murs de gouache et à se gaver de biscuits au gruau. Mais cherchant à éviter de déclencher une situation dangereuse pour le couple de sa grande amie, sachant le prix qu'Ariane accordait à la fidélité conjugale, et comme Marcel semblait disposé à reprendre la vie de famille, Colette avait tout fait pour préserver l'équilibre déjà chancelant du mariage et avait endossé la supercherie. Tendant une main élégante à l'époux revenu au bercail, elle avait acquiescé mais n'avait pu retenir une pique, histoire de signifier qu'elle n'était pas dupe.

— Bien sûr. Et votre sens des responsabilités m'a grandement impressionnée, avait-elle confirmé dans un sarcasme absolu.

Les jumeaux, eux, trop heureux de retrouver leur père, lui avaient sauté au cou. L'un racontant dans un flot continu leur visite du Jardin botanique, à laquelle Colette les avait conviés, et l'autre s'esclaffant de la réprimande reçue pour avoir cueilli un bouquet dans l'allée des œillets. Les minois sales à nettoyer, les repas à préparer, les soirées à superviser, les bains, les cheveux, les dents, les collations et les lectures du soir avaient mis fin à la conversation acidulée entre les deux adultes. Colette, serviable à l'excès, s'affairait tandis que Marcel avait repris ses aises de maître de maison. Lorsqu'elle avait finalement annoncé qu'elle retournait chez elle, une crise de larmes spectaculaire avait éclaté, la flattant et ravivant son désir d'avoir des enfants bien à elle. Elle avait endormi les deux gamins avant de reprendre le chemin de son foyer et de rejoindre son mari exaspéré de l'attendre. Gaétan Lemyre avait dû se débrouiller sans elle au cours des derniers jours et n'en avait pas l'habitude. Selon ses dires, il avait beaucoup souffert.

Alors qu'Ariane arrive au bout de sa confidence, Eugène n'insiste pas, respectant le sentiment d'humiliation de sa beauté chérie. Le silence s'installe dans la pièce. Manifestement, les dernières années du couple Lepage ont été décevantes.

— Marcel est mort dans mon cœur bien avant qu'il décède. Il m'a trahie encore plus que je n'aurais pu l'imaginer.

— Tu n'as pas à me confier tout ça. Excuse-moi, j'ai insisté et je n'aurais pas dû…

— Au contraire, autant que tu saches. En fait, notre couple a commencé à s'éteindre à la mort de ma sœur. Quand j'ai pris Anaïs sous mon aile et que Marcel s'est senti menacé. Il craignait de perdre sa place. Son attitude a changé. Il a pris ma nièce en grippe. Il l'a même déshéritée par esprit de vengeance.

— Pourtant, cette gamine a un charme assez extraordinaire. Je comprends mal qu'on puisse s'en prendre à une pareille enfant.

Encouragée par l'atmosphère propre aux confidences, Ariane enchaîne sur l'adoption d'Anaïs qui, au départ, lui semblait aller de soi, mais s'était révélée inconcevable dans l'esprit de son époux. Contrariée par l'attitude de cet homme qui s'opposait vertement à assumer la paternité d'une enfant en détresse alors qu'il l'avait traitée comme sa propre fille jusque-là, elle avait jugé sa position cruelle et indéfendable. Plus elle avait tenté d'en discuter avec lui, plus le débat était devenu acerbe.

— Quel est le problème, puisque tu l'adores ?

— Les hommes qui adoptent sont ceux qui ne peuvent fabriquer eux-mêmes des enfants. Ça n'est pas mon cas. Je suis fringant et tout à fait capable de concevoir ma progéniture moi-même, s'entêtait à affirmer fièrement Marcel.

— Allons ! Les circonstances sont particulières, lui avait-elle répondu, stupéfaite, et nous l'avons quasiment élevée, cette gamine ! Quelle mouche te pique ?

— Tu n'as plus besoin de mon consentement pour prendre des décisions et ça me contrarie. J'ai été malade, certes, mais je ne suis pas impuissant ni incapable de jugement pour ce qui touche ma propre famille. En tant qu'époux, j'ai voix au chapitre en ce qui concerne ceux que j'entends reconnaître comme de mon sang.

Plus elle revenait sur la question et plus il se braquait. Les choses s'étaient envenimées sur le terrain amoureux alors qu'Ariane se heurtait à des inquiétudes légales. Agathe, pour des motifs difficilement explicables, n'avait confié ses intentions posthumes à personne et n'avait rien spécifié concernant la garde de son unique enfant. Dans ces circonstances, toute la famille Calvino s'était mise d'accord sur le fait qu'Ariane continuerait de s'occuper de sa nièce jusqu'à sa majorité.

— Si personne ne conteste la garde, alors l'adoption n'est pas essentielle, lui avait appris l'homme de loi recommandé par Victor Greenberg, après une consultation cachée à son mari.

Comme Marcel refusait d'adopter l'enfant d'Agathe, qu'elle se sentait très affligée par le décès de sa sœur et qu'elle craignait que les démarches à entreprendre ne se retournent contre elle, Ariane avait pris le parti de la confiance, renonçant à ouvrir un dossier délicat. Elle avait préféré remiser cette épineuse question dans un coin de sa tête. De toute façon, Anaïs était déjà comme sa fille…

— La petite a gardé le nom Calvino, celui de sa mère. Marcel n'a jamais accepté qu'elle s'appelle Lepage, à l'égal de ses deux frères. Et pour te dire la vérité, Eugène, je ne lui ai jamais pardonné cette attitude inacceptable. Si j'éprouve encore quelque chose pour lui, c'est de la colère quant à son rejet de cette enfant envers laquelle il s'est montré trop injuste.

Le peintre, touché par de telles confidences, la prend dans ses bras. D'un doux baiser qu'il pose sur son front, il tente en vain de guérir les blessures d'un amour terni et complètement éteint, ce dont il a désormais la certitude.

Choisie d'abord pour son apparence, et particulièrement pour l'espace entre ses incisives centrales qui lui donne un sourire unique, la petite Calvino apprend de la bouche même du réalisateur que si elle veut jouer dans son film elle devra travailler son anglais. Même si elle n'a que quelques répliques à donner dans la langue de Shakespeare, sa maîtrise rudimentaire de la langue devra être améliorée puisque son personnage doit avoir un accent britannique. Elle devra s'y appliquer. Un professeur privé lui sera même assigné.

— Par ailleurs, tes petites intonations à la française me conviennent parfaitement.

Pour une fois, ses accentuations pointues et sa maîtrise impeccable de la langue la servent. En effet, la fillette qu'elle doit jouer est parisienne mais s'exprime aussi très bien en anglais en raison de son père *british*. Le travail supplémentaire ne la rebutant pas, elle est ravie de tourner avec Jean Lecours.

— Vous ne pouvez me faire plus plaisir, monsieur ! Et je parlerai comme vous le souhaitez, affirme Anaïs, convaincue, sous le regard de sa mère.

Ariane s'étonne de l'enthousiasme et de la détermination presque adulte qui animent la gamine dès qu'il est question de tenir un rôle.

— Je te félicite, Anaïs. Et je veux bien que tu acceptes ce contrat au cinéma. Mais c'est pour cette fois, exceptionnellement. Et à la condition que tes résultats scolaires ne souffrent pas de ces heures consacrées à apprendre tes textes, décrète la mère au moment de faire monter sa fille dans la voiture.

— Tu as ma parole, maman.

Tandis qu'elle fixe sa concentration sur sa conduite automobile, Ariane se perd dans ses réflexions. Elle détourne un instant le regard et aperçoit la petite, dodelinant de la tête, le pouce glissé dans la bouche, comme un bébé luttant pour ne pas sombrer complètement dans le sommeil. Elle doit l'admettre : cette enfant l'a à jamais conquise. Elle se sent l'âme protectrice pour tout ce qui la concerne et ferait l'impossible pour la voir heureuse. Son bonheur de mère dépend de celui d'Anaïs. Et même si elle se sent coincée par son engagement envers sa sœur, elle estime désormais que le désir de la petite, passablement malmenée par l'existence, doit avoir préséance.

Quand Anaïs met les pieds sur le plateau, à l'automne 1952, tout de l'atmosphère l'enchante. Elle prend sa revanche sur son expérience au théâtre ratée de peu à l'été suivant le décès de Marcel. Elle oublie les cours accélérés de prononciation et de compréhension de l'anglais, la surcharge de travail scolaire et les longues heures de répétitions. Malgré les scènes recommencées mille fois, elle ne voit que l'équipe qui l'accueille, la coiffe, la maquille, la costume, l'éclaire et lui indique ses déplacements. Rapidement, elle s'approprie cette petite Martha en vacances dans la province de Québec. Quand le réalisateur crie « Action », elle devient cette jeune Française à laquelle elle donne vie et plus rien d'autre n'existe. Pour ces quelques moments où elle peut changer de peau et devenir quelqu'un d'autre, elle est prête à attendre tout le temps qu'il faudra.

Entre les prises, Anaïs reste sagement assise, tantôt feuilletant un roman de la comtesse de Ségur, tantôt faisant ses devoirs et révisant ses leçons. Un jour, elle fait la connaissance de celui qui joue le rôle de son oncle dans l'histoire. Un monsieur charmant aux yeux bleus magnifiques et qui lui parle avec grande douceur. Cet homme s'adresse à elle comme à une égale, réfléchissant à voix haute sur les difficultés de certaines répliques ou de mises en scène. Nana adore ces discussions où elle se sent prise au sérieux.

— Tu es patiente, ma petite. Dans ce métier, on ne va pas très loin si on ne l'est pas…

— J'ai tant de choses à faire pour m'occuper. Ça ne me dérange pas d'attendre. Et puis je regarde les autres et j'apprends.

— Je trouve que c'est un plaisir et un honneur de travailler avec toi, Anaïs. Merci beaucoup, lui lance l'homme avec sa belle voix de stentor.

La fillette le remercie simplement. Sans orgueil, mais sans fausse humilité non plus.

En février 1952, Radio-Canada a procédé aux premiers essais de transmission d'émissions sportives en circuit fermé en prévision du lancement officiel prévu pour l'automne. S'est ensuivi le dévoilement public de quelques diffusions. L'intérêt ne laissait aucun doute : bien implantée chez les Américains, la télévision avait d'irrésistibles attraits et entrerait assurément dans les salons de leurs voisins du Nord.

L'indicatif de Radio-Canada, la mire avec au-dessus une tête d'Indien ornée de sa couronne de guerre, est apparu par intermittence durant les mois d'été lors des diffusions expérimentales et a servi de prélude visuel au lancement officiel.

Les gens reconnaissent désormais le logo, s'y sont habitués et attendent la suite avec impatience. Au cours du mois d'août, la toute première pièce de théâtre diffusée, *Le Seigneur de Brinqueville*, écrite et réalisée par Pierre Petel, a inauguré quatre autres présentations d'essai.

Dès les débuts de la télévision, une programmation bilingue était diffusée. Elle commençait à seize heures avec des émissions pour les enfants. À dix-huit heures, une pause était prévue, affichant la mire de nouveau, car on ne voulait pas déranger les gens au moment sacré du souper. On reprenait à dix-neuf heures trente avec des informations en anglais sur la télévision et le cinéma, puis on enchaînait avec une demi-heure de variétés complètement bilingue, et enfin un documentaire sur la naissance de la télévision.

Le samedi 6 septembre 1952 marque un tournant dans l'histoire du pays. Chez les Lepage, on en a plus que la conviction. À vingt heures cinquante-cinq, les téléspectateurs assistent à une cérémonie d'ouverture en direct qui dévoile le visage des artisans et des artistes qui travailleront à divertir et à informer par l'entremise de cette technologie entièrement nouvelle. Par la suite on fait un retour sur les émissions expérimentales de l'été. Puis, après de brèves salutations de Toronto et de la BBC de Londres, à vingt-deux heures quarante, on présente *Œdipe Roi*, adapté par Jean Cocteau, qui se poursuit jusqu'à la clôture des émissions, autour de vingt-trois heures vingt.

Ariane fait partie des invités de la soirée. Pour l'occasion, elle a commandé de Paris une luxueuse étoffe de soie blanche, ainsi que du tulle vaporeux brodé de discrets papillons dorés qui apporteront une touche aérienne à sa robe. Cette tenue inspirée de Christian Dior, le couturier qui fait fureur chez les Parisiennes, elle l'a dessinée elle-même. Sa création a le raffinement et la classe qu'on retrouve sur les podiums d'Europe : le col rond, l'épaule droite, la jupe légère et bouffante sur une crinoline avec une large bande ceinturant la taille. Des gants s'achevant aux poignets et des souliers noirs assortis à un sac de soirée perlé complètent l'ensemble. Pour la coiffure, elle a opté pour un chignon mettant en évidence des boucles d'oreilles serties de pierre du Rhin et un bracelet de même facture.

— Tu vas voler la vedette aux starlettes ! décrète Eugène, élégamment vêtu d'un smoking Deauville avec des revers de soie.

Pour toute réponse, elle glisse une main sous son coude, s'appuyant sur son avant-bras pour avancer à son rythme. S'il déteste les événements mondains où il se sent toujours tellement gauche, Eugène veut se montrer à la hauteur pour cette sortie publique où elle le présentera comme un ami. Après mûres réflexions, surtout pour éviter de nuire aux enfants et de risquer de leur faire subir l'opprobre social, tous deux ont décidé de rester discrets sur leur relation afin de préserver les convenances.

Anaïs, Henri et Claude, assis sur le divan fleuri, fiers de voir leur maman et cousin Eugène aussi élégants, poussent des cris joyeux. Tante Amélie, ses trois enfants de même qu'Annie et ses deux filles s'extasient devant la beauté du couple alors qu'il quitte la maison pour assister à un cocktail précédant la diffusion de l'inauguration officielle.

Tout ce beau monde – les tantes, les cousins, les cousines et les enfants Lepage – s'installe devant le téléviseur pour voir apparaître les premières images, celles d'*Aladin and his lamp*, suivies par *Pépinot et Capucine*, une émission de marionnettes interprétées par des gens dont les voix ont été maintes fois entendues à la radio. Les deux heures passées devant le petit écran semblent ne durer que deux minutes.

D'entre tous, Anaïs est celle qui est la plus fascinée. Même si elle sait bien comment se tournent les images, elle éprouve un choc devant cette vie qui s'anime et qui lui paraît beaucoup plus proche que le cinéma. Lorsque la tête de l'Indien réapparaît, signalant la pause, elle est prête à pleurer de déception. Elle demande à prendre son repas dans le salon de crainte de manquer quoi que ce soit.

En prime, elle a la permission de veiller tard avec ses deux tantes et ses cousines plus âgées pour assister à la diffusion en soirée.

C'est une véritable révélation que de voir sa mère apparaître un court instant dans la salle pleine d'artistes, assise entre l'abbé Gilles et Eugène, l'air un peu égaré. Une vision lui traverse l'esprit, celle de sa propre image, adulte, remplaçant Ariane à l'écran. Elle s'imagine, pomponnée comme une reine, saluant le public et signant des autographes, tout à la délectation de se sentir aimée et admirée. Cette image l'enchante autant qu'elle l'effraie. Elle se sent un peu honteuse de souhaiter occuper la place de sa mère.

Plusieurs mois après que le tournage a eu lieu, la jeune Calvino visionne les images du long-métrage où elle a travaillé avec celui qu'elle considère désormais comme son ami. Elle éprouve une déception. Ses très brèves apparitions n'offrent pas le rendu qu'elle s'imaginait. Un peu flouée, elle se promet de prendre sa revanche, un jour. Ce premier film, elle le voit comme le début d'un chemin pavé d'expériences des plus satisfaisantes. Aussi lui tarde-t-il déjà de décrocher un autre rôle.

Anaïs n'a pas longtemps à attendre. Aux dernières froidures de l'hiver, avec le mois de mars 1953 et ses giboulées, alors qu'elle est en pyjama et s'apprête à aller dormir, la sonnerie du téléphone se fait entendre. Au ton pris par sa mère, qui reconnaît son interlocuteur, l'enfant devine qu'une fois les civilités passées c'est d'elle qu'il est question. Et d'un nouveau rôle ! Elle stoppe net sa montée dans l'escalier, puis redescend rejoindre sa mère. Elle se retient de sauter de joie. Elle fait l'impossible pour cacher son enthousiasme, car elle sait combien sa passion pour l'art dramatique peut contrarier et inquiéter Ariane.

— Va te coucher, je te raconterai demain, murmure-t-elle en appliquant la main sur le combiné.

La fillette n'ose pas désobéir à celle qu'elle aime plus que tout. Mais son désir de savoir est si fort qu'elle ne parvient pas à se mouvoir. Comme Ariane lui indique l'escalier en insistant de la main, l'enfant ne peut que réprimer une grimace douloureuse. Témoin de la scène, Eugène incite sa bien-aimée du regard à déroger à l'horaire habituel.

— Ton vieil ami, sur le film, il t'a recommandée chaleureusement pour une émission à la télévision, précise-t-elle à l'endroit de la gamine.

— À la télévision ! répète Anaïs, enthousiaste, en tapant des mains de joie et souriant de toutes ses dents.

Une fois qu'elle a raccroché, et avant d'être bombardée de questions, Ariane lui précise qu'il s'agit d'apparitions régulières. Ce rôle lui demandera un travail continu et des aménagements spéciaux quant à ses présences au couvent et à la gestion de son temps d'étude. La fillette se dit prête à tous les sacrifices pour réaliser ce rêve qu'elle a l'impression d'espérer depuis toujours.

À la fin de la discussion, Anaïs monte dans sa chambre. S'approchant pour lui souhaiter une bonne nuit, Ariane surprend sa fille à genoux près de son lit, les mains jointes et récitant une prière sur le rythme du *Notre Père* :

Notre mère qui est ici,
que ton oui soit entendu,
que ta bonté m'accorde cette faveur,
et ta volonté sera faite sur le plateau comme au couvent.
Donne-moi aujourd'hui la possibilité de réaliser mon plus grand souhait.
Pardonne-moi mon insistance,
comme tu pardonnes aussi mes maladresses.
Et ne me soumets pas à un refus,
mais délivre-moi du chagrin.

Eugène, qui rejoint les deux femmes, est le témoin amusé de la drôlerie des propos et ne peut s'empêcher de jeter à son aimée un regard qui invite à la compréhension. Depuis qu'il loge sous le toit de sa belle, il saisit à quel point cette question déchire la mère autant que la fille. Il connaît bien l'engagement formel qu'Ariane a pris envers sa sœur Agathe sur son lit de mort, soit celui de tenir la fillette loin des arts. Il sait aussi combien Anaïs aime sa mère adoptive et veut la rendre heureuse. Mais Eugène a la conviction que la passion, une fois qu'elle habite un être avec une force qui le dépasse, trouve son chemin quoi qu'on y fasse. Et plus on la restreint, plus elle gagne en force.

Ariane se sent fatiguée. Ce combat pour contenir le désir de jouer de sa fille lui paraît tellement vain, et pourtant, chaque fois qu'elle est sur le point de céder, la voix d'Agathe lui revient en tête.

— Si je dis oui cette fois, la vie d'Anaïs changera définitivement. La radio a ses forces, certes, mais la télévision frappe l'imaginaire avec encore plus de puissance, j'ai du moins cette intuition. C'est le visage, en plus de la voix, qu'on reconnaîtra dans la rue. Et pour une enfant de cet âge, le poids est lourd à porter.

— Tu sais mieux que quiconque ce qu'il faut décider pour Anaïs, répond Eugène en lui caressant la joue.

Alors qu'Ariane s'attendait à des reproches, cette confiance la réconforte et la tourne vers l'espoir. Après tout, ne souhaite-t-elle pas voir la fillette heureuse ? Elle a jusqu'à l'été pour y réfléchir et autoriser ou non sa fille à préparer les auditions. Les enregistrements ne sont prévus qu'à l'automne.

Courbée sur sa machine à coudre, une Singer électrique que plusieurs lui envient, Colette Lemyre met la dernière main à une robe sans manches, parfaite pour les jours chauds de l'été. Fleurie et dans les tons de bleu et de jaune, la toilette sera prête une fois la fermeture Éclair bien fixée au dos. Cet ouvrage achèvera le trousseau de sa future fille et marquera la fin d'une attente interminable.

Après avoir joué de malchance, Colette connaîtra enfin les joies de la maternité. Depuis que son époux avait donné son accord, elle s'était mise à visiter des crèches presque tous les samedis et les dimanches après-midi. Quelle tristesse d'apercevoir ces orphelins, tous plus beaux et plus fins les uns que les autres, parader en espérant qu'on les choisisse ! Fébrile comme pour une rencontre amoureuse, elle se préparait d'avance pour ces expéditions qui l'affectaient, et encore plus lorsqu'elle y allait seule, son époux étant trop souvent retenu dans ses établissements hôteliers, les fins de semaine. *Un jour*, pensait-elle, *l'un de ces petits anges se révélera à moi et il me faudra le reconnaître…*

Alors que depuis toujours elle rêvait de devenir mère, voilà qu'au moment où son espoir se concrétisait et qu'il fallait décider sur quel enfant jeter son dévolu, son cerveau se défilait, ne parvenant pas à faire un choix. Comment savoir, devant cette multitude de marmots, tous plus mignons les uns que les autres ? Les mises en garde de Gaétan l'avaient rendue méfiante. Toutes sortes de rumeurs circulaient au sujet de ces orphelins souvent nés hors mariage et abandonnés.

— Il faut que nous restions prudents, répétait-il avec suspicion chaque fois qu'elle avait le sentiment de fixer son choix. Je ne veux pas d'un retardé ou, pire, d'un monstre sur lequel on aurait pratiqué des expériences secrètes.

Gaétan faisait allusion au fait que depuis plusieurs années l'Assemblée législative du Québec avait adopté une loi permettant à l'Église catholique de vendre des dépouilles d'orphelins aux écoles de médecine. Les corps, autopsiés, servaient au noble projet de permettre les avancées de la science. Cependant, la rumeur populaire voulait que la pratique, restreinte au départ, ait donné lieu à des débordements et que des gamins bien vivants aient aussi fait l'objet d'expérimentations. On prétendait que plusieurs enfants en bonne santé avaient été rendus débiles, estropiés ou fous. Aussi, de mauvaises langues préconisaient la plus grande prudence avec ces rejetons qui cachaient parfois, sous leur masque de beauté et une bonne forme générale, des tares irréversibles et difficiles à déceler au premier abord. Si Colette n'accordait pas une grande crédibilité aux ragots, une chose faisait l'unanimité dans le couple : ni lui ni elle ne souhaitaient adopter de jeunes infirmes, des attardés ou des petits en bas âge. Pour eux, il ne devait pas y avoir de couches à changer, de nuits interrompues ou de biberons à donner. Il leur fallait deux enfants élevés, de belle apparence et assez vieux pour qu'on puisse deviner les traits et la taille qu'ils auraient une fois adultes. Ainsi, ils pourraient avoir l'air d'une famille normale.

L'orphelinat Notre-Dame-de-Liesse, situé au milieu des champs, a tout de suite inspiré confiance aux Lemyre. Des connaissances de leur cercle d'amis leur ont raconté l'histoire de nouveau-nés adoptés à la crèche sise tout à côté et qui ont procuré beaucoup de joie et de satisfaction à leurs parents adoptifs.

C'est par un dimanche ensoleillé que Colette, en compagnie de son amie Ariane, a jeté son dévolu sur une fillette de neuf ans prénommée Lucille. Gracieuse et jolie à souhait, la petite aux yeux bleus immenses comme des lacs ressemble étrangement à la future maman adoptive.

— Elle a ton nez et tes fossettes ! On jurerait toi, enfant !

— Tu as raison ! Celle-là ne peut aller à personne d'autre ! Je la veux !

Né à l'hôpital Sainte-Thérèse, de père inconnu, le poupon a été confié, dès ses premiers jours, aux bons soins des Sœurs grises. Lucille n'a fait l'objet d'aucune expérience scientifique, la directrice de l'établissement l'a juré. Les années passant, on a transféré l'enfant à l'orphelinat.

Dès que son épouse lui montre la fillette en photo, Gaétan la juge plaisante. Une impression qui se confirme à sa première visite, puis aux suivantes. Rapidement, ses résistances s'effritent les unes après les autres. Colette ne contient plus sa joie quand enfin, après tant d'années de grossesses avortées, de deuils difficiles et cachés, d'opposition de la part de son époux quant au fait de partager sa vie avec des enfants, il lui lance :

— Tu as gagné : nous la prendrons dès mon retour des États-Unis.

À partir du moment où Lucille est identifiée comme l'heureuse élue, le petit Pierre s'impose plus facilement : on cherchait un garçon aux yeux clairs, aux cheveux blonds et au teint pâle, âgé de sept ans, qui compléterait bien la paire avec son éventuelle sœur adoptive. Parmi la cinquantaine de blondinets habitant la crèche, une trentaine parmi les plus vigoureux sont présentés aux Lemyre. À l'affût du moindre signe qui l'aiderait dans sa décision, la future mère observe chaque garçonnet en linge du dimanche et implorant d'être retenu.

Quand il voit Colette, Pierre a l'audace de tendre les bras vers elle en l'appelant maman. Ce geste éperdu met fin à la quête d'une femme qui rêve depuis tant d'années d'entendre ce doux mot… Pierre deviendra donc le frère de Lucille, et tous deux quitteront l'orphelinat dès le début de l'été. Colette en aurait bien ramené dix, mais il fallait se limiter à deux enfants. Voilà ce qui avait été entendu avec son époux.

Espérant le retour de son homme, la nouvelle maman enthousiaste s'est mise à la confection de trousseaux, l'un très élaboré pour sa fille, l'autre plus ordinaire pour son fils. Habile de ses mains, elle met toute sa tendresse et son amour dans chaque pli, chaque couture, chaque boutonnière. Les morceaux s'entassent les uns sur les autres, impeccablement pliés dans la commode de chacune des chambres joliment meublées, décorées et remplies de livres et de jouets. Il lui tarde tant qu'elles soient occupées !

Alors que Gaétan prolonge son séjour aux États-Unis, sa femme n'en peut plus de se morfondre. Quand il revient enfin, heureux d'avoir brassé de bonnes affaires, il tient parole et s'engage avec son épouse sur le chemin de l'orphelinat.

— Les enfants nous attendent ! lance fébrilement Colette sur le chemin de la Côte-de-Liesse.

Gaétan ne répond rien et se concentre sur la route, mauvaise en maints endroits. La voiture sera à laver de nouveau, avec toute cette boue.

Il y aura de grands changements dans l'organisation de la vie familiale si c'est à Anaïs que le rôle d'Hortense est confié. La série dramatique s'est fait connaître d'abord à la radio, où elle a remporté un gros succès, et sera tournée pour la télévision aux premières feuilles tombées de l'automne 1953. L'heureuse élue devra consacrer plusieurs heures par jour à la mémorisation et à la répétition de ses textes. Ariane a déjà une répétitrice en tête, une comédienne aguerrie qu'elle embauchera pour aider sa fille dans son travail. Elle en a discuté avec la directrice du couvent et l'enseignante en charge de la classe ; un horaire sera aménagé pour que le rôle ne nuise pas aux études de la fillette.

Les débuts d'Anaïs à la télévision pourraient avoir une conséquence importante sur la vie de cousin Eugène : il quitterait sa chambre au sous-sol pour occuper ce qui était autrefois le bureau de Marcel, au rez-de-chaussée. Cette immense pièce serait convertie en studio d'artiste où il recevrait ses élèves en leçons privées. Une ouverture serait faite dans le mur de la pièce donnant sur la ruelle et on y installerait une porte. De plus, une chambre attenante serait aménagée pour lui. Il vivrait donc désormais au rez-de-chaussée.

Anaïs, de son côté, une fois installée dans la chambre du sous-sol, pourrait recevoir sa répétitrice, qui accéderait directement à la maison par l'entrée arrière. Elles travailleraient ensemble, à voix haute, sans déranger la vie de la famille.

Toutes ces transformations ne dépendent que d'une seule décision. Anaïs a l'habitude des auditions, aussi elle ne s'inquiète pas. Elle défile son texte avec intelligence, prenant le temps de respirer au bon moment et de bien regarder celle qui lui donne la réplique. Son travail empreint de vérité et de maturité surprend, chez une personne aussi jeune.

Après sa prestation, l'équipe hésite entre deux candidates. On convoque les gamines pour un deuxième round, suivi d'une interview personnelle. La détermination et l'acharnement d'Anaïs finissent par lui faire emporter la joute.

— C'est moi qu'ils préfèrent, maman, je l'ai vu dans leurs yeux.

— Ne te fais pas trop d'idées, ma belle Anaïs. Les déceptions sont souvent amères. On croit avoir gagné et pfft… on se rend compte qu'on s'est trompé.

Nana fait mentir les propos de sa mère. Quelques jours plus tard, la bonne nouvelle lui est annoncée, en personne.

— Si tu le souhaites toujours, Anaïs, nous travaillerons ensemble, lance le réalisateur en lui offrant une poignée de main enthousiaste.

Anaïs retrouve cette chambre qu'elle occupait autrefois avec sa première mère. La couleur des murs a été changée, de même que le mobilier. Croyant bien faire, Ariane propose de ressortir le petit piano d'Agathe qu'elle avait remisé au grenier. Anaïs exprime un refus catégorique.

— Je n'aime pas le piano. Pas plus en entendre qu'en jouer. Je préfère consacrer le peu d'espace dont je dispose à mon bureau de travail qui me sera bien plus utile.

— Entendu. Il restera au grenier, bien emballé sous les draps.

Anaïs ne veut pas de cet instrument qui risquerait de l'émouvoir. Ses énergies, elle les garde pour ce qui lui importe le plus. Il lui tarde de prendre la peau d'Hortense et de devenir cette aînée d'une famille de douze enfants aidant un père désemparé par la mort de sa femme. Pour son plus grand bonheur, sa vie de comédienne, dont elle a imaginé les aléas, prend de plus en plus de place.

Lucille Lemyre est encore tout à la découverte d'avoir une famille : une maman, un papa et un frère. En prime, elle a trouvé en Anaïs Calvino une sœur dont elle est sans conteste la plus fervente admiratrice.

— T'as ben des beaux ch'veux jaunes ! Laisse-moi te peigner !

— On dit « te coiffer », Lucille.

Tandis que leurs mères jasent à la cuisine et que leurs frères jouent dans la cour, les deux filles passent l'après-midi dans les nouveaux appartements de la jeune Calvino, à jouer à la poupée. Même si cela ne constitue pas son occupation préférée, Anaïs concède cette faveur à celle qu'elle considère désormais comme sa petite sœur. Et puis, se dit-elle, c'est une belle façon de se préparer au rôle d'aînée qu'elle aura bientôt à jouer. Lucille adore donner des consignes à son bébé, elle l'habille et le déshabille, lui fait porter un chapeau, des mitaines, le couche dans son landau, mais surtout elle aime le bercer.

Assise sur le rocking-chair miniature de rotin blanc, elle va et vient, chantonnant des airs et des paroles inventées. Éprise de cette petite orpheline au cœur si pur, Anaïs s'abandonne à la paix qu'elle lui transmet.

À la fin de cette journée, une fois venu le moment de souhaiter bonne nuit à sa fille, Ariane s'attarde. Elle a pris une décision mais ne sait pas trop comment lui en faire part. Elle craint la réaction d'Anaïs, que toute dérogation à ses habitudes inquiète.

— Si tu allais à la même école que Lucille ?

— Tu crois que ce serait une bonne idée ? demande Anaïs, alertée.

— Marie-de-France est loin d'ici, mais Colette et moi, on s'organiserait pour le transport. J'ai déjà discuté avec la directrice et ce serait beaucoup plus simple de s'entendre avec elle pour te permettre d'assister à tes répétitions et à tes enregistrements. Au couvent, c'est la croix et la bannière pour parvenir au moindre arrangement. À tel point que je me demande s'il sera possible que tu joues si tu ne changes pas d'école.

— Dans ce cas-là, je dis oui tout de suite !

— Mais tu continueras d'avoir de bonnes notes et de travailler très fort ?

— Je te le jure, maman ! Je ferai même mieux qu'avant ! Merci ! Je t'aime de tout mon cœur !

Rapidement, Anaïs s'endort avec l'impression de s'être rapprochée de cette carrière d'artiste qui l'attire comme la lumière. Un jour, plus personne n'ignorera son nom. Elle s'en fait la promesse.

Chapitre 4

Le collège Marie-de-France prodigue un enseignement laïque, ce qui constitue une énorme distinction par rapport aux maisons d'enseignement tenues par des religieuses. De plus, la formation est calquée sur celle qui est offerte en France et mène à l'obtention de diplômes français. Les étudiantes qui passent par cette institution privée – car l'établissement n'accepte que les filles – sont souvent des descendantes d'immigrants assez aisés financièrement.

Dès les premiers instants à sa nouvelle école, Anaïs renoue avec ses racines françaises qui lui rappellent Agathe. Les airs qu'elle lui chantait résonnent dans la cour de l'école :

À Paris, à Paris,
Sur un petit cheval gris,
Au pas, au pas,
Au trot, au trot,
Au galop, au galop, au galop,
À Sedan, à Sedan,
Sur un petit cheval blanc,
Revenons au manoir,
Sur un petit cheval noir.

C'est avec un accent français qu'on chante à voix haute et sans honte cette comptine, pour le plus grand plaisir de l'adolescente. Une fois toutes les filles réunies dans la grande salle, les groupes sont appelés dans le calme. Lucille Lemyre, d'un an plus jeune, lui fait un signe de la main et s'engage dans le couloir. Restée seule avec les élèves de son niveau, Anaïs se sent chez elle. Comme les quinze autres élèves de son groupe, elle rejoint sa classe et s'assied à son bureau. Elle remarque en piles bien droites les manuels d'histoire de France qui seront bientôt distribués. Rien ne sera plus comme au Mont-Jésus-Marie.

Léon Saintonge n'a pas lâché du regard sa valise, avec dedans tout ce qui lui reste. Son portefeuille, bien blotti dans la poche de son paletot, est encore dodu et rond. La veille, il s'est embarqué vers Montréal. Il a préféré le bateau à l'avion, beaucoup trop cher pour ses moyens limités. Les huissiers parisiens pourront toujours courir et le chercher d'un bout à l'autre de la ville, ils ne le trouveront point. Tant qu'à vivre comme un indigent, autant se donner une chance de recommencer ailleurs et de jouer ses cartes tandis qu'il en a encore l'âge et la force.

Lui qui a connu banquets somptueux et excès inimaginables lors de tournées en Amérique du Sud et en Europe se retrouve comme un gueux au milieu des miséreux du voyage. Comment a-t-il pu tomber si bas ? Tout le temps lui appartient désormais pour comprendre ce qui s'est passé…

Pourtant, il y a cinq ans, fort de sa réputation, il avait multiplié par dix le nombre de poulains sous sa garde, les enrôlant pour des concerts jusqu'en Russie ! Il avait dû embaucher du personnel, il avait multiplié les galas, les réceptions et les invitations. Il n'avait pas hésité à réserver les salles les plus onéreuses et à payer d'avance. Il était parvenu à générer un tel mouvement autour de lui qu'il en avait même perdu le compte. Il payait, encaissait, facturait dans un mouvement continu. Jusqu'à ce que, abruptement, toutes les lumières s'éteignent en même temps, comme un rideau tombant sur la scène. Il n'avait pas vu venir sa chute. Il ne s'était pas méfié de ces requins attirés par l'odeur de l'argent, ces voleurs qu'il avait cru ses amis. À l'approche de la cinquantaine, il était passé du paradis à l'enfer : il avait dû affronter sa faillite sans préparation ni préambule. Déjà, certains artistes réclamaient leur dû, picorant comme des vautours ce qu'il restait de sa carcasse financière, tandis que d'autres, qui lui devaient tout, se détournaient pour partir à la recherche de nouveaux mécènes et imprésarios. Le seul nom de Saintonge, prononcé du bout des lèvres, suffisait à susciter la hargne, la moquerie et la satisfaction devant l'échec magistralement accompli. La rumeur de son naufrage s'était répandue à une vitesse folle.

— Voilà ce qui survient aux grenouilles quand elles veulent se faire plus grosses que les bœufs ! péroraient les mauvaises langues, ravies de voir rouler la tête du condamné.

L'homme avait essuyé l'annonce publique, procédé à la vente de tous ses biens, non sans avoir défendu bec et ongles chaque chemise, chaque veston, chaque objet qu'il avait pu sauver. S'il avait tenté de se refaire, offrant de représenter les pianistes, les danseurs et les chanteurs qu'il avait refusés des années plus tôt, il s'était buté à la situation inverse. On prétendait qu'il s'en était mis plein les poches et avait volé ses protégés. Il avait eu beau réfuter, nier, crier son innocence, prétexter son ignorance et mettre la faute sur les autres, rien n'y avait fait. Plus personne ne lui confierait quoi que ce soit. *La vie, parfois, se montre absolument injuste et cruelle.* Lui qui avait tant reçu se voyait tout retirer. C'était une loterie, et c'était à son tour d'y perdre.

Il avait mis du temps à l'admettre, mais les portes auxquelles il s'entêtait à frapper ne s'ouvriraient plus jamais. Il avait essayé de revenir à l'interprétation, mais la dextérité et la mémoire l'avaient déserté. Il était ce qu'on appelait un homme fini.

Il avait bu pendant un certain temps. Il avait pensé à se donner la mort. Il avait plutôt décidé de quitter l'Europe afin de rejoindre une terre inconnue où l'espoir et la possibilité de rêver lui seraient rendus. Il avait acheté un aller simple vers l'Amérique. Léon Saintonge avait en tête un nom : Agathe Calvino. Il fallait qu'il la retrouve.

Les jumeaux célébreront sous peu leur neuvième anniversaire. Feuilletant le catalogue automne-hiver 1953 de chez Eaton, ils ont dressé la liste des objets qu'ils aimeraient recevoir. Claude préfère les jeux de construction et les articles de sport, tandis qu'Henri aime les trains électriques, les jeux de lettres et les livres.

Anaïs adore ses frères, ses meilleurs compagnons. Avec eux, rien n'est compliqué. Elle a fabriqué une carte de vœux pour chacun. Sur celle de Claude apparaît un chien, et sur celle d'Henri, un chat. Les jumeaux se complètent comme des pièces d'un puzzle. En plus de la carte, elle veut offrir à chacun un cadeau, payé à même ses cachets de comédienne.

— Le reste de ton argent dort à la banque. Une fois adulte, tu te paieras un beau voyage, avait décidé Ariane.

Ses billets roulés dans sa main droite, et la gauche glissée dans celle de sa mère, Anaïs se rend au centre-ville pour dénicher les présents à offrir. Elle se gave de ces moments si rares passés seule avec sa maman tellement belle, tellement élégante et tellement remarquable… Elle se sent toute petite à côté de cette grande dame parfaite comme une statue de la Madone.

Toutes deux se dirigent au rayon des jouets et examinent chaque petite voiture, chaque soldat de plomb, chaque costume de cow-boy et chaque jeu de société. Après avoir longuement hésité, la fillette opte pour un maillot des Canadiens pour Claude et un casse-tête illustrant des animaux pour Henri. Heureuse et fière, elle se rend à la caisse. Au moment de payer, elle allonge les dollars sur le comptoir et peine à les empêcher de s'enrouler sur eux-mêmes. La caissière, charmée par la maladresse enfantine, tente un instant d'aider, jusqu'à ce qu'elle reconnaisse le visage d'Anaïs. Les trois sous que la vendeuse s'apprête à lui rendre restent suspendus dans sa main figée.

— Hortense ? articule-t-elle sous le coup de l'étonnement. C'est vraiment effrayant, ce qui t'est arrivé.

— Je m'appelle Anaïs, pas Hortense, répond la petite, rappelée à son personnage alors qu'elle ne s'y attendait pas.

— Tiens, écris-moi ton adresse sur ce papier, je vais aller t'aider chez vous à mon jour de congé, samedi prochain.

Ariane s'interpose poliment, tentant d'éclairer la jeune femme sur sa méprise, expliquant que, dans la réalité, Anaïs n'a rien pour qu'on la plaigne et qu'Hortense n'existe pas en dehors de son rôle à la télévision. Mais l'autre n'y voit que supercherie, croit qu'on tente de la berner, veut protéger l'enfant et l'aider dans sa pénible situation… Bref, ce qui s'annonçait comme une plaisante sortie de shopping vire au mauvais rêve. Si bien que la mère et la fille quittent le magasin sans demander leur reste, emportant à la sauvette les articles si tendrement choisis.

— Je crois qu'elle voulait m'aider…

— Avec un peu trop de ferveur, oui.

— Ça veut dire que j'ai bien joué mon rôle, que je suis une bonne comédienne, non ?

Ariane voit dans les yeux de sa fille une telle fierté et une telle satisfaction qu'elle doit prendre le temps de retrouver sa contenance. Plutôt que de répondre à la question, elle cherche à l'esquiver et, à brûle-pourpoint, invite la petite à manger une glace. *Il ne faut pas faire trop de compliments aux enfants, ça leur monte à la tête…*

L'Amérique du Nord, avec ses paysages s'étendant à l'infini, a compris au cours des deux grandes guerres combien le pouvoir des ondes pouvait se révéler essentiel. En quelques secondes, du cœur d'une grande ville à la fermette la plus isolée, on peut diffuser un message uniforme et contrôlé. L'engouement pour l'information a été suivi par celui pour l'éducation et le divertissement, ouvrant à des populations entières les portes d'un monde inconnu.

Pour avoir contribué au mouvement, Ariane en connaît la force. Elle a elle-même rencontré des auditeurs : des illettrés, des pêcheurs, des cultivateurs, des ouvriers, des serveuses et des mères de famille qui se sont initiés à la culture, au théâtre, à la musique. Des émissions comme *Radio-Collège*, sur Radio-Canada, durent depuis plus d'une dizaine d'années et leur succès ne se dément pas. Même chose pour les pièces de théâtre, retransmises en direct, ainsi que les conférences, les concerts et les événements sportifs ; tout cela ouvre les horizons du peuple. *L'abbé Gilles vous écoute*, qu'Ariane a créé, témoigne de cette insatiable curiosité qui se transpose jusque dans la vie intime des gens. La télévision ne peut qu'agrandir cette brèche que la radio a ouverte. C'est ce qui semble se préparer.

Le Premier ministre Maurice Duplessis, dans sa ferveur nationaliste, a lui-même pressenti la force implacable que prendrait la télévision et a fait voter une loi, au mois d'avril 1945, autorisant la création d'un service de radiodiffusion provincial, de manière à défendre et à favoriser l'autonomie de sa province face au pouvoir d'Ottawa.

Aux États-Unis et au Canada, on travaille activement à définir le cadre financier de la radiodiffusion, l'un plutôt en faveur du financement par les entreprises privées et d'un système de libre concurrence, l'autre préférant un régime mixte encadré par une réglementation dictée par le gouvernement fédéral. Quant au

Québec, il est encore trop pauvre pour s'offrir un réseau autonome.

Ariane suit l'évolution de la programmation américaine et de ses séries imaginées et réalisées pour la télévision dans des studios aménagés à cet effet. Il ne s'agit plus de retransmissions en direct de captations de pièces de théâtre, mais bien d'émissions spécialement conçues pour être télédiffusées. On convie les téléspectateurs à des rendez-vous réguliers qui n'existent que pour la télévision. Ce nouveau média a besoin d'artistes qui s'y intéressent, le manient et lui donnent une personnalité propre.

Inspirée autant qu'inquiétée par la vague de changements à venir, Ariane ressent de plus en plus l'envie de se tourner vers de nouveaux projets.

— Il me faut prendre ce virage, explique-t-elle à Eugène, et me tenir à jour, apprivoiser le maniement des caméras, puis ajuster la prise de son et les mises en scène. Sans quoi je serai bientôt déclassée…

Ariane téléphone même à une amie et collègue écrivaine pour l'inviter à plonger avec elle dans une aventure complètement neuve. L'auteure accepte le défi sans hésiter. Ariane mettra les bouchées doubles, poursuivant le jour son travail avec l'abbé Gilles et consacrant ses soirées à mettre au point une série dramatique télévisée qu'elle compte présenter à Radio-Canada.

La femme qui se trouve devant Léon Saintonge ne correspond pas au portrait admiratif qu'Agathe lui a brossé une douzaine d'années plus tôt. Pourtant, ça ne peut être qu'elle. Il n'existe aucune autre Alice

Calvino à Montréal, et même dans la province entière. La dame vit seule en compagnie d'une ribambelle de chats, allongés tantôt sur le rebord d'une fenêtre, tantôt sur les genoux de leur maîtresse ; elle s'adresse à eux à voix haute dans un flot continu de paroles tendres. Pour les chiens, elle n'a plus la force, a-t-elle expliqué, un peu pour excuser le nombre impressionnant de félins dans la maison. Telle une reine déchue, elle trône au milieu d'un salon aux fauteuils recouverts de housses colorées avec, pour sujets, des bustes de plâtre, des sculptures réchappées de décors d'opéra. Sur le manteau de la cheminée, parmi des assiettes oubliées et des tasses à demi vidées, une photo, centrale, celle de Claudio Calvino, le seul et unique, en costume de scène, le regard tragique. Tout juste à sa droite, et dans un cadre identique mais deux fois plus petit, Agathe au piano, sur scène. Le souffle coupé par sa beauté, Léon Saintonge reconnaît cette image prise au cours d'une prestation donnée à Genève. Il s'empresse de détourner son regard vers des photographies de famille, de femmes, d'enfants, de poupons et de mariages, toutes librement juxtaposées et en quantité spectaculaire. Et enfin, des piles de partitions, comme des stalagmites de papier, parsèment la pièce et bloquent le passage, comme s'interposant pour protéger la propriétaire. Aucun doute : son interlocutrice est bien celle qu'il cherche. Doté d'un sens inné des relations humaines, il devine qu'il lui faudra de la patience s'il veut atteindre son but… Car si Mme Calvino se montre loquace, elle a fermé à double tour certains coins de sa vie, déviant systématiquement de certains sujets.

— Paris me manque toujours ! Parlez-moi de cette ville.

Buvant ses paroles et un fond de café fort, elle tend de temps à autre la main vers les restes d'un croissant du matin ruisselant de beurre, comme elle les aime. Gourmande, elle se donne tout entière à son plaisir, portée par les souvenirs et soufflée par les propos de cet inconnu qui s'est inopinément présenté à sa porte sous prétexte d'être un admirateur du défunt Claudio, son époux décédé en 1935. Son accent français, comme un vent doux, a suffi à la convaincre de l'inviter à entrer. Pour partager la compagnie d'un Français, elle ferait des kilomètres.

Léon Saintonge travaille dur. Il répond patiemment à ses questions, sans dévoiler le moins du monde son empressement. La musique s'impose comme sujet de prédilection, les opéras que Claudio a chantés, ses plus grands rôles dramatiques… Il enchaîne les références sans la moindre faute.

Après une première rencontre qui laisse la vieille dame au comble du bonheur, Léon et Alice conviennent d'un autre rendez-vous. Il en faut plusieurs pour que Léon parvienne à aborder, sans crainte d'éveiller des soupçons, la question qui motive toutes ses visites.

— Et votre fille Agathe, comment se porte-t-elle ? laisse-t-il tomber avec légèreté.

Pour toute réponse, il obtient un silence. Alice sort un mouchoir de sa manche et le noie de larmes.

— Elle me manque, bien sûr. Mais les enfants ont leur destin, contre lequel on ne peut rien.

Affichant un air contrit, Saintonge persiste, décidé à obtenir plus de détails.

— C'est difficile, avec les artistes. Ils doivent se rendre là où le succès les appelle. Ils voyagent sans cesse de par le monde. Car votre fille Agathe, dont nous nous entretenons ici, c'est bien la pianiste de renom ?

Il est en train de la perdre, il le sait. Les pensées d'Alice s'enfuient avec les derniers soubresauts de chaleur pendant qu'une brise d'automne achève de détacher les dernières feuilles…

— Elle pourrait revenir faire carrière ici, tente-t-il avec une gentillesse mielleuse, je suis un ancien pianiste moi-même, devenu imprésario. J'ai émigré ici. Je débarque et je reforme mon équipe.

Alice acquiesce doucement :

— Ce serait tellement merveilleux qu'elle revienne…

Après les fêtes de Noël, les jumeaux sautent de joie quand ils apprennent qu'ils partent pour deux jours chez leur « marraine gâteau ». Lors de sa dernière visite, Colette était arrivée avec, pour chacun, un cheval à bascule recouvert de vraie peau de bête. Les deux cow-boys en herbe en étaient restés sans voix. Depuis, leur bienfaitrice, déjà haut placée dans l'ordre des divinités, avait acquis un statut quasi céleste, juste à la gauche du père Noël. Imaginant ce qu'ils trouveront dans ce qu'ils appellent le « château de Colette », les deux garçons abondent d'idées, toutes plus excentriques les unes que les autres :

— On va jouer avec des éléphants !

— Et des panthères noires !

— Et des vrais Peaux-Rouges !

— Et des vrais voleurs !

— Et des vrais fusils ! Pow !

Anaïs tente de prendre part à l'hystérie collective, mais ne parvient pas à s'y sentir confortable. Depuis un certain temps, elle n'arrive plus à partager les moments de folie dont ses frères sont friands. Entre sa vie à Marie-de-France qui la comble, ses tournages où elle est devenue le chouchou de l'équipe et ses apparitions de plus en plus remarquées au petit écran, elle se détache d'eux, lentement mais sûrement.

— Et Eugène ? Il nous accompagne ?

— Il aurait bien aimé, mais il organise un atelier d'aquarelle qui durera toute la semaine.

La fillette cache mal sa déception. Elle préfère quand cousin Eugène est là. C'est lui qui la conduit en voiture à l'école et qui revient la chercher le soir. Il vérifie ses devoirs et lui fait répéter ses leçons. Il lui donne la réplique pour ses textes. Il l'emmène aussi sur les plateaux d'enregistrement, restant souvent de longues heures à attendre la fin du travail. Il surveille qu'elle mange de bons repas et s'occupe tout aussi bien des jumeaux. C'est grâce à lui que, lorsque maman rentre à la maison après ses longues journées de travail, elle retrouve ses enfants souriants, nourris, lavés et à jour dans ce qu'ils ont à faire. Depuis qu'il habite à la maison, cousin Eugène a peu à peu pris sa place au sein de la famille.

L'absence de son ange gardien ternit légèrement le bonheur qu'Anaïs trouve à cette escapade annoncée dans les Laurentides. Elle traîne autant que possible, espérant retarder le départ et tenter de le convaincre de les accompagner. En vain.

— Je suis désolé, Anaïs. Une autre fois, d'accord ?

— Allez, dépêche-toi ! Tu vas nous faire manquer notre train ! lance Henri, pressé de partir à l'aventure.

Les Lepage ont réservé leurs places sur un des fameux « Express de neige ». Le petit train du Nord sert beaucoup au transport des vacanciers pendant la saison froide, de telle sorte que la famille prend place dans un convoi bondé de joyeux lurons. Certains, pour lutter contre le froid, ont glissé dans la poche de leur chemise de laine une flasque de genièvre, dont ils abusent manifestement et sans aucune gêne. Aussi, les chansons gagnent en intensité, de Montréal à Val-David.

Claude et Henri entonnent les airs à pleins poumons. Ils font tant et si bien qu'en descendant du train ils chantonnent à Colette qui les attendait une série de ritournelles aux tournures dont ils ne saisissent pas la grivoiserie. Ariane et Colette, loin de s'offusquer, éclatent de rire. Anaïs n'en a que pour la carriole postée devant eux et le cheval immense d'un noir d'ébène, impressionnant dans le décor immaculé. La bête, aussi calme que haute, attend sagement de conduire tout ce monde à destination.

La balade en traîneau sous les flocons lourds et laiteux se révèle magique. Les grelots accrochés à la bride de la bête sonnent à chacun de ses pas.

— C'est pour éloigner les ours, fabule le caléchier à l'intention des gamins troublés.

Les enfants, couverts d'une peau de chat sauvage, regardent à gauche et à droite en espérant apercevoir un grizzli. Puis, lassés, ils ouvrent la bouche vers le ciel, s'amusant à avaler des cristaux givrés.

À leur arrivée, les invités remarquent que la résidence se niche très en retrait dans une forêt de conifères serrés les uns contre les autres.

— Elle ressemble à la maison de pain d'épice de *Hansel et Gretel*, lance Anaïs.

Les garçons ne relèvent pas l'analogie, ne pensant qu'à la perspective des glissades en luge offertes par cette demeure juchée au sommet d'une montagne.

Ariane, épuisée par un automne surchargé, ne peut que regretter l'absence d'Eugène parmi eux, car personne plus que lui n'adore la nature sauvage, l'hiver et ses grands froids. Le Nouvel An 1954 sera inoubliable !

Accueillis par Gaétan Lemyre et les deux enfants adoptifs, Lucille et Pierre, surexcités et affamés, les voyageurs sont invités à souper à la cuisine. Ils avalent goulûment une soupe aux légumes et au bœuf, tout en laissant la chaleur diffusée par le poêle à bois les amortir. Après le repas, Colette apporte les cartes et les dominos. Malgré la fatigue du voyage, enfants et adultes se mettent à jouer avec frénésie. Vers vingt et une heures sonne l'appel du coucher. Tous se dirigent vers les chambres sans demander leur reste. Claude, Henri et Pierre dormiront dans le même lit, nouvelle qui, visiblement, les comble de joie. Les filles, elles, logeront dans la chambre du fond où sont installés des lits superposés. Gaétan a travaillé comme un forçat tout l'automne, une saison très occupée, dans ses hôtels. Il se met au lit en même temps que les jeunes, laissant aux deux femmes un répit pour se retrouver.

Ariane et Colette s'installent devant le foyer de pierre. Le chalet de bois rond, construit à la main avec les arbres abattus sur le terrain par un homme du village aidé de ses cinq fils, arbore, grâce aux rondins de bois vernis, une chaleureuse couleur de sirop d'érable que les flammes font ressortir davantage. Les deux amies, calées dans des fauteuils moelleux, sont heureuses de se revoir dans un contexte de vacances. Elles font une pause en silence, comme pour se remémorer le moment où elles s'étaient laissées, la dernière fois, et repartir de là. Puis elles se mettent à parler... longtemps. Ariane finit par se confier sur la difficulté de vivre sa vie en concubinage et de subir les regards accusateurs qu'elle sent trop souvent posés sur elle.

— J'entends malgré tout résister au conformisme.

Colette acquiesce aux propos de son invitée, elle qui, pourtant, préfère le silence à la vérité.

— Depuis qu'Anaïs a changé d'école, j'ai un répit, car la directrice ne me regarde pas comme une mère indigne chaque fois que ma petite doit s'absenter pour travailler au studio. Quoique... ma fille est tellement folle du jeu dramatique que je me demande si elle ne risque pas de devenir réellement Hortense et de m'annoncer qu'elle prend la maisonnée en charge.

Colette ne peut réprimer un éclat de rire.

— Il faut qu'elle y croie pour être aussi excellente. Ah, les enfants !

Et Colette d'enchaîner sur les plaisirs de son quotidien de maman : les finesses de sa Lucille et les péripéties du petit Pierre... Elle cache tout des inquiétudes qui la minent parfois, certains soirs de doute.

Le lendemain, à l'aube, une tempête s'amorce. Les flocons tombent sur les fenêtres carrelées avec un petit bruit sec. Claude, qui ne dort jamais très tard, se glisse hors du lit pour ouvrir sa valise, dans laquelle se trouvent ses vêtements chauds rigoureusement pliés. Après avoir mis ses bagages sens dessus dessous, il repère un caleçon, une camisole, une chemise et un pantalon qu'il enfile rapidement. Il a boutonné le lundi avec le mardi et s'est culotté à l'envers.

Ainsi comiquement affublé, il est fin prêt à essayer les raquettes achetées par Colette aux Algonquins de la région et spécialement confectionnées pour des enfants. Henri ne met pas longtemps à suivre les traces de son frère et à s'accoutrer de travers lui aussi avant d'aider Pierre à attacher ses boutons de culottes.

Éveillée par le son des raquettes écorchant le sol du couloir des chambres, Anaïs tente de se lever, mais la tête lui tourne tant qu'elle doit s'allonger. Prise d'une forte nausée, elle ferme les yeux pour faire passer son malaise. Inquiète de l'indisposition de son amie, Lucille va quérir sa mère, non sans avoir pris soin de border sa copine malade.

— Elle a dû attraper froid hier soir. Elle en sera quitte pour une journée au lit. Quelle tristesse ! Elle qui se faisait une joie de venir passer quelques jours de congé dans votre belle maison !

Tandis que Gaétan sort avec les garçons empressés, Lucille équipe sa complice de livres de toutes sortes achetés expressément pour occuper les vacances.

— Voilà un peu de tout. Mais lis d'abord *Vingt mille lieues sous les mers*. À certains chapitres, il y a des illustrations…

Les joues rosies par la fièvre, Anaïs se plonge dans les aventures de ce monstre de tôle armé parcourant les mers du monde et hantant les fonds marins avec son pic au milieu du crâne. Aucun détail ne lui échappe. Le harponneur appelé à la rescousse, Ned Land, est canadien, ce qui a l'heur d'éveiller la fierté de la petite et de l'impressionner fortement. Les chapitres dévoilant l'existence du capitaine Nemo à bord de son *Nautilus*, le sous-marin qu'on a pris pour une bête géante, se révèlent telle une apothéose dans l'imagination fertile de la lectrice. Comme dans cette histoire où les hommes luttent contre de grandes frayeurs, Anaïs a elle aussi combattu le choc de la mort de Marcel, dont elle s'éloigne de plus en plus.

À moitié assoupie, la fillette approuve lorsque sa mère lui chuchote qu'elle sort une heure ou deux avec Colette et les garçons, qui veulent essayer leurs nouveaux patins à la patinoire du village, tout près de l'église.

— Tu restes à la maison avec Lucille et son papa, ça te va ?

Pour toute réponse, la fillette amortie se blottit dans les couvertures. Elle aime bien le mari de tante Colette. Il est plutôt gentil.

Dans un demi-sommeil, Anaïs ouvre un œil et aperçoit, par l'interstice entre deux planches de bois du mur attenant à la chambre des Lemyre, son amie Lucille, assoupie sur le lit de ses parents.

Tonton Gaétan ouvre la porte de la chambre et lui demande si tout va bien. Anaïs ne se méfie pas de le voir s'approcher et s'intéresser avec insistance à son état et à sa température. Tandis que, toujours fiévreuse, elle le rassure, elle sent qu'il glisse sa main avec douceur sous le couvre-lit pour caresser ses jambes brûlantes, puis il monte jusqu'à son ventre. Sur un ton qu'elle ne lui connaît pas, il décrit un petit lapin qui se cache tout proche tandis qu'il humecte son doigt et le glisse ensuite au milieu de la petite, désemparée. Puis il se penche, l'embrasse dans le cou et, de sa main libre, dégrafe son pantalon.

Comme dans le lointain, elle entend Gaétan qui l'appelle « ma petite cochonne ». Il lui dit qu'elle a ce qu'elle voulait, la petite vedette. Paralysée, elle promet le silence lorsqu'il menace de faire du mal à ceux qu'elle aime si jamais elle parle de ce qui s'est passé.

Une fois l'acte terminé, la paix règne de nouveau dans la chambre douillette et empreinte de sérénité. La fillette, brûlante, perd conscience un moment tandis que l'homme passe un gant tiède sur son corps ; pour faire baisser la température, mais surtout pour effacer les traces de son crime.

Dans les vapes, Anaïs dort pendant tout leur séjour chez les Lemyre, ouvrant ses yeux à peine quelques secondes pour retomber dans un sommeil profond. Ariane, morte d'inquiétude, ne quitte pas son chevet, tandis que la neige continue de tomber et empêche leur retour à Montréal. Lorsque Anaïs se réveille, en cette troisième journée, la fièvre est tombée, la tempête est passée et le soleil est revenu, exactement comme avant.

Dans la cabine du train qui les ramène à Montréal, aux premiers jours de 1954, l'atmosphère est beaucoup plus calme qu'à l'aller, probablement à cause de l'heure matinale du départ. Les Lepage prennent leurs aises et en profitent pour se détendre.

Anaïs garde le nez sur ses textes à mémoriser en prévision des tournages de la semaine suivante. Indifférente aux facéties de ses deux frères, toujours prêts pour une bonne blague, elle concentre son attention sur les mots qui s'alignent sagement dans son cahier. Dès qu'elle détache le regard de sa lecture, un mal de cœur la prend, comme si elle marchait sur le pont d'un bateau tanguant. Pour éviter cette désagréable sensation de perdre pied, elle maintient un index sur ses scénarios et le garde là, bien ancré. Hortense Dumais lui offre une porte ouverte sur une autre réalité dans laquelle elle trouve refuge.

Chapitre 5

Anaïs Calvino se prépare mentalement depuis la veille : elle a été invitée chez une compagne de classe qui habite à quelques maisons de la sienne. Première étonnée, elle qui, entre ses devoirs d'écolière et de comédienne, n'a jamais le temps pour les amies, cette fois, a accepté l'invitation ! Elle plie donc consciencieusement ses costumes, ses robes de bal cousues à la main à même les chutes de celles de sa mère, les chapeaux de vraie fourrure, les couronnes et les barrettes dorées pour les coiffes, les gants et même les sous-vêtements, qui se retrouvent, avec la plus grande précaution, rangés dans la mallette rectangulaire au fond fleuri de roses et de marguerites. Elle s'est découvert une complice qui adore autant qu'elle se costumer et jouer des rôles improvisés. Cela peut sembler anodin de rendre visite à une camarade, seule et sans la présence bienveillante d'un adulte qui l'accompagne, mais pour Anaïs cela fait figure d'événement.

En peu de temps, l'habitude prise par Eugène de la conduire à l'école s'est élargie aux visites chez les cousins, les amis, le voisinage. Sur l'insistance d'Anaïs, il l'accompagne partout, en toutes circonstances.

Rassurée, la fillette se révèle adorable, polie, serviable, mais pique des crises d'angoisse si, par inadvertance, elle se retrouve seule.

Le problème est que plus les mois passent, plus ses comportements l'humilient. Pour la rassurer et lui éviter une scène éventuelle, Eugène a souvent pris le parti de se cacher derrière des buissons de manière à la sécuriser, tandis que la gamine feint de poursuivre seule son chemin, tantôt vers l'école, tantôt vers les studios de Radio-Canada. Une fois rendue à destination, Anaïs parvient à vaquer à ses occupations sans trop subir ces attaques de panique qui la paralysent jusqu'à lui couper le souffle. Cette dépendance blesse la jeune fille.

En ce premier jour du mois de mai 1954, après y avoir longtemps réfléchi, Anaïs décide de mettre fin à ces peurs qui lui gâchent la vie. Sur un ton ferme, elle annonce :

— Je te remercie, mais tu restes ici aujourd'hui, cousin Eugène. Je vais chez les Grothée sans toi. J'ai douze ans et je suis en âge de me débrouiller. Il n'y a rien à craindre : tout le monde me connaît dans la rue et je ne suis qu'à quelques minutes de marche de la maison.

Un peu surpris, Eugène se plie aux volontés de cette enfant qu'il considère comme sa fille et dont il connaît la force de caractère. Il la regarde s'engager sur le trottoir avec détermination. Les paroles d'Ariane lui reviennent :

— Il se passe tellement de choses louches à Montréal. On n'est jamais assez prudents avec nos enfants !

Il faut admettre que la ville s'est gagné une très mauvaise réputation : entre la prostitution, les maisons de jeu, la malhonnêteté généralisée, les policiers eux-mêmes corrompus, on ne sait plus à qui se fier. Certains parlent de traite des Blanches, une menace pour les femmes et les petites filles. Sans savoir précisément à quoi Ariane fait allusion quand elle parle de ce type de commerce, Anaïs imagine que cela a quelque lien avec cette scène... qu'elle n'est plus tout à fait certaine d'avoir vécue...

Denise Grothée est fille unique parmi une ribambelle de garçons. Cheveux bruns en bataille coupés aux épaules, elle est d'un naturel généreux et sociable. Elle est de toutes les représentations théâtrales à Marie-de-France, participant à la fabrication des décors et à la confection des costumes, tout en jouant, bien que son talent impressionne peu. Quand elle a reconnu Anaïs Calvino dans sa classe, elle n'a pas dissimulé son admiration.

— Hé ! Hortense Dumais ! C'est toi qui joues la grande sœur ? Tu es excellente ! On dirait que tu as trait des vaches toute ta vie ! a lancé la jeune Grothée en mettant sa main dans celle de sa toute nouvelle amie.

Brillante observatrice, Denise a rapidement noté que matin et soir quelqu'un conduisait sa compagne de classe en voiture. Cherchant à éviter un long parcours en tramway, et comme elle ne manque pas d'audace, elle s'amène un jour à la hauteur du véhicule pour demander à Eugène s'il n'accepterait pas de la laisser monter elle aussi. Il n'a d'autre choix que d'accepter et de conduire la petite délurée jusqu'à l'entrée de l'école. Blagueuse, Denise provoque fou rire après fou rire tout le long du trajet, ce qui a l'heur de réjouir Eugène, qui trouvait Anaïs trop sérieuse pour son âge.

Ça y est ! Elle a parcouru le chemin qui l'effrayait tant. Tremblante, mais combien fière d'avoir dominé ses craintes, Anaïs se présente sur le perron de la demeure de Denise, où celle-ci se berce avec une vigueur telle qu'elle menace de faire chavirer la chaise à bascule.

— M. Boyer ne t'accompagne pas ? questionne son amie, étonnée.

— À partir d'aujourd'hui, je vais m'en passer, répond-elle hardiment tandis que, tout heureuse, Denise l'entraîne à l'intérieur.

— Viens, j'ai organisé une scène au sous-sol. On va jouer là.

Ce premier après-midi d'indépendance depuis qu'elle a été si malade à la maison de campagne des Lemyre, Anaïs en savoure chaque instant. À la demande de sa complice, elle accepte de jouer un extrait comique de Molière et passe un long moment sans penser à rentrer à la maison, sans se dire qu'elle devrait être en train d'apprendre ses textes ou d'étudier ses leçons plutôt que de s'amuser.

Trop heureuse de sa victoire, Anaïs affronte sa peur de nouveau, effectuant le trajet du retour sans escorte.

— Tu veux pas que je te raccompagne ? demande Denise, inquiète de la blancheur du visage de son amie.

— Et qui te reconduira ensuite, une fois que tu m'auras raccompagnée ? réplique sarcastiquement Anaïs.

— Un de mes frères peut venir avec nous.

L'absurde de la situation lui fait maintenir son refus. Anaïs part seule, gardant sa concentration sur les colonnes de brique rouge et le grand balcon gris aux balustrades blanches qui distinguent la maison des Lepage. Quand Ariane ouvre la porte à sa fille, c'est avec un soulagement ostentatoire qu'elle s'écrie, les mains portées au cœur :

— Te voilà enfin, saine et sauve !

— À vrai dire, Ariane, toutes ces contraintes me fatiguent, décrète sa complice auteure avec qui elle travaille depuis plusieurs mois à imaginer une série pour la télévision.

Ariane doit admettre que, certains jours, elle aussi se sent un peu dépassée. Alors qu'à CKAC elle travaillait à faire entendre une histoire, voilà qu'avec son grand saut professionnel à Radio-Canada elle doit maintenant apprendre à raconter à l'aide d'images et modifier complètement ses techniques de réalisation. Même chose pour l'auteure qui, elle aussi, doit adapter sa façon de travailler.

— Changement de décor, changement de scène, changement de plan et de propos, j'ai l'impression d'avoir le hoquet ! Il me faut employer une façon totalement différente de raconter, se plaint-elle, la tête légèrement inclinée sur le dossier du fauteuil. Je jouissais de mille fois plus de liberté avant… Sans compter qu'aux éléments de mise en scène auxquels tu me fais penser pour permettre la circulation des caméras s'ajoutent les costumes, les accessoires, les décors ! Les contraintes m'étouffent ! Je n'ai aucun plaisir !

Dès leur première rencontre, Aurèle Séguin, un des directeurs de Radio-Canada, s'est tout de suite montré intéressé par le projet de dramatique de l'auteure et de la réalisatrice : explorer l'histoire de deux familles désargentées, l'une de la campagne s'installant dans le logement au-dessus de chez l'autre en ville. De nouveaux voisins qui font connaissance et qui développent des liens. Une histoire simple, mais qui répond à un courant de fond dans la société, avec l'urbanisation en cours.

— Vos personnages sont modernes et ouverts… Et puis, avec une femme telle que Mme Calvino, on aura une proposition solide. Faites-moi quelques textes et développez une approche sur le plan de la réalisation.

Fortes de ces encouragements, les deux complices ont uni leurs connaissances et leurs compétences pour se mettre à l'ouvrage et donner forme aux premiers épisodes de cette histoire.

Dans le cadre de son feuilleton télévisé, Ariane organise fréquemment des lectures, chez elle, avec les comédiens de la distribution. Réunie dans la salle à manger, l'équipe lit les textes, les décortique, suggère des interprétations, des améliorations. On peaufine et on reprend sans relâche dans un esprit d'inventivité nourrissant. La télévision ouvre les portes d'un monde nouveau à tous ces passionnés.

Les trois enfants adorent ces soirées. C'est de la pure magie que de voir entrer chez soi cette faune de gens colorés, rieurs, imaginatifs, bruyants et tellement différents des autres adultes. Ils sont regroupés autour de la grande table d'acajou, couverte de verres de vin, d'alcools apéritifs et sucrés, de textes raturés et froissés, tachés de sauces et de restes apportés par les convives pour le souper. Ça parle, ça chante, ça rit. Ça fume aussi beaucoup, la faune abandonnant derrière elle un nombre impressionnant de cendriers tous débordants et parfois encore chauds.

Cherchant à faire oublier leur présence, Anaïs veille à ce que ses deux frères restent tranquilles. Elle les installe comme au théâtre – leur confectionnant même des tickets d'entrée –, les assied sur de petites chaises de bois et les incite à suivre les scènes qui seront travaillées et qu'elle explique au fur et à mesure en parlant tout bas. Les garçons, en spectateurs dissipés, commentent les faits et gestes de tous les acteurs. Ils se lassent rapidement et repartent au bout d'un moment, jusqu'à tomber de fatigue dans leur lit. Une fois seule, l'adolescente observe et se passionne pour les acteurs présents. Elle reste attentive et éveillée jusqu'au milieu de la nuit, grisée par ce monde et adoptée par lui.

Au fil des répétitions, comme Anaïs en vient à connaître par cœur les tirades des uns et des autres, une des comédiennes lui demande de lui donner la réplique. Sans façon, elle accepte et récite les lignes, surmontant le stress qui lui revient parfois quand la pression se fait trop importante. Eugène, souvent présent à ces répétitions, jette un regard attendri devant l'aplomb de sa protégée, sur laquelle il garde un œil attentif. Le talent s'imposant de lui-même, l'auteure ne peut s'empêcher de s'exclamer :

— Voilà enfin ce que je souhaite entendre, et sur ce ton-là ! Bravo, bravo et re-bravo, Anaïs !

Ariane croit à une boutade et éclate de rire pour détendre l'atmosphère. La jeune comédienne que sa fille remplaçait momentanément se sent bien sûr visée par l'insatisfaction indirectement exprimée par l'écrivaine. Gênée, ne sachant trop comment réagir, elle grimace.

L'affrontement à venir risque de nuire à tous. Aussi, pour rassurer l'actrice, Ariane précise :

— Allons, Monique ! Tu sembles oublier que, dans ton histoire, le personnage a vingt ans passés !

— Je pourrais remplacer la sœur par une quatorzième enfant. Pourquoi pas ? Ça rendrait l'accident à venir encore plus tragique !

Loin de se dissiper, le malaise s'implante. Anaïs ne cherchait au départ qu'à se rendre utile. La starlette humiliée quitte la maison avec fracas, sans se priver de livrer une dernière prestation à son groupe de travail. Une fois la comédienne partie et les esprits calmés, les avis s'expriment sur l'à-propos du changement évoqué. L'auteure n'affiche pas de réaction, se contentant d'entendre les arguments des uns et des autres, puis replonge son regard dans ses grands cahiers, invitant l'équipe à reprendre la répétition.

Le lendemain, après une bonne nuit de sommeil, Monique Giraudoux persiste et signe. Une fois seule avec Ariane, elle discute de son sentiment :

— Ce que j'ai entendu m'a bouleversée. Ta fille a compris la couleur que doit apporter ce personnage et a donné exactement ce que j'essaie sans succès d'obtenir depuis des mois. J'aimerais qu'elle soit de la distribution, mais j'ai senti tes résistances. Alors si tu t'opposes à mon engouement, je ne m'entêterai pas, mais honnêtement je crois que ce serait un merveilleux changement qui donnerait une tournure dramatique bien plus intéressante à mon histoire. Je n'y avais pas pensé avant hier soir…

— Anaïs n'aura que treize ans au moment d'enregistrer. De toute manière, elle défend déjà un petit rôle à la télévision… Avec deux, ça deviendrait insoutenable.

— Ce serait l'occasion rêvée de quitter le premier. Ce qu'elle joue en ce moment ne me semble pas très intéressant, si tu veux mon avis, et ne rend pas justice à son talent. De plus, tu aurais la mainmise sur ses horaires, si elle travaillait avec toi. Je lui écrirais un personnage collé à ce qu'elle est, ce qui faciliterait la mémorisation et la mise en bouche. Tu la dirigerais et tu lui donnerais une vraie occasion de se distinguer... Anaïs est faite pour jouer, tu le sais aussi bien que moi. Allons !

Touchée par les arguments de sa complice, Ariane se laisse convaincre et accepte la proposition.

— Tu as le rôle, mais à une condition : si tes notes baissent ne serait-ce que d'un seul point, tout est terminé. Je me suis entendue avec Monique, et elle accepte aussi mon exigence, annonce la mère sur un ton ferme.

— C'est d'accord. Mon amie Denise prendra en note ce qui est fait en classe.

— Avec ton école, il n'y aura pas de passe-droits. Tu ne manqueras que les jours des enregistrements et tu devras rattraper les travaux effectués pendant tes absences.

Après l'accord passé entre la mère et la fille, le personnage de Marcelle, désormais rajeuni de plusieurs années et modifié en conséquence, est attribué à la nouvelle comédienne. En dépit de la quantité de travail qu'un tel changement impose, Monique ne se plaint pas, convaincue du positif de cet ajout. Mise au courant, l'équipe applaudit aussi, intégrant l'enfant vedette dans ses rangs.

Comblée de bonheur, la petite Calvino voit dans cette victoire la poussée qu'elle attendait. Cette fois, elle passe de la quasi-figuration à un vrai premier rôle dramatique. Marcelle est la cadette d'une famille ouvrière de la Basse-Ville de Québec. Elle voudrait apprendre la musique, mais cela va contre les volontés de son père, auquel elle s'oppose avec force. Anaïs s'identifie complètement au personnage, lui donne des mimiques, des tics, une gestuelle dont elle a du mal à se défaire par la suite dans sa vie. Elle devient littéralement Marcelle…

Seule enfant au milieu d'une bande d'adultes, la jeune fille doit multiplier les efforts pour se montrer raisonnable et à la hauteur de ce qu'on attend d'elle. Livrant son texte impeccablement, elle suit à la lettre les indications d'Ariane et accepte les corrections et les commentaires sans broncher. En tant que fille de la réalisatrice, elle pourrait facilement exprimer des caprices, exiger un traitement spécial et des faveurs. Pourtant, elle évite soigneusement de tomber dans le piège et se montre, tout comme sa mère, encore plus exigeante envers elle-même. Anaïs ne se donne pas le droit de se tromper. Elle ne peut rien oublier, pas un mot, pas une virgule du texte de cette auteure qui s'est montrée si bonne avec elle. Et surtout, elle ne veut pas décevoir Ariane. Ni par son attitude ni par des erreurs professionnelles. Aussi, elle se fond dans l'équipe, pose et effectue son travail avec une rigueur spartiate. Malgré tout, elle aime les efforts qu'elle doit fournir et ce sentiment délicieux d'aller au bout d'elle-même.

Ariane a tout à prouver à la direction de Radio-Canada. Elle entend faire de sa première série télévisée une œuvre irréprochable. La réalisatrice se doute bien qu'on portera un regard plus sévère sur la prestation de sa fille. Elle entend d'ici les commentaires :

— C'est du favoritisme. Un manque de neutralité. La mère qui emploie sa fille…

Elle se rend compte avec le temps que la situation lui impose un stress supplémentaire dont elle se serait volontiers passée. Elle a quitté un emploi bien rémunéré à CKAC pour se lancer dans l'expérience de la télévision à Radio-Canada. Et si sa série n'emportait pas le succès escompté ? Comment ferait-elle, sans emploi ? Juste d'y penser, l'angoisse lui serre la gorge. Mais cette peur l'incite à continuer et à se montrer encore plus exigeante avec sa fille qu'envers ses collègues.

Consciente de sa chance, Anaïs se donne à fond. Pour apprendre ses textes, elle commence par les recopier lentement, sa main fine accrochée au crayon à mine. Puis elle les lit à voix haute, vingt fois, trente fois. Enfin, elle ferme les yeux et pose son doigt sur les papiers, au hasard. Quel que soit l'endroit où elle tombe, elle enchaîne et récite… Souvent, les jours de répétition, en robe de nuit, s'apprêtant à aller dormir, elle rejoint Ariane et la questionne :

— Ai-je bien travaillé, maman ? Es-tu satisfaite de ce que j'ai fait aujourd'hui ?

— Oui, ma chérie. Tu proposes une Marcelle crédible. Mais souviens-toi que de connaître son texte par cœur ne constitue pas une fin mais plutôt un point de départ…

— M'en veux-tu d'avoir pris la place de Louisette ?

— Voilà justement ce que comporte la réalité de comédienne, ma puce : une face de lumière, celle que tout le monde voit, et une autre très sombre, qu'on ne soupçonne pas. C'est un métier dur, ingrat. On t'adore au matin et on te rejette le soir. Cette fois, c'est toi qui as gagné, mais n'oublie jamais qu'un jour, dans ce métier, tu devras apprendre à perdre…

— Ce qui compte le plus pour moi, c'est de te satisfaire. Je peux travailler encore si tu penses…

— Ma chérie, il est neuf heures passées ! Comment tiendras-tu à l'école demain ? Je veux surtout que tu te couches et que tu dormes au plus vite.

— Entendu. Mais ne t'inquiète pas, je n'oublie pas ma promesse. Mes professeurs ne verront même pas la différence.

— Tu y tiens donc à ce point ?

— Plus que tout au monde.

— Alors il faut travailler doublement. Si tu ne souhaites pas disparaître de la distribution. Tu es avertie.

Surprise par la raideur du ton, la jeune fille acquiesce tandis que sa mère la borde.

— J'agis pour ton bien. Tu le comprendras, un jour.

Eugène, passant dans le couloir, a involontairement surpris l'échange. Dans sa routine du soir, après avoir salué les jumeaux, il va embrasser Anaïs. Puis il rejoint Ariane dans sa chambre et tente d'afficher un sourire qui ne parvient pas à duper sa compagne.

— Vas-y, dis-moi franchement. Ne tourne pas autour du pot.

— Ce soir, elle a récité parfaitement un texte plein d'embûches. Tu ne sembles pas voir son bon travail. Tu aurais dû la féliciter.

— Au contraire, je mesure les efforts. Et c'est précisément cela qui me fait peur. Elle cherche tant mon approbation que cela en devient pesant.

— Essaie de la considérer comme n'importe quelle autre…

— Comment veux-tu ? Elle n'a que douze ans. C'est ma fille et elle a besoin de mon aval.

— Tu voulais lui donner une chance, ne l'oublie pas.

— J'ai fait une erreur en l'engageant. Elle n'est pas prête pour un grand rôle. J'en suis bien désolée. Excuse-moi, mais avec la journée qui m'attend demain, il faut que je dorme. Éteins, s'il te plaît.

Il se tait et ferme la lumière. Répliquer n'apporterait rien. Son aimée a raison : cette collaboration entre la mère et la fille intensifie les tensions qui ont surgi entre elles depuis quelques mois. Quelque chose lui échappe…

Lucille court, sans regarder derrière elle, balançant les bras, les cheveux au vent, sans même prendre la peine de respirer. Il fait chaud en ce début d'été. Elle fuit la somptueuse maison, la chambre de conte de fées, le lit à baldaquin et le podium rembourré par sa mère au pied de son lit. Elle regrette la peine et l'inquiétude qu'encore une fois elle causera à Colette. Mais le monstre en elle, de plus en plus fort, la propulse vers la sortie, lui faisant ouvrir la porte pour se précipiter en courant. Elle fuit, sans trop savoir pourquoi, poussée par une force surnaturelle. Dans la chic rue The Boulevard, plutôt déserte à cette heure matinale, les quelques piétons se retournent sur son passage. Qui est cette frêle jeune fille portant un peignoir rose qui laisse entrevoir sa chemise de pyjama détachée ? Ses fines pantoufles de cuir s'abîment sous ses pas. Insouciante quant à sa tenue qui ne peut qu'attirer l'attention, elle galope. Elle fonce droit devant, vers le mont Royal et sa belle croix surplombant la ville, à l'ombre de laquelle elle souhaite aller prier un jour. Sans mesurer l'ampleur de la distance, elle espère faire à pied le chemin souvent parcouru en voiture avec ses parents et qui sépare le mont Royal en deux. Elle cavale, inspirant, expirant et ne pensant plus. Enfin.

Après une trentaine de minutes de course, à bout, l'enfant ralentit sa cadence. Elle s'évanouit presque de peur quand le son d'un Klaxon, tout proche d'elle, la fait sursauter et tomber à genoux.

— Où c'est qu'elle s'en va comme ça, la belle *tite nouère*[1] ?

Lucille refuse de répondre. Sur la défensive, elle fixe le sol en continuant de marcher. Le camion de La ferme Saint-Laurent s'avance devant elle, puis s'immobilise. Elle entrevoit les bottes du chauffeur. Craignant que l'inconnu ne s'empare d'elle, elle ressent une peur telle qu'elle tombe sans connaissance, passant proche de glisser complètement sous les roues du camion.

— *Bon yeu !* s'exclame Rolland Bérubé, laitier de profession, qui travaille pour la coopérative laitière depuis plus de dix ans.

Ce fervent catholique et père de treize enfants, en dépit du fait qu'il accorde une priorité absolue à son travail et au respect de son horaire, fait néanmoins ce qu'il aurait voulu qu'on fasse s'il s'était agi de l'une de ses filles : il interrompt sa tournée, quitte à prendre du retard, offre son aide à la gamine pour la relever et vérifie si elle semble malade ou blessée.

1. Littéralement : petite Noire. Terme affectueux.

— Je vais bien. Je m'en vais chez ma tante, souffle-t-elle, verte de peur.

— *Pis* où c'est qu'elle est, ta *matante* ? Où c'est qu'elle reste ?

— Pas loin d'ici. À Outremont.

— Outremont, à pied, c'est pas la porte d'à côté ! Mais t'es chanceuse, c'est sur mon chemin. J'vas te conduire. Tu t'en vas sur quelle rue ?

Voyant qu'elle hésite, il sort de l'arrière de son banc un godet de lait au chocolat, telle une boîte à surprises.

— Embarque. Je te ferai pas mal, précise-t-il en dévoilant un sourire édenté mais sincère qui convainc Lucille.

— Je sais pas le nom de la rue, mais je vais me reconnaître.

— *Pis* tes parents ? Ils sont où ? Je veux dire, une petite fille de ton âge, ça se promène pas de même, sans *pôpa* ni *môman*.

— Ils m'attendent là-bas. Chez ma tante, répond-elle juste avant de basculer la tête vers l'arrière, se délectant du liquide chocolaté.

Rolland n'en saura pas plus. Alors qu'il remet son moteur en marche, celui-ci cale et s'étouffe.

— Il faut attendre, si je veux pas le noyer… Je vais boire du chocolat avec toi.

M. Bérubé sait qu'il va livrer ses produits en retard. Lui qui se fait un point d'honneur de poser les bouteilles de verre en belles rangées de quinze ou même vingt pintes[1] parfois pour une seule porte toujours à la même heure. Beau temps mauvais temps, quelles que soient les circonstances, il est ponctuel. Aujourd'hui,

1. Une pinte équivaut à 1,13 litre.

il doit se résoudre à perdre une dizaine de précieuses minutes. Pour la première fois en quinze ans, il dérogera à sa ligne de conduite.

Sa compagne d'infortune n'entend clairement pas entamer la discussion avec lui. Elle tire sur sa robe de chambre pour se blottir le plus près possible de la portière, gardant les yeux rivés sur la rue. Pour la mettre à l'aise, il opte pour ce qu'il fait toujours dans son camion : chanter ses airs favoris. *Tico tico* lui plaît particulièrement avec ses *Oh ! Tico Tico tic, Oh ! Tico Tico tac...*, qu'il affectionne et auxquels il a donné une couleur personnelle. Une fois le moteur calmé, il reprend sa tournée et se remet à ses chansons en oubliant presque la petite égarée qu'il a recueillie sur son chemin.

Lucille, rassurée par le désintérêt total du bonhomme à son endroit, relâche sa garde. Elle suit du regard la ligne des rues et se laisse pacifier par le ronronnement du moteur, espérant que quelqu'un, quelque part, l'emportera jusqu'au bout de la terre. Après un moment, elle reconnaît les façades, certains détails d'aménagement des devantures, le vert foncé de quelques balcons...

— Je suis arrivée. Il faut que je descende, s'il vous plaît.

Décontenancé par l'autorité qu'elle y met, il sourit.

— Tu peux pas débarquer comme ça tandis qu'on roule. Elle s'appelle comment, ta *matante* ? Moi, c'est M. Rolland. Rolland c'est mon petit nom, mais tout le monde pense que c'est mon nom de famille. Ça me dérange pas. *Pis* toi... ton nom c'est quoi ?

— Ariane Calvino, ma tante. Elle s'appelle comme ça.

— Ah *ben ça*, que le monde est petit ! C'est ma cliente, sur l'avenue Outremont ! On est pas *ben* loin...

Lucille acquiesce avec vigueur, serrant les mains sur ses genoux. À tout moment, elle se prépare à ce que l'homme s'approche, la touche.

— Bouge pas. J'vas te conduire jusque devant. Tu lui apporteras son lait !

C'est ainsi que Lucille débarque chez ceux qu'elle désigne comme des gens de sa parenté. Elle y gagne quelques moments de paix. Chaque fois qu'elle le peut, c'est ici, dans la grande maison d'Ariane, avec Anaïs, Henri et Claude, qu'invariablement elle demande qu'on la conduise. Ainsi, elle a multiplié les visites auprès de ceux qu'elle appelle « ses cousins » depuis qu'elle est arrivée chez les Lemyre… Elle a passé quelques heures, ou quelques jours, puis est retournée là-bas. Si Ariane a souvent tenté de sonder les raisons du comportement de la jeune fille, elle n'a réussi chaque fois qu'à causer une panique plus grande encore, que Colette apparente à la folie et à l'ingratitude…

— Monsieur Rolland ! Alors là, vous nous étonnerez toujours ! Vous nous livrez une pensionnaire ? Vous ne l'avez pas mise dans une bouteille ? Qu'est-ce que tu fais là, ma Lucille ?

— Je vois que vous la connaissez, monsieur Boyer.

Il pose sa casquette sur la tête de la fillette et glisse entre ses mains le panier d'acier empli de pintes vitrées.

— C'est mon nouvel assistant !

Les deux hommes rient tandis que Lucille s'enfonce dans le couloir en direction de la cuisine pour déposer le lait, sautillant sur les damiers noir et blanc.

D'une rencontre à l'autre, Léon Saintonge est devenu un ami, une personne dont Alice attend et espère les visites. Autour du 15 du mois, toujours le mardi, il se présente sur le seuil de l'appartement de la dame, un bouquet de roses blanches à la main, bien mis, avec une boîte de chocolats alcoolisés. Il a su se rendre indispensable, apportant les dernières nouveautés musicales, celles qu'on a fait venir pour lui, en commandes spéciales, au magasin Archambault de la rue Sainte-Catherine. Les deux mélomanes fébriles courent presque jusqu'au tourne-disque, y installent les microsillons, et s'asseyent pour faire face à l'appareil, l'un à côté de l'autre. Fermant les yeux, ils savourent les chocolats avec béatitude et cèdent la place à la musique.

Leurs échanges débordent rarement sur les questions personnelles ou quotidiennes qui apparaissent fades et sans aucun intérêt. Les conversations portent plutôt sur les interprétations, les doigtés, la qualité des orchestres ou des enregistrements. Quand la récolte n'est pas assez consistante, ils passent à la salle à manger, devant le gros poste de radio réglé sur Radio-Canada, pour la diffusion en direct. C'est en compagnie de Léon qu'Alice a pour la première fois entendu Glenn Gould, ce prodige canadien aux interprétations presque mathématiques, sans légatos ni ralentissements. Ne serait-ce que pour cette seule révélation, elle lui sera reconnaissante à jamais.

— Quand il joue du Bach, alors là, il faut se taire et se recueillir. Il nous transporte dans un autre monde.

— Il n'en existe aucun autre comme lui. Quel pianiste ! Et il n'a que vingt et un ans ! acquiesce Saintonge.

L'homme s'est laissé prendre à son propre piège. Il doit se l'avouer, au cours de ces rendez-vous s'est tissée une réelle complicité. Agathe avait dit vrai : Alice Calvino se distingue par sa classe, sa passion infinie pour la musique et son amour toujours vif pour son cher Claudio.

— Interprétez-moi du Schubert… Je vous prie… *La Truite*, tiens. C'est si ensoleillé !

— Mes vieux doigts s'y refusent, mon ami. L'arthrite les a ravagés. Et tant qu'à jouer des fausses notes, je préfère le silence et préserver mes souvenirs.

Ne se satisfaisant pas d'un refus, il s'installe au piano, le coude appuyé sur le couvercle, refusant les arguments de la vieille pianiste. Il attend une heure, espérant venir à bout de ses résistances.

— Soit, va pour *La Truite*… Puisque vous y tenez tant. J'en jouerai un passage que je devrais maîtriser assez bien malgré tout.

Tandis que les premières notes s'envolent dans la pièce, Léon pense à la suite des choses. Si elle a fini par s'ouvrir à propos du décès d'Agathe, la dame Calvino n'a rien laissé échapper au sujet d'un enfant qu'Agathe aurait laissé derrière elle. De cela, Alice n'a jamais dit un seul mot… Y avait-il eu des problèmes au cours de la grossesse ? Le bébé était-il mort aussi ? Si cette hypothèse s'avérait, alors cela le privait de la raison de sa venue au Canada. Plus rien ne justifiait qu'il reste à Montréal, si ce n'était cette femme, courbée sur le clavier, s'acharnant à déchiffrer la partition et pour laquelle il se prenait à éprouver un attachement réel.

— Trois de mes filles viennent me rendre visite. Restez. J'aimerais qu'elles vous connaissent.

Chaque fois, il refuse, s'échappant par une nouvelle entourloupette. Arnaqueur de vedettes du monde de la musique et reconnu comme tel en France, il hésite à se montrer au milieu d'une smala d'artistes. Et il a raison, car chez les Calvino on se méfie de cet étrange ami dont la mère parle avec tant de bien…

Eugène Boyer n'en revient toujours pas : quatre de ses toiles ont trouvé preneur. En moins d'un mois ! Depuis qu'il ne boit plus une goutte d'alcool et qu'il partage son existence avec Ariane, son travail a radicalement changé. Il ne met plus cette distance, cette pudeur qu'il maintenait envers ses sujets. Il ne craint plus de s'investir. Et son œuvre le démontre.

Il a renoué avec plusieurs de ses compères des Beaux-Arts. L'un d'entre eux, Jules Bastien, a voulu voir ses œuvres en cours et s'en est entiché. Depuis, grâce aux interventions de cet homme, Eugène écoule sa production. Son talent, dont il doute depuis toujours, lui semble désormais défendable.

Il traverse un tel bonheur avec Ariane qu'il cherche à le partager. L'idée de l'amour qui transfigure est vraie dans son cas. Et le peintre fait tout ce qu'il peut pour offrir aux enfants d'Ariane la vie de famille qu'il aurait voulu lui-même connaître.

Sa clé glisse dans la serrure. Eugène entre se changer pour ensuite aller chercher les garçons à l'école. De loin, la porte à peine entrouverte, il remarque le cartable d'Anaïs. S'étonnant de la savoir rentrée par ses propres moyens et craignant un accident, il se précipite dans l'escalier menant au sous-sol. Il devine, sous les couvertures, le corps de l'enfant et s'approche pour s'assurer que tout va bien.

Quand, d'une voix douce, il murmure son nom, la gamine, surprise, le repousse avec une force surprenante pour un corps si menu.

— Qu'est-ce que tu fais dans ma chambre ? Je croyais que j'avais interdit !

— Je m'inquiétais. Tu es rentrée comment ?

— En tramway avec Denise ! Va-t'en ! Va-t'en ! Va-t'en !

Et c'est presque en proie à la panique qu'Eugène obtempère à cet ordre. Lui qui n'a pourtant jamais eu d'enfant se doute que cette réaction exagérée cache quelque chose d'anormal. Tandis qu'il remonte à la cuisine, il se repasse mentalement les événements. Il ne trouve rien pour expliquer une telle rage. Et si cette colère était dirigée contre lui ? Son premier réflexe est d'en parler à Ariane dès qu'elle rentrera. Mais il a peur de cette accusation qu'il a lue dans le regard de la petite. Et si Ariane en venait à douter de son honnêteté ? Paralysé par cette hypothèse, il opte pour le silence. Peut-être s'inquiète-t-il pour rien.

Chapitre 6

Les mardis, chez les Grothée, Denise rentre tôt de l'école afin d'organiser la soirée. Elle déplace les meubles du salon et dispose les chaises en demi-cercle autour du téléviseur. Pour assister à la représentation, il faut exhiber son billet, payé cinq cents. Son commerce, exploité avec l'accord de ses parents, lui rapporte de quoi s'offrir de petits luxes : une veste, une tenue élégante, ou même des souliers à talons.

Pour cet événement particulier, les compagnes de classe, les voisins et voisines, et même la parenté viennent en grand nombre pour regarder la télévision. Tandis que Denise sert des petits-fours et des biscuits au fromage de sa confection, la soirée débute avec la présentation d'un nouvel épisode de la série *Du monde des villes*, diffusée depuis le mois de septembre 1954. La présence de son amie, Anaïs Calvino, dont le rôle n'a de cesse de gagner en importance, constitue un argument majeur pour augmenter l'intérêt de la projection. En effet, les gens désirent rencontrer la comédienne en chair et en os pour qu'elle signe des autographes. Denise prend grand soin d'orchestrer la mise en scène autour de l'arrivée de son amie, à qui elle demande de se vêtir comme pour les grands soirs : robe de satin, étole de fourrure sur les épaules, maquillage soigné et coiffure stylisée. Pour assurer un effet théâtral, Anaïs ne se présente qu'au dernier moment.

— Il faut faire ce qu'il faut si on veut qu'ils reviennent, décrète Denise avec conviction.

Entre ses études de plus en plus exigeantes, ses textes à mémoriser, ses présences en studio et ces soirées de projection, Anaïs dispose de peu de temps pour s'habiller, se coiffer. Aussi s'organise-t-elle le plus efficacement possible. Les lundis soir, elle enroule ses cheveux mouillés autour de lanières de coton afin d'obtenir une belle tignasse flottante et ondulée qui tiendra toute la journée. Elle choisit sa tenue chic du lendemain avant de se mettre au lit, partant de la petite culotte jusqu'au bas Nylon, de manière à plonger littéralement dans ses vêtements en rentrant de l'école, après avoir avalé une bouchée. Prenant soin de ne pas salir ses souliers de cuir verni, elle enfile son manteau d'hiver, court ensuite jusque chez Denise pour arriver à l'heure dite. Elle cogne trois coups discrets à la porte, dans un code entendu avec sa complice. Son amie et animatrice de la soirée, en temps opportun, impose le silence dans la pièce, puis vient ouvrir. La jeune Calvino fait son entrée ; une beauté évanescente au milieu de son public admiratif. Elle mesure et apprécie cette exaltation, ces regards posés sur elle, toute cette attention drainée par sa seule présence. En dépit des supplications de Denise, Nana se montre intraitable sur un seul point : elle ne se présente qu'au moment du générique de fin, car s'observer sur le petit écran lui est trop pénible. Elle ne déteste rien de plus que se retrouver captive devant le téléviseur au milieu d'un groupe alors que tous les défauts de son jeu lui apparaissent, les répliques moins justes et les imperfections physiques... Il lui semble qu'elle a tant de choses à améliorer et qu'à côté des autres acteurs elle est tellement malhabile ! Aussi ne regarde-t-elle jamais ce qu'elle a enregistré. Elle travaille fort, donne tout ce qu'elle peut, puis oublie complètement le passé. C'est sa méthode.

Avec ses apparitions régulières à la télévision, Anaïs gagne une popularité dans le quotidien qui l'étonne souvent et qu'elle doit apprivoiser. À l'école, on veut être son amie. Dans la rue, des inconnus lui adressent la parole et la complimentent. Et il arrive souvent qu'elle reçoive des invitations de gens de son quartier qui se targuent de la connaître. Si elle est flattée par ces attentions et ces gentillesses qu'on lui témoigne, il lui arrive en contrepartie de se sentir immensément différente des autres et d'autant plus seule. Loin de lui faire peur, ce sentiment la pousse à s'affirmer précocement.

Au printemps dernier, c'est lors d'une fête d'anniversaire organisée par l'une des voisines de l'avenue Outremont que le sentiment de sa différence s'est résolument manifesté. Alors qu'après avoir tiré au hasard dans un chapeau elle doit déclamer un poème, elle opte pour Charles Baudelaire, un auteur que sa mère lui a fait découvrir et pour lequel elle éprouve un sentiment proche de la vénération. Elle entame ces quelques strophes avec émotion :

Souvent, pour s'amuser, les hommes d'équipage
Prennent des albatros, vastes oiseaux des mers,

Qui suivent, indolents compagnons de voyage,
Le navire glissant sur les gouffres amers[1].

À peine a-t-elle lancé les premières lignes qu'un malaise s'installe et s'intensifie au point de la pousser à se taire. Les dames du voisinage, les mères des unes et des autres, groupées en cercle autour d'une tasse de café, offusquées, se sont tues, stoppant leurs échanges pour laisser place à un lourd silence.

— Charles… Est-ce le prénom de cet auteur français ? Je n'en prononce pas le nom, car il a été mis à l'Index ! Il est déclamé ici ? Mais c'est terrible…, murmure l'une des bourgeoises sur le point de quitter la demeure en vitesse.

Et voilà les dames parties à pérorer sur les règles édictées par l'Église, protectrice des bonnes âmes qui ne veulent pas brûler pour toujours dans les abysses du diable…

— La tranche des livres interdits doit être marquée du mot « enfer », pour les distinguer des autres.

— Il faut plutôt les détruire ! enchaîne une autre.

— Surtout, ces ouvrages sataniques doivent être éloignés des fraîches et naïves âmes adolescentes.

Anaïs, qui vient de comprendre ce qu'elle a déclenché, s'engage dans le couloir en silence et se dirige vers la sortie. L'hôtesse la rejoint, exige qu'elle présente ses excuses. Outrée, Nana signifie qu'il n'est pas question qu'elle fasse amende honorable ni qu'elle reste plus longtemps chez des gens aussi bornés. Elle a envie de crier que chez elle aucune lecture n'est interdite et encore moins la poésie d'un génie tel que Baudelaire !

1. Charles Baudelaire, *Les Fleurs du mal*, 1861.

De fait, elle n'aime rien de plus que consacrer ses soirées à décortiquer patiemment les strophes du poète en compagnie d'Ariane ou de cousin Eugène pour qu'enfin la magnificence des œuvres de ce grand auteur se révèle à son esprit. Comment est-il concevable qu'on rejette un tel homme ? Si Dieu existe, Il doit apprécier la beauté qu'Il a Lui-même créée. La bibliothèque, à l'avant de la maison familiale, une pièce aux murs tapissés d'écrits – les interdits comme les autres –, lui semble un lieu de découvertes et d'éveil aux splendeurs. Aucune censure n'a jamais limité ses lectures, ni celles de ses frères ou de quiconque passant à la maison pour emprunter un bouquin ! Anaïs adore lire ! Elle puise avec délices tout aussi bien dans *Les Rougon-Macquart* d'Émile Zola, *Les Misérables* de Victor Hugo, *La Comédie humaine* d'André Malraux, les aventures d'Arsène Lupin de Maurice Leblanc que dans *Les Contes du chat perché* de Marcel Aymé pour trouver une sagesse et une morale sur sa conduite en tant qu'être humain et sur les notions de bien et de mal. D'entre tous, Baudelaire lui semble au faîte de l'intelligence. Aussi prend-elle le parti de quitter rapidement, fût-elle pour cela mise au ban par ses amies du quartier. Avec courage et au nez de toutes ces dames de la bonne société, elle affirme haut et fort son parti pris pour la liberté.

— Tu as bien fait ! La culture ne relève pas de la religion et elle ne doit obéir à aucun maître, décrète sa mère lorsque Anaïs lui raconte son aventure.

— Ça m'apprendra. Je n'aurais pas dû me présenter chez ces gens, conclut-elle avec une pointe de colère.

Ce jour-là, Anaïs a fait son premier geste public en faveur de cette indépendance d'esprit qui caractérise sa famille, la rendant tellement unique à ses yeux. Loin de s'en sentir gênée, elle s'enorgueillit de cette spécificité qu'elle entend porter fièrement, tel un étendard. Chez elle, on a droit de parole et de pensée. Et c'est à cette enseigne qu'elle entend loger. Par cette façon spectaculaire et théâtrale de l'affirmer, la jeune fille a l'impression de se distinguer, de s'éloigner de la norme, et en éprouve plaisir autant que fierté.

— Si nos universités manquent d'argent, c'est la faute de notre cher Duplessis qui refuse systématiquement l'aide d'Ottawa ! Au nom de la protection de l'autonomie de la province ! On voit ce que ça donne aujourd'hui, grommelle Eugène entre ses dents.

— S'il acceptait, il considérerait ça comme ouvrir la porte à l'ingérence et à la centralisation du gouvernement fédéral. Avec le résultat que nos enfants n'ont pas accès au savoir ! lui répond Ariane, tout aussi choquée.

— Au Québec, les Anglais ont autant d'universités que les Français ! Trois de chaque côté. Alors qu'ils sont pas mal moins nombreux ! C'est absolument injuste !

— Sans compter que leurs institutions sont plus riches. Les Anglos détiennent les entreprises et l'argent. Ils ont les moyens de financer leurs écoles.

— Et voilà que le « Chef » se vante de l'inauguration de l'université de Sherbrooke, alors qu'on sait bien qu'il sert ses propres intérêts et que ça n'a absolument rien à voir avec une sensibilité envers l'éducation ! Ça suffit, j'en ai assez lu pour aujourd'hui !

L'enseignement ne devrait pas servir à conforter la politique ! dit-il en refermant son journal *Le Devoir* avec agacement.

Pour obtenir des notes supérieures à la moyenne de sa classe et honorer ainsi l'engagement pris envers sa mère, Anaïs doit redoubler d'ardeur et de concentration. Elle connaît l'histoire de France et peut nommer sans hésitation les rois et les reines, les grandes guerres et les événements importants. Plus faible en géographie, elle a dû travailler fort pour visualiser les cartes de l'Europe, mémoriser les capitales, le nombre d'habitants et identifier les richesses naturelles. En français, elle se révèle absolument implacable. La grammaire, la conjugaison des verbes, les exceptions, les accords, rien ne lui échappe. Dans une écriture irréprochable, ronde avec des espaces égaux entre les mots, elle complète ses examens où il n'est pas rare qu'elle obtienne une note parfaite. Elle excelle en dissertation, s'efforçant parfois de placer volontairement des erreurs d'orthographe pour éviter ainsi de susciter les jalousies et les rancœurs de ses compagnes. Même chose pour le latin, qu'elle s'exerce à parler avec son frère Henri, qui l'apprend lui aussi au collège. Les mathématiques restent son talon d'Achille et requièrent plus de travail. L'algèbre et la géométrie retiennent plus difficilement son intérêt, et elle doit bûcher dur de longues heures pour, en dépit de ses efforts, obtenir de moins bonnes notes. Pour les maths, sa mémoire prodigieuse ne lui est pas d'un grand secours. Il faut plutôt user de logique pour parvenir à résoudre les équations et les problèmes délibérément tordus. Quand l'angoisse de ne pas trouver la solution l'envahit, elle répète les répliques de son rôle à la télévision ou d'une pièce qu'elle travaille dans ses cours de théâtre et cela lui redonne confiance. C'est comme si son cerveau aimait passer d'une activité à une autre et fonctionnait mieux ainsi occupé. Au collège Marie-de-France, on parle de la jeune Calvino comme d'une élève prometteuse et particulièrement brillante.

— Elle jouit de capacités intellectuelles hors du commun, votre Anaïs… Plus on lui en apprend et plus elle veut en savoir. Voilà ce qu'il faut pour poursuivre des études supérieures.

De tels commentaires reviennent souvent dans la bouche des enseignantes. Rien ne peut faire plus plaisir à Ariane qui, s'en retournant dans le couloir, ne regrette pas un seul instant les murs couverts de représentations religieuses tellement étouffantes des institutions d'enseignement catholiques. Sa fille reçoit une éducation laïque et cela compense largement le corpus scolaire importé de France, l'accent français, les multiples références européennes qui ne facilitent pas l'intégration et contre lesquelles elle a tant résisté face à sa propre mère. Tous les espoirs sont permis, et les portes du savoir s'ouvrent toutes grandes pour sa petite. Et là où elle n'a pas complètement réussi à transcender sa condition de fille d'artistes en devenant réalisatrice, elle se prend parfois à espérer qu'Anaïs, encouragée par ses résultats scolaires impressionnants, finisse par se détourner du jeu dramatique pour prendre le chemin de l'université et des professions libérales…

— Elles sont encore rares, les femmes qui poursuivent de longues études, mais elles existent… Leur nombre augmente d'année en année. Je sais à quel point tu adores le théâtre, mais as-tu pensé à ce que tu pourrais choisir comme métier de tout aussi utile et gratifiant ?

Anaïs sait pertinemment quelle réponse comblerait sa mère de joie. Depuis quelque temps, l'adolescente se pose mille et une questions sur ce qu'elle souhaite pour son avenir. Elle en a fait part à ses proches lors des soupers du dimanche soir, au cours desquels la famille passe du temps ensemble.

— Parfois, je doute de moi. Car si j'adore le travail de comédienne, je me demande si j'ai le talent qu'il faut pour y faire carrière.

C'est en collaborant avec sa mère que les doutes ont surgi, puis ont gagné en intensité. Comme si le regard de la grande Ariane Calvino, posé constamment sur elle, lui avait indiqué tout ce que le travail d'actrice exigeait. Et tout ce qui lui manquait cruellement pour y arriver…

— Prends ton temps. Ne récite pas comme une pie ! Que fais-tu de tes mains ? Elles doivent parler, elles aussi ! Ne quitte pas des yeux celui qui s'adresse à toi ! Si ta bouche se tait, ton corps, lui, doit sans cesse nous interpeller ! Ça n'est pas parce que tu as toute une tartine à déclamer que tu peux nous laisser croire que tu veux t'en débarrasser ! Respire, mets-y plus de vérité.

Ces phrases et ces conseils, la jeune fille ne les oublie pas. Et elle se les répète en boucle. Pourtant, loin de gagner en assurance, elle met désormais souvent en question son instinct, et surtout son talent. Peut-être n'est-elle pas aussi excellente qu'elle le croit et peut-être que si personne n'ose le lui dire franchement, c'est tout simplement parce qu'elle est la fille de la réalisatrice. Certains jours, elle éprouve de la honte de s'attribuer les qualités d'une grande actrice. Peut-être s'est-elle construit des chimères et vaut-il mieux se bâtir un avenir à la hauteur de ses résultats scolaires. Par moments, elle ne sait plus…

Et puis elle n'a pas oublié l'émoi causé par son frère Claude, lorsqu'il a lui aussi abordé la question de son avenir. Elle se rappelle cette chaude soirée du début de l'été, qu'elle a passée à se rafraîchir sur la galerie. Profitant de ces moments propices à la confidence, le jumeau a avoué à Eugène combien il aimait le travail du bois. Il revenait de passer quelques jours à la maison de campagne de l'un de ses compagnons de classe et ami d'enfance dont le père exerçait le métier de menuisier. Les trois complices s'étaient amusés à remettre en condition les deux commodes bedonnantes laissées à l'abandon par les propriétaires précédents. Tandis qu'il se berçait en cadence, Claude confessait combien il adorait ces expériences et que rien ne le comblait plus que de se dépenser sur cette matière noble, tirée à même les arbres du Québec, pour la transformer en un objet utile et plaisant pour le regard. Ne voyant pas le temps filer, il avait passé des heures à décoller patiemment, à scier, à sabler, à teindre et à vernir des meubles sous la direction de l'artisan expérimenté, et les avait rendus magnifiques. Un jour, il s'en faisait la promesse, il remédierait à ses maladresses et à ses lacunes en complétant l'apprentissage du métier d'ébéniste. Claude n'avait que neuf ans, mais il avait fait part de ses attirances avec conviction.

— Ébéniste ? C'est un métier noble, avait répondu cousin Eugène en cachant mal sa fierté pour ce que son protégé venait de lui annoncer.

Le peintre savait qu'en ce domaine l'École du meuble de Montréal jouissait d'une réputation inégalée, dans le pays comme dans le monde. L'institution avait recruté de grands artistes et artisans pour qu'ils y transmettent leur savoir. Des gens à l'esprit bouillonnant, créatif et libertaire souvent formés en Europe. Le peintre Paul-Émile Borduas y avait enseigné jusqu'à la publication du *Refus global*, en août 1948. Ce pamphlet dénonçant la dictature d'un gouvernement grêlé par la corruption, vendu aux intérêts des compagnies américaines, affilié aux valeurs sclérosantes du clergé et soumettant par la peur la société canadienne-française, revendiquait la liberté de penser et d'être. Le texte constituait ni plus ni moins qu'un appel à la révolte et au changement des mentalités auquel Eugène adhérait complètement. Cette publication avait provoqué l'ire du Premier ministre Maurice Duplessis. Celui-ci, en pleine chasse aux sorcières, défendait une idéologie basée sur la crainte de l'inconnu et de la nouveauté, prônant le repli sur soi pour la grandeur de la province. Borduas, le rebelle et initiateur de la protestation publique, avait été renvoyé de l'École du meuble largement soutenue par l'État. L'artiste, à la tête du manifeste signé par quinze autres complices, avait perdu son gagne-pain et dû, à regret, fermer son atelier, où ses cosignataires avaient pris l'habitude de s'arrêter pour discuter de leurs œuvres et de leur démarche artistique.

Claude avait été marqué par l'audace de Borduas, une connaissance de cousin Eugène qu'il avait croisée à quelques reprises dans le salon de la maison d'Outremont, au hasard d'un cocktail ou d'un souper. Ce convive, plus que spécial, lui avait confectionné une chaise sans pieds que le garçon avait adoptée et traînée partout des mois durant. Était-il étonnant qu'à l'aube de l'adolescence Claude veuille lui aussi, suivant son idole, contribuer au changement des mentalités dans la façon de créer et de s'exprimer ? Il comptait secrètement prendre la suite de ce mentor fabuleux. Il avait été chagriné d'apprendre que l'artiste, épuisé par un divorce, le chômage et la misère, avait quitté la province pour s'exiler du côté des États-Unis. Claude espérait contribuer à créer un mobilier spécifiquement québécois de haute qualité, servant ainsi l'essor d'une pensée plus affranchie. Dans son esprit, le meuble constituait une œuvre d'art en soi, tout aussi valable qu'un tableau ou tout autre objet décoratif. Le jeune avait discuté longtemps de cette vision, exposant à cousin Eugène une pensée cohérente, structurée et réfléchie qui avait empli son interlocuteur de fierté.

— Le travail d'artisan ne me rendra pas riche, mais j'ai la certitude que j'y serai heureux. Je compte annoncer ma décision à maman dès qu'elle aura un peu de temps, avait confié le gamin d'un ton solennel et avec un sérieux tels qu'ils en devenaient presque amusants.

— Laisse-moi lui parler d'abord. Je préparerai le terrain, avait répondu l'adulte sur le même ton.

— J'aimerais amorcer ma formation dès que possible. Je ne suis pas à ma place au collège.

— Patience. D'ici quelques années, tu seras en âge de t'inscrire…

Celui que les enfants appelaient cousin Eugène comme au premier jour de son arrivée occupait la place d'un père. Il s'opposait rarement aux désirs des uns et des autres. En revanche, Ariane le faisait pour deux.

— Il n'a pas dix ans ! s'était-elle exclamée lorsque Eugène lui avait touché un mot des intentions de son fils.

— Tu as raison, ma chérie. Mais certains enfants savent très tôt quelle sera leur voie. Et puis tu connais

Claude, têtu comme un âne ! Et je crois que son idée est faite. J'en suis à peu près certain, pour dire vrai. Autant s'y préparer.

— Il ferait un excellent ingénieur. Il en a toutes les qualités !

— Le bois l'intéresse.

— Mes enfants me désespèrent ! avait-elle lancé dans un cri qui était allé droit au cœur d'Anaïs.

Ariane clamait sur toutes les tribunes l'importance de l'éducation. Elle qui, à sa manière, travaillait sans relâche pour assurer aux gens de la province un accès à l'information par les nouveaux moyens de communication mis à leur portée, souhaitait que ses enfants se scolarisent et donnent l'exemple. En vain.

— Le talent compte pour si peu dans les carrières d'artistes, répétait-elle souvent à son cher Eugène, tu es le mieux placé pour le savoir. J'aimerais éviter à ma progéniture de se colleter avec cette injustice…

Claude assiste, désolé, à cette scène et regrette de décevoir sa mère qu'il adore. Il ne trouve pas grand argument pour la consoler. Aussi préfère-t-il se taire. Henri, son jumeau, le défend plus que lui-même, prêchant pour la noblesse des métiers manuels. Au fond, c'est aussi un peu son propre terrain qu'il prépare, sachant qu'il finira un jour par chagriner Ariane à son tour. Fasciné depuis toujours par les voyages, les destinations exotiques et les romans d'aventures qu'il dévore avidement, il ne pense qu'à s'embarquer, à travailler sur les bateaux et à parcourir le monde, une fois qu'il aura atteint l'âge requis.

Une fois les objectifs de Claude connus, les espoirs maternels se reportent d'autant plus sur Anaïs, celle qui rafle tous les prix, toutes les médailles et les distinctions. Secrètement, la mère souhaite que sa fille s'oriente vers la médecine. Un choix difficile, certes, car les études y sont longues et laborieuses, mais les récompenses ô combien prestigieuses.

Depuis 1925, avec l'admission de la première femme à la Faculté de médecine, en dépit de plusieurs tentatives de dissuasion de la part des autorités de l'université de Montréal, une brèche a été ouverte dans le cercle masculin de l'enseignement supérieur francophone. D'autant plus qu'elle terminait première de sa promotion, démontrant sans aucun doute la capacité des personnes du « sexe faible » de mener à bien des études ardues. Marquée par la maladie de sa mère et de son oncle, Anaïs a souvent été mise en contact avec des disciples d'Hippocrate. Le Dr Greenberg, en particulier, devenu un ami de la famille, a à quelques reprises eu l'occasion d'exposer les satisfactions tirées de son travail.

— La médecine est un appel qui nous dépasse et s'impose, répétait-il souvent à la table des Lepage.

Anaïs prie pour qu'un jour une voix se manifeste en elle aussi, comme par magie, l'attirant vers ce métier tellement plus essentiel que celui de jouer la comédie. Elle rêve de cette scène où, révélant à sa mère son désir de faire des études universitaires, Ariane serait enfin fière d'elle, l'enlacerait et la serrerait tendrement contre son cœur. Elle donnerait n'importe quoi pour provoquer une telle joie. Ce serait sa façon de rendre un peu de la générosité extrême dont elle a bénéficié. Car sans la bonté de sa tante et sa protection généreuse, elle aurait peut-être passé sa petite enfance, comme son amie Lucille, dans un orphelinat empli de gamins attardés et de laissés-pour-compte. Et comme pour la fille de Colette, quelque chose se serait peut-être cassé à jamais dans son âme. Cette pauvre Lucille perd en assurance ce qu'elle gagne en âge. Oui, il faut bien l'avouer, Anaïs doit une fière chandelle à sa mère adoptive et doit se montrer digne de la générosité de cœur que celle-ci a eue à son endroit. Aussi réfléchit-elle souvent à son désir de devenir comédienne. Pèse-t-il si lourd pour qu'elle soit prête à décevoir celle qui l'a sauvée ? Certains jours, elle n'est plus certaine…

Au beau milieu du mois de juin 1954, le directeur de la programmation de Radio-Canada les a convoquées, l'auteure et la réalisatrice. Ça n'augure rien de bon. Si l'histoire des deux familles a plu au départ, les choses se sont embourbées en cours de route. Un soupçon trop théâtrale dans l'écriture, sans compter un certain snobisme dans la langue employée par les personnages, l'histoire ne soulève pas l'intérêt du public. Ariane l'a senti dès les premières diffusions et a tenté de raisonner Monique pour qu'elle ajuste la conception des scènes autant que les dialogues. À la télévision, la fiction impose un ton plus quotidien, plus proche des gens. Le petit écran demande de la spontanéité, de la surprise, du vivant et du vrai. Certains artistes sont parvenus à faire le saut de la radio à la télé, alors que d'autres n'y sont pas arrivés.

— Il va falloir penser à une fin. Je suis désolé de vous l'apprendre.

— Mais ça n'a pas de sens ! J'amorçais à peine le drame principal !

— Concluez-le. L'action n'aboutit pas, voilà justement le problème. Nous avons longuement soupesé notre décision et préférons tenter une autre approche.

L'auteure, après avoir travaillé d'arrache-pied toute une année, est assommée par cette nouvelle à laquelle elle ne s'attendait pas et achève la rencontre poliment. Pas plus désireux d'étirer le supplice, le directeur coupe court lui aussi à la discussion. Entre les deux, Ariane n'ose pas demander ce qu'il adviendra d'elle. Avec un engagement rompu avec CKAC, un an plus tôt, elle avait été embauchée à l'essai par la société d'État pour une douzaine de mois, sans promesse pour la suite. Son contrat arrive à terme.

Silencieuse tandis qu'elle conduit, elle raccompagne sa complice jusque chez elle, devant son logement de l'avenue du Mont-Royal. La pauvre Monique pleure comme une Madeleine, accusant les contraintes techniques d'avoir nui à son écriture. Elle dit vrai ; il n'y a pas grand-chose à ajouter. Ils sont nombreux, les artisans qui, s'essayant à la télévision, finissent par se détourner de ce nouveau média trop différent. Le direct demande une capacité d'adaptation hors du commun qui n'est pas donnée à tous. L'aventure se solde plutôt mal pour la scénariste et la réalisatrice. Le seul élément positif à trouver dans cette triste finale, c'est la conclusion du rôle tenu par Anaïs. La fin de Marcelle permet de faire disparaître un personnage qui a pris beaucoup trop de place entre elle et sa fille. Les événements fournissent l'occasion de mettre un terme à cette collaboration professionnelle qu'elle a trouvée particulièrement difficile. *On est toujours plus exigeant lorsqu'il s'agit de ses propres enfants*, pensait-elle souvent, mais avec Anaïs, elle l'a été démesurément, au point de nuire au rendu de sa petite, par moments, elle l'admet. Dans cet ajournement, il y a donc du bon, et Ariane s'en réjouit. Pour le reste, il lui faudra trouver de nouveaux engagements sans attendre.

Elle rentre vannée et s'étonne de trouver la maison vide. Avec tout ça, elle avait oublié la partie de base-ball des jumeaux. Elle se change en vitesse, court jusqu'au parc pour rejoindre Eugène et Nana dans les gradins. Comme l'équipe des garçons gagne, elle ne veut pas assombrir la soirée avec sa nouvelle déprimante.

Bien lui en prend, car dès le lendemain matin on la convoque au bureau de la direction de Radio-Canada pour lui soumettre une proposition. Un autre auteur a remarqué son professionnalisme et a demandé qu'elle fasse partie de l'équipe de réalisation de son émission. Flattée et heureuse d'apprendre qu'elle ne se retrouve pas sans revenus, elle ne cache pas son intérêt.

— Nous souhaitons vous donner une deuxième chance. Et vous offrir un nouvel essai, car nous avons beaucoup d'estime pour vous et pour votre travail.

Ariane le remercie. Elle ne veut contrarier personne ni risquer de passer à côté d'un accord aussi lucratif que nécessaire.

Eugène Boyer décline ses compétences, déterminé à se trouver du travail. Il ne peut plus vivre aux crochets de sa chère Ariane et entend participer aux rentrées d'argent de la famille. Par l'entremise d'amis des Beaux-Arts, il a obtenu une rencontre avec le directeur de la scénographie de Radio-Canada. Il a longuement réfléchi et s'est préparé à cette entrevue déterminante. Il n'est plus l'homme instable qu'il a été. Lui aussi veut se donner une seconde chance. Après une poignée de main chaleureuse, une entrée en matière assez rapide sur les projets en cours et le type de travail à effectuer, M. Tourangeau se montre impressionné par la maîtrise artistique dénotée par le portfolio d'Eugène. À cela s'ajoute l'érudition de son interlocuteur en matière de théâtre autant que de radio et de télévision. Eugène, qui a travaillé pendant des années sur les chars allégoriques des parades de la Saint-Jean-Baptiste, sait comment donner cette impression de deuxième dimension et de trompe-l'œil que requièrent les décors télévisés.

Au bout d'une heure d'échanges assez libres, Tourangeau lui annonce qu'il est engagé. Eugène retourne chez lui avec le texte d'une pièce de théâtre à lire, à commenter et à annoter pour proposer un environnement visuel. La fierté que procure le travail remonte en lui comme une sève printanière. Il va gagner sa vie, partir tous les matins pour les studios et peindre tout son soûl. Il rentre à pied lentement, de façon à prendre le temps de savourer cette petite victoire qui changera la couleur de ses jours. S'arrêtant chez un fleuriste, il achète deux douzaines de roses blanches qu'il cache dans le vestiaire de l'entrée, au-dessus de la tablette à chapeaux.

Il patiente avant de faire son annonce, attend qu'Ariane lui raconte sa journée. Elle relate la proposition qu'on lui a soumise et qu'elle a acceptée sur-le-champ.

— C'est une bonne nouvelle en ce qui me concerne, mais je m'inquiète de la réaction d'Anaïs quand elle apprendra la fin de ce rôle qu'elle aimait tant.

— C'est un coup du sort. Tu ne peux pas l'en protéger.

— J'attendrai la fin des classes pour tout lui révéler.

— Et si elle apprenait la vérité par hasard ? Elle t'en voudrait à mort de la lui avoir cachée.

— Elle doit réussir son année scolaire ! Laissons-lui le loisir de terminer en beauté. Ça ne changera rien qu'elle le sache plus tard !

La discussion prend une tournure désagréable. Cherchant à éviter l'affrontement, Eugène se tait. Ariane est fatiguée. Elle travaille sans arrêt depuis des mois sur cette série qui s'arrête prématurément. Ce n'est pas le moment d'en rajouter. Il n'insiste pas et s'engage à suivre la ligne de conduite décidée par elle. Il cachera la vérité à Anaïs. Il se sent mal à l'aise, et le plaisir d'annoncer son embauche s'en trouve estompé.

— Décorateur à Radio-Canada ! Mais c'est magnifique, mon chéri ! Nous avons été engagés tous les deux le même jour ! C'est un signe, non ?

Il fait mine de se réjouir mais a le cœur chagriné pour Anaïs, qui se désolera de voir son rôle s'achever abruptement. Il offre ses fleurs avec moins d'empressement.

Léon Saintonge a bien lu le générique : Anaïs Calvino ! La jeune fille qui interprète le personnage de Marcelle à la télévision se nomme ainsi. En la voyant sur le petit écran, il éprouve une impression d'hallucination. Trait pour trait, le visage d'Agathe se redessine, reprend vie. Ça ne peut être qu'elle, cette fille emportée dans le ventre de sa mère en Amérique, quatorze ans plus tôt. Il doit s'appuyer contre le mur de brique de la cour. Des voisins y ont installé un téléviseur pour regarder une pièce de théâtre. En attendant que les gens s'installent avec leurs petites chaises de bois, on allume l'appareil et on ajuste l'antenne. Un autre épisode de la série *Du monde des villes* s'étire, retenant peu l'attention. Seules les apparitions de la jeune Anaïs ont le tour de surprendre. *Voilà qui est bien la fille de son père*, se fait-il comme réflexion, tandis que le voisin lui ordonne impérativement de quitter les lieux, car il n'a pas été invité.

Chapitre 7

La période des examens de fin d'année, auxquels Anaïs s'est consacrée corps et âme, s'achève avec l'arrivée des chaleurs de l'été. Elle n'a rien vu, rien deviné de ce qui l'attend alors qu'elle pose sur la table de la cuisine ses livres d'école et ses premiers prix : une conversation avec sa mère qui brise ses espoirs. Les projecteurs de *Du monde des villes* s'éteindront avec les derniers enregistrements de la saison.

— La série ne plaît pas. Il n'y a pas de raison plus valable aux yeux des directeurs. Ils prétendent que l'écriture est trop radiophonique. Je suis désolée de te l'annoncer, mais il n'y aura pas de suite l'année prochaine.

Anaïs ne pose pas de questions, n'émet pas une protestation. À l'intérieur d'elle, ce n'est que déchirure, dévastation et vide. Elle qui a mis les bouchées doubles toute l'année pour réussir autant à l'école que sur les plateaux de tournage arrive au bout de la route et se bute à une nouvelle totalement décevante. Ça n'a pas de sens.

— Ne te fais aucun reproche. Tu as défendu ton rôle avec brio. La décision n'a pas de lien avec toi ou ta performance.

D'instinct, elle évite de contrarier sa mère en exprimant un trop grand désarroi. Le travail de comédienne est pavé de déceptions, Ariane le lui a dit cent fois. Aussi, elle se montre courageuse et ravale les larmes qui lui brûlent les yeux.

— Je m'y attendais, ment-elle. De toute façon, je ne veux plus jamais travailler pour la télévision. Jamais !

Lors des derniers enregistrements, alors qu'elle se sent intérieurement dévastée, Anaïs ne montre pas sa peine aux autres et s'isole des membres de l'équipe. Une fois venu le moment des adieux, elle s'esquive et quitte les loges sans saluer ses camarades. Elle ne pleure pas et s'assoit toute droite dans la voiture, attendant sa mère.

De retour à la maison, Anaïs s'enferme dans sa chambre. Manger, parler et s'affairer au quotidien lui semble une montagne. Elle n'a goût à rien et passe des jours à laisser le temps s'égrainer, assise sur le rebord de la fenêtre, écoutant le vent dans les branches des arbres et observant les nuages. Elle se livre tout entière à une plongée dont elle n'entrevoit pas la fin.

Pour sortir sa fille d'une torpeur dont elle se sent responsable, Ariane prend les grands moyens. Comme trois de ses sœurs ont loué un chalet d'été dans la région de Lanaudière, elle décide d'en réserver un tout proche du leur.

— Si cela te console, pour les longues vacances, tu peux inviter Denise. Qu'en dis-tu ? Et avec les cousins et les cousines à côté, vous ne vous ennuierez pas. Il y a le lac devant et un terrain de tennis auquel nous aurons accès. Toi qui rêves d'apprendre à y jouer !

Anaïs n'ose pas hausser les épaules ou faire la grimace, de peur de passer pour une jeune fille gâtée. Quand on a tout, une chambre à soi, des poupées de collection, des jeux, des casse-tête, des livres, des cours de diction, de piano, et la possibilité de pratiquer plusieurs sports, on n'a pas le droit de faire la fine bouche. À peine a-t-elle le temps de demander ou de désirer que les souhaits se matérialisent et se trouvent à sa disposition. Dotée d'une telle chance, elle se sent toujours un peu coupable devant ce que les autres n'ont pas et redevable envers sa mère qui se met en quatre pour lui offrir une vie de princesse.

— Et toi, vas-tu perdre ton travail ? questionne Anaïs avec beaucoup d'empathie pour cette femme qu'elle aime et admire tant. Ça serait trop injuste, car tu t'es tellement donnée !

En effet, Ariane a travaillé énormément et sans relâche pour parvenir à franchir la barrière qui sépare la télévision de la radio. Cela en plus de la maison, qu'elle a veillé à tenir propre et en ordre sans aide, tout en maintenant son niveau de cuisinière hors pair. En prime, elle a consacré chaque moment libre à réaliser des tenues élégantes qui mettent en valeur la beauté de sa fille, dont les formes s'affirment.

Avec Colette, son amie de toujours, Ariane a échangé les patrons et les trucs de confection. Les deux femmes se sont aussi amusées à dupliquer des ensembles de leurs filles de manière à les porter elles-mêmes. Anaïs ne raffolait pas du tout de se voir habillée en tous points comme sa maman, d'autant plus que, sur les plateaux, il arrivait souvent qu'un photographe fixe la mère et la fille en tenue identique. La jeune comédienne se retrouvait le lendemain dans les pages des journaux à potins, l'air gourde aux côtés de sa mère, telle une réplique miniature… Elle n'aimait pas cette impression de disparaître derrière une autre, fût-elle extraordinaire. Mais bon, allait-elle se plaindre d'avoir des robes de soie coûteuses qu'une généreuse personne avait mis des nuits entières à confectionner pour elle ? Certainement pas, car cela aurait été odieux.

Ma mère est un tourbillon. Cette pensée lui est venue souvent au cours de cette année où Anaïs a suivi Ariane sur les plateaux et a découvert une facette différente de cette personne déjà tellement prodigieuse d'efficacité. Et ce n'est pas sans raison qu'elle tient dans la poche de sa veste ou de son tablier un carnet où sont listées les choses encore à faire pour tout boucler. Parfois, elle rédige une liste de listes… Ça n'arrête pas, de l'aube jusque tard dans la nuit. Lorsque Colette lui demande où elle puise son énergie, Ariane répond qu'elle trouve ses forces dans le sentiment de revanche sur son enfance. Gagner de l'argent pour combler ses proches, voilà ce qui la tient debout.

En plus, il n'est pas rare que, pour parvenir à accueillir ses invités avec une table débordant de plats, Ariane, le tablier attaché sur les hanches, passe la nuit à cuisiner. À quatre heures du matin, elle peut préparer les salades de carottes, chou, pommes de terre et œufs. Elle n'est satisfaite qu'une fois rassurée et certaine que les tables seront appétissantes et opulentes. Elle pétrit elle-même son pain, auquel, pour convenir aux goûts de certains de ses amis, elle ajoute des noix, du fromage ou des fruits confits. Elle enfourne ses viandes au beau milieu de la nuit et les sort au lever du soleil, pour les réchauffer au dernier moment. Alors que la maisonnée est bien endormie, elle brasse la pâte de ses gâteaux, monte les œufs en neige, graisse ses moules et cuit les biscuits. Sans se plaindre, elle cuisine pour les autres. Au petit matin, ravie, elle contemple le garde-manger, plein comme à Noël d'aliments délicieux et joliment décorés. Ariane n'a pas le temps de s'extasier avec les siens que déjà elle part faire sa toilette, s'envoyant deux ou trois bonnes rasades d'eau froide au visage, s'éponge, se maquille parfaitement et repart vers Radio-Canada pimpante, sans traces de ses péripéties nocturnes.

Désormais, Eugène l'accompagne car il y travaille aussi. Dès son arrivée en studio, Ariane reprend sa course, souriante, sans une lamentation ni la moindre courbature. Elle accomplit une grosse journée de labeur. Et elle tiendra son rôle d'hôtesse, une fois la soirée venue, avec la même grâce, sans laisser échapper le plus petit bâillement et discutant avec calme et aisance jusqu'à ce que le dernier invité ait quitté sa demeure. Et il arrive que ce soit aux petites heures et pas mal éméché, car tout le monde boit beaucoup, lors de ces réunions amicales où l'on parle haut et fort.

— Je ne souffre pas d'insomnie, lance-t-elle souvent en blaguant. Quand je pose ma tête sur l'oreiller, je tombe raide morte !

Acceptant la proposition de sa mère, Anaïs invite celle qu'on appelle dans la rue « la petite Grothée » à passer avec elle la saison chaude sur les rives du lac Pontbriand. Avec les nombreux cousins dans le chalet tout proche de celui des Lepage, les vacances s'annoncent hors de l'ordinaire. Il faut l'admettre,

Ariane a tout mis en œuvre pour rendre la déception plus facile à avaler.

— Ma mère fait dire à la tienne qu'elle va rester au chalet une bonne partie du temps. Elle va prendre un gros mois de congé ! On ne manquera pas de surveillance, annonce Anaïs à Denise pour lui fournir des arguments convaincants.

Mme Grothée est de celles qui, comme une grande majorité, restent à la maison. Et elle se méfie de ces femmes qui abandonnent leur famille plusieurs heures par jour, appâtées par l'argent. Denise lui a même affirmé :

— Mais toi, c'est moins pire. C'est parce que ton père est mort..., précise avec drôlerie son amie, toujours si peu diplomate. C'est pas comme les autres mères qui s'occupent pas bien de leur famille et qui tiennent leur maisonnée de façon négligée...

Denise, qui adore pourtant venir s'amuser chez elle et y passer la plus grande partie de ses temps libres, lui rapporte régulièrement les leçons de morale qui ont cours dans son foyer. Aussi la jeune fille se trouve-t-elle soulagée d'apprendre de la bouche d'Anaïs qu'il y aura une présence maternelle. Elle n'aura d'ailleurs la permission d'accompagner la famille Lepage au chalet du lac Pontbriand que le temps où Ariane s'y trouvera.

— Ma mère dit qu'un père, ça surveille pas bien. Pis toi, c'est même pas ton père, c'est ton cousin...

— Cousin Eugène travaille, maintenant. Il va nous rejoindre seulement les fins de semaine. C'est ma tante Annie qui va nous garder quand maman retournera en ville.

— Ma mère, elle la connaît pas, ta tante Annie... Je peux pas rester plus longtemps.

Denise obtient donc la permission de passer quatre semaines au lac Pontbriand. C'est toute une fête pour les deux amies. Elle apporte une valise pleine de costumes, de cosmétiques et de perruques avec ses vêtements roulés en boule. Elle a la tête pleine de blagues quelque peu salaces, racontées par ses frères. Elle adore faire rire et amuser les autres. Aussi s'en donne-t-elle à cœur joie tout le mois de juillet chez les Lepage, en se régalant du bon pain au lait du boulanger du village ainsi que de sa tarte au sucre avec des tournicotis de pâte au milieu et de ses beignets sucrés, vendus chauds et fondants. Inoubliable !

Les deux complices, heureuses dans la nature sauvage, partent les bras chargés d'un panier de pique-nique pour le dîner et s'empressent d'aller rejoindre les cousins et cousines, à quelques maisons de la leur, sur la rive du lac. Les filles veulent confectionner un herbier collectif. Les plus jeunes écopent de la mission de récolter les herbes, les fleurs et les feuilles. Ils cueillent fébrilement tout ce qu'ils détectent, tandis que Denise et Anaïs, à titre d'aînées, s'attribuent la tâche de sécher les récoltes, puis de coller le tout dans un cahier à grandes feuilles blanches. Sous chaque plante, les deux responsables calligraphient un nom, s'exécutant avec zèle. Au début du moins…

— Voici une marguerite, annonce fièrement Denise.

— Oui, mais on ne peut pas écrire ça ! rétorque Anaïs avec une fermeté absolue.

— Et pourquoi donc, madame-je-décide-tout ?

— Parce que ça n'est pas en latin, madame-je-ne-sais-rien. Il nous faut un lexique ou un livre sur les plantes pour qu'on inscrive le nom scientifique.

Il n'y a qu'Anaïs pour demander un dictionnaire alors qu'elle se trouve en pleine campagne, à des kilomètres de tout livre ou de toute bibliothèque. Quand on porte le problème à sa connaissance, Ariane le prend comme un défi à relever. Elle conduit sa voiture jusqu'à Joliette pour parvenir à acheter au séminaire, à fort prix, un glossaire complet qui satisfasse les exigences de sa naturaliste en chef. Celle-ci, une fois équipée, enclenche le travail.

— *Chrysanthemum leucanthemum...*

— Bon ! Ça c'est un nom pour mademoiselle ! Allez, tu l'épelles et je le note, juste en dessous de la fleur.

Pleine de bonne volonté, Denise s'applique, feignant le plus grand sérieux en transcrivant chacune des lettres dictées par son amie.

— L-E-U-C-A-C-A-C-A-T-H-E-P-I-P-I-M-U-M..., lance-t-elle sans plus résister à l'envie de pouffer, au point de risquer de s'étouffer. Voilà notre premier spé-pipi-men !

Rapidement, le glossaire est mis de côté pour faire place à l'invention de mots loufoques et scatologiques, secteur d'expression très prisé chez les Grothée. Anaïs n'arrive pas à retenir son sérieux longtemps. Les deux amies se prennent à jouer la comédie devant les cueilleurs qui leur rapportent des échantillons. Anaïs joue la sérieuse tandis que Denise s'abandonne à la clownerie. Avec une gravité appuyée, elles plongent le nez dans le livre de botanique pour en ressortir avec des nomenclatures parfois absurdement longues, d'autres fois ridicules, mais contenant les mots « caca » et « pipi », qu'elles font mine de transcrire sous la plante préalablement séchée entre les pages des rares livres de la maisonnée. Les jumeaux et les cousins assistent à ce spectacle improvisé en riant « à pisser dans leurs culottes ». Le pot aux roses est découvert lorsque les deux filles de tante Annie rapportent l'herbier collectif à la maison, sans en avoir parlé aux responsables, pour le montrer à leur maman. Dès les premiers mots, péniblement déchiffrés, tante Annie comprend la drôlerie de la terminologie et, plutôt que de trahir sa nièce, elle entre dans le jeu elle aussi, feignant de trouver le plus grand sérieux à ces dénominations impossibles. Le secret de cet herbier loufoque restera gardé par les adultes, qui s'en amuseront tout autant que les enfants, laissant les deux plus vieilles dans l'illusion d'avoir berné tout le monde.

Pour Anaïs, le mois de juillet 1954 passe en un éclair, en compagnie de sa meilleure amie. Août survient comme un clown sortant de sa boîte à surprises. À son tour, Lucille dépose ses valises à la place de celles de Denise et se montre fébrile à l'idée de retrouver SA Nana. Anaïs aime bien Lucille et la considère comme une petite sœur. En retour, l'autre lui voue un véritable culte, obéissant à ses moindres désirs.

Une fois Denise-la-tornade repartie vers Outremont en compagnie d'Ariane, qui retourne au travail, Anaïs reste à la campagne sous la garde de sa tante Annie. Elle entreprend, secondée par Lucille et les membres de son cousinage, la fabrication d'un théâtre de marionnettes. Alors qu'elle s'affaire à façonner la tête en papier mâché de l'un de ses personnages, un souvenir lui revient.

Cela se passait deux ans après la mort d'Agathe survenue en 1947. Amateur de pantins, Marcel avait conduit Anaïs et ses deux fils à des spectacles de marionnettes. Bien que spécialement destinés aux enfants, les personnages constituaient néanmoins un plaisir partagé par les adultes. Les Lepage, au premier rang, suivirent avec passion *Jonas dans la baleine*, *Le Petit Chaperon rouge* et *Le Cirque*, les trois récits qui se baladèrent en plein air cette année-là. Ces représentations impressionnèrent fortement Anaïs, d'autant plus qu'à la fin des spectacles la famille pouvait rejoindre les artistes pour voir de plus près les guignols, les manipuler et discuter des réactions du public. La fillette, totalement fascinée par les personnages faits de carton, de tissu et de broches, les caressait et s'adressait à eux comme s'ils étaient vivants.

Nostalgique, Anaïs se rappelle que Marcel avait prononcé ces mots :

— Si tu aimes la comédie et le théâtre, tu pourrais en jouer et même devenir comédienne si tu veux, tiens ! Eh oui ! Pourquoi pas !

Elle allait lui répondre quand il lui avait saisi la main et l'avait entraînée vers l'atelier où on les attendait.

— Tu n'as aucune raison de laisser tomber tes rêves, m'entends-tu ? Aucune. Quand tous les autres te condamnent, sache que ça n'est pas vraiment la fin. Ce qui est la vraie condamnation, c'est lorsque toi tu abandonnes.

Il était en effet possible de déjouer les pronostics, Marcel en constituait la preuve vivante et restait positif envers et contre tous. Ce souvenir était remonté à la surface, l'emplissant de bonheur : Marcel vivait toujours quelque part en elle.

Les activités entourant le spectacle de marionnettes passionnent aussi les garçons, Claude surtout, qui prend très au sérieux la confection du théâtre et distribue les tâches : les cousines peignent les traits du visage sur les boules de papier mâché, y attachent cheveux et tresses de laine et cousent des vêtements, Henri se charge de la rédaction des textes et, plutôt lente d'esprit, Lucille suit Anaïs comme une ombre, complétant au mieux les tâches que l'autre n'a pas le temps de finir, devenant son bras droit, son complément. À l'endroit de cette petite fille dans un corps de femme, Nana fait preuve de la plus grande patience.

— Annie prétend qu'elle est sage comme une image et qu'on ne l'entend pas, répond Ariane à Colette qui appelle pour prendre des nouvelles.

— J'aimerais que ta sœur me file ses trucs. Je profite de l'absence de Lucille pour faire du rangement dans sa chambre. Je comprends pourquoi elle refuse de me laisser entrer ! Tout est détruit : ses jouets, ses bibelots, ses crayons. Même ses draps sont déchirés ! Cette enfant est diabolique.

— Profites-en pour te reposer pendant qu'on s'occupe de ta Lucille et reprends-la dans un mois, pimpante et en forme.

— Elle ne reviendra plus chez moi. Dès que j'aurai trouvé une institution qui acceptera de la prendre, je vais la placer. Ma décision est prise.

— Comment peux-tu faire une chose pareille, Colette ?

Inconsciente de la tournure du destin que l'avenir lui réserve, Lucille seconde Anaïs pour mettre leur projet en place. Tandis que tous les autres cognent, peignent, colorent, coupent, cousent, Henri part seul pour écrire. Il déniche un coin parfait, sur le bord de l'eau. Il s'assied sur le sable rugueux, appuie son cahier sur ses genoux, mais réfléchit longtemps avant de poser des mots sur le papier. Il adore se livrer à cette tâche.

Ayant terminé leur ouvrage, Anaïs et sa protégée s'approchent de celui qui a été désigné comme l'auteur de la pièce. D'abord intimidée, Lucille prétend vouloir écrire elle aussi et se met à son bureau. Au début, comme une gamine de cinq ans, elle barbouille. Puis, forte des réactions positives d'Henri et de son mentor, elle rédige elle aussi quelques phrases. Alors que ses parents prétendent que Lucille souffre d'un retard mental et qu'elle est incapable de faire comme les enfants de son âge, Anaïs constate chez son amie certaines capacités.

— Elle n'est pas aussi stupide qu'ils le prétendent.

— Enseigne-lui tout ce que tu peux, puisqu'il n'y a que toi qu'elle écoute ! Ça la sauvera du pire, réplique sa tante.

Cette réponse ne tombe pas dans l'oreille d'une sourde. Anaïs prend sa mission très au sérieux et s'applique à jouer au professeur avec sa pupille. Rassurée et souriante, Lucille ne fait aucune des crises monstrueuses décrites par sa maman. Au contraire, elle se montre pleine de bonne volonté, raisonnable, obéissant aux consignes au doigt et à l'œil et faisant tant et si bien qu'Annie en vient à douter des affirmations de Colette et porte une attention plus grande aux comportements de l'adolescente.

— Le seul moment difficile, c'est l'habillage du matin et le déshabillage du soir. Elle a une peur panique de se dénuder, confie-t-elle à Ariane en visite.

— Les jeunes filles prennent des formes qui les gênent. Ça n'est peut-être que ça…

Lucille cache des secrets. Plus les jours passent en sa compagnie et plus Anaïs ressent chez son amie des moments de détresse intense et un chagrin vif qui risque à tout moment de l'emporter. Cette peine l'envahit à son tour pour la tirer vers le fond. L'angoisse, tapie depuis tellement d'années, s'éveille parfois et gagne du terrain, risquant de la noyer. Si bien qu'une fois les parents et les voisins invités pour la représentation de leur pièce, les billets faits main distribués, la générale passée et le spectacle applaudi, Anaïs se surprend à éprouver un sentiment de libération à l'idée que bientôt Lucille retournera chez elle. Elle s'en veut de son égoïsme. N'empêche que, aux côtés de la jeune fille, elle manque d'oxygène.

De retour en ville, devant ses uniformes devenus trop petits, Anaïs ressent un choc. Celui de la rentrée sans *Du monde des villes*, sans ce travail qui donnait un sens à ses efforts dans ses études. Comment fera-t-elle sans textes à apprendre ni enregistrements hebdomadaires ? Pour toute réponse, un silence froid lui rappelle la fin de son beau rêve.

Léon Saintonge a rôdé tout l'été autour de la maison de l'avenue Outremont. Il a été lent et prudent dans ses recherches, mais est finalement parvenu à reconstituer le casse-tête. Il a établi un contact avec quelques comédiens du feuilleton télévisé *Du monde des villes*. Anaïs, qu'on désigne en coulisses comme la fille de la réalisatrice, porte étrangement le nom de Calvino et non celui de Lepage. On lui a expliqué que c'est pour éviter qu'Ariane soit accusée de favoritisme et que cela puisse porter ombrage à la carrière de la jeune vedette. Cette explication lui a semblé plausible. Il y a cru un temps. C'est au hasard d'une sortie avec un pianiste à la retraite qu'il avait connu lors d'une tournée sud-américaine que tout a basculé.

— Nous étions un groupe de plusieurs musiciens. Après le concert, je suis allé reconduire Agathe chez sa sœur, où elle logeait. Ensuite, j'ai rejoint la fête, qui fut mémorable au point que je n'en garde aucun souvenir ! déclare-t-il en éclatant de rire.

— Quelle sœur ? Te l'a-t-elle précisé ? Elle en avait six, si ma mémoire est bonne.

— Attends… elle se nommait Ariane. Oui, c'est cela.

— Ariane. Tu es bien certain ? Sa mère elle-même m'a confié qu'Agathe la détestait.

— Pourtant, elle vivait chez sa sœur aînée, avec sa petite fille.

Le sang de Léon n'a fait qu'un tour. Ainsi donc, l'ennemie avait pris la charge de sa nièce ? Quel parcours les deux femmes avaient-elles pu franchir pour en arriver là ? De gros morceaux du puzzle lui manquent encore. Mais la jeune personne aperçue sur l'écran de télévision est sa fille, cela devient une certitude. Cette conviction lui fournit le courage de poursuivre sa quête jusqu'au bout, alors qu'il vit de la charité des autres et est pour ainsi dire à la rue…

Il se présente donc très tôt, un matin de juillet, pour éviter d'attirer l'attention des policiers du quartier Outremont. Ce qui le frappe au premier abord, c'est la quantité impressionnante de voitures garées sur les parkings des postes d'essence. Un immense stationnement à ciel ouvert, désordonné, s'étale tout le long de l'avenue Van Horne. On a tellement vanté la beauté du quartier que l'homme croit s'être trompé. Sur le point de rebrousser chemin, il croise l'avenue Outremont et s'y engage. Il a bien fait de tenir le cap, puisque le paysage éclectique cède la place à des demeures de plus en plus somptueuses à mesure qu'il se dirige vers le sud. Dans sa main, on peut apercevoir le bout de papier avec l'adresse de la maison des Lepage, auquel il s'agrippe comme à une bouée. Quand il parvient devant cette demeure de brique rouge avec son élégant œil-de-bœuf au centre du mur, sa porte d'entrée en chêne massif et sa galerie grise aux barreaux blancs fraîchement repeints, il a envie de se mettre à genoux et de verser des larmes de joie. S'il manœuvre bien, il tient enfin le moyen de gagner pas mal d'argent. Il contient son emportement et ne va pas tout de suite sonner à la porte. Ce serait une erreur. Il rebrousse chemin et revient dans son trou à rats minable. Il consacre désormais toutes ses énergies et ses dernières ressources à se refaire une tenue et à mettre au point son discours d'introduction, qu'il prononcera quelques jours plus tard.

Quelle n'est pas sa déception d'apprendre de la bouche du facteur que la famille Lepage est absente et qu'il devra vivoter tout l'été avant de toucher le pactole ! Puisqu'il n'a d'autre choix que d'attendre, il se montre raisonnable.

Vers la mi-août, il répète son cirque et se présente de nouveau sur l'avenue Outremont, habillé comme pour les grandes occasions, non sans avoir pris la précaution d'observer les allées et venues de la maisonnée, de manière à être quasi certain de trouver Mme Lepage seule chez elle.

— Bonjour, madame.

— J'allais partir. Je vous remercie, monsieur, je n'ai besoin de rien…

— Très bien, alors je serai bref, n'ayez pas d'inquiétude. Je me nomme Léon Saintonge et je suis le père d'Anaïs Calvino.

À son ton, Ariane comprend immédiatement la menace qui pèse sur sa vie. Cet homme a poursuivi une longue traque et, touchant presque son but, il ne lâchera pas facilement sa proie. Elle devine qu'il vaut mieux qu'il n'entre pas, qu'il ne voie rien de ce qu'elle possède et qu'il n'ait aucun indice non plus de son bonheur. Elle attrape son sac à main et referme la porte derrière elle.

— Si vous le voulez bien, monsieur Saintonge, accompagnez-moi. Il y a un petit café tout près. Nous y serons tranquilles pour discuter.

Eugène a disposé ses pots d'huile devant l'immense toile tendue sur une quarantaine de pieds[1] dans le studio. Il arrive toujours à l'aube, car c'est à ce moment de la journée qu'il travaille le mieux. La fresque entamée quelques semaines plus tôt commence à prendre forme. On jurerait de vrais pommiers en fleur, avec une marquise au beau milieu. En trompe-l'œil, il s'assure de donner de la profondeur à ce qui deviendra l'arrière-plan du décor. Il peut travailler des heures debout, concentré, sans manger ni boire, et sans même se gratter le nez. Il ne pense plus. Il devient ce paysage qu'il trace à chaque coup de pinceau. Il a été bien avisé de

1. Soit environ 12 mètres.

se faire confiance et de croire qu'il pouvait occuper un poste régulier comme au temps de sa jeunesse. Depuis qu'il s'y est engagé avec Ariane, il ne touche plus à l'alcool, et cet ennemi s'est éloigné. Il n'a pas manqué une journée de travail ni ne s'est présenté ne serait-ce qu'une seule fois en retard. Tranquillement, il sent qu'il relève la tête et se permet avec plus d'assurance de regarder ses collègues droit dans les yeux. Il n'est plus l'homme fini qu'il croyait être…

Au nombre de pièces de théâtre qui s'enregistrent à Radio-Canada – une par semaine –, Anaïs est convaincue qu'elle parviendra à obtenir un rôle. Sans en toucher un mot à sa mère, elle fait parfois l'école buissonnière puis se présente aux réalisateurs et aux auteurs de la société d'État pour tenter de se faire valoir. Mais elle se heurte à un mur. Les réactions à ses démarches sont peu enthousiastes. Elle doit faire des pieds et des mains pour qu'on accepte de l'entendre en audition, pour finalement n'obtenir aucun succès.

Un jour, au détour d'un couloir, alors qu'elle s'apprête à quitter l'édifice, elle tombe face à face avec Eugène, en sarrau blanc couvert de peinture.

— Ta mère serait en colère si elle savait, déclare-t-il en coupant court aux explications.

— Juste un petit rôle, c'est tout ce que je souhaite !

— Tu devrais être à l'école, Anaïs, tu le sais bien.

— J'ai acquis ma première vraie expérience avec maman. C'est elle qui m'a appris à jouer et qui m'a donné la piqûre… Mais maintenant, je crois que ça serait bon pour ma carrière de varier mes maîtres. Qu'en penses-tu ? Maman serait d'accord avec moi.

Au mot « carrière » lancé comme une évidence, Eugène hésite, sachant combien Ariane se réjouissait de ne plus voir sa fille fréquenter les plateaux et la faune artistique.

— Tu as une grosse année d'études préparatoires devant toi, voilà ce que je pense.

Anaïs se rembrunit. Ses yeux, d'un bleu clair, sont passés à un vert plus délavé, avec des nuances de gris. Elle croise ses bras et les garde serrés sur sa poitrine.

— De toute façon, personne ne veut de moi ici. Je ne reviendrai plus. Promis.

— Ne dis pas ça. Les rôles vont et viennent. Tu es si jeune. Tu auras peut-être d'autres occasions, plus tard.

— La vérité, c'est que si je ne joue pas, je ne trouve plus de plaisir à rien. Je deviens folle, tu comprends ?

— Peut-être pourrais-tu faire du théâtre amateur ? Il existe des troupes.

— Oui, ça serait une bonne idée. Mais je ne sais trop comment m'y prendre…

— Ne devrais-tu pas discuter de tout ça avec ta mère ? Elle est la mieux placée pour t'aider.

— Je n'en suis pas certaine. Maman me répète sans cesse de concentrer mes efforts sur mes études. Chaque fois que j'aborde l'idée d'entreprendre des démarches pour décrocher de nouveaux rôles, elle détourne la conversation. À ses yeux, je n'ai pas été à la hauteur et cela m'enlève toute confiance en moi.

Eugène, à ces mots, reste saisi. Anaïs, calmement, explique que sous la direction d'Ariane elle cherchait tant à plaire qu'elle ne savait plus ce qui était bon et ce qui ne l'était pas. Et qu'au fond elle mesure aujourd'hui que cela a été une erreur de se laisser diriger par une personne pour laquelle elle avait trop d'admiration.

— J'ai ruiné ma carrière. Et j'ai raté ma vie.

Chapitre 8

Une grogne et un esprit de revendications nationalistes couvent dans la province. Après l'émeute au Forum de Montréal, en mars 1955, où la foule s'est portée à la défense de Maurice Richard[1], devenu par la suite une sorte d'emblème pour les Canadiens français, il s'est produit l'« émeute des tramways », menée par les étudiants pour protester contre la hausse du prix des billets. Dans un mouvement de colère, les jeunes ont coupé tous les câbles qui reliaient les trolleys aux fils électriques au-dessus de la rue, causant une paralysie importante du système. La contestation prend racine et se développe en sourdine au sein de la nouvelle génération.

Anaïs a conscience de ce qui se passe. À la maison, elle suit les discussions de plus en plus agitées entre Claude, outré du traitement méprisant servi par les propriétaires de la Ligue nationale de hockey à son idole, et Henri, le passionné de politique qui appuie la résistance et s'en inspire pour revendiquer plus de liberté dans sa

1. Joueur de hockey suspendu par un président de la Ligue qui était anglophone.

propre existence. Sans chercher à s'immiscer dans les débats, la jeune fille écoute et observe.

Après l'échec de la série *Du monde des villes* et les auditions qu'elle a passées en vain, Anaïs s'est sentie blessée, rejetée et plutôt en colère. *Tant pis, puisqu'on ne veut pas de moi, je ne veux pas d'eux non plus !* Elle s'est détournée de la télévision et, aiguillée par une amie comédienne, s'est passionnée pour le théâtre amateur, satisfaite d'y jouer et d'y obtenir un certain succès. À la maison, sachant la blessure encore vive, on évitait d'aborder le sujet. Ariane et Eugène parlaient peu de leur travail. Les mardis soir de l'hiver 1955, quand Anaïs se postait devant *Le Survenant*, on en faisait peu de cas de crainte de chagriner la téléspectatrice pâmée qui rêvait sans doute d'être de la distribution.

Pour prendre sa revanche, la jeune fille se concentre désormais sur ses travaux scolaires. En classe de quatrième, elle s'investit comme jamais et étudie sans arrêt. Elle termine l'année avec mention dans toutes les matières.

Pendant les vacances d'été de 1955, plutôt que de se reposer après une année scolaire bien remplie, elle rejoint le théâtre La Roulotte et donne la réplique dans les parcs de la ville.

Deux années filent. De la classe de troisième, elle passe en seconde au lycée, puis en première à l'automne 1957. Son cours général avec option sciences, difficile et exigeant, la passionne et lui ouvre toutes les portes. Celles des carrières les plus prestigieuses aussi bien que celles, moins sécurisantes car toutes récentes, des sciences sociales, ô combien intéressantes de son point de vue ! Ces nouveaux champs du savoir sont regroupés dans l'École des sciences sociales créée à l'université Laval en 1938. Tranquillement, l'idée de démocratisation du savoir gagne des adeptes. La sociologie, l'économie et le service social offrent de nouvelles avenues. Des étudiants sont formés dans ces secteurs et ils adoptent les principes de ce pays d'avenir où les Canadiens français ont eux aussi une place dans la modernité et dans le pouvoir économique.

Anaïs adhère à ces idées de changement et entend y participer à sa manière. Aussi, elle travaille fort à obtenir les résultats requis ; ces notes qui lui permettront d'entrer un jour à l'université. Et c'est dans la ville de Québec qu'elle souhaite étudier, à cette fameuse université Laval où tout semble se passer… Elle tait à sa mère ses ambitions de prolonger sa formation pour lui éviter les déceptions dans le cas où elle n'aurait pas les résultats suffisants pour être admise. Aussi tient-elle le coup et plonge-t-elle le nez dans ses bouquins chaque fois qu'elle en a l'occasion.

— Une grève est organisée. Les études supérieures doivent être accessibles et gratuites pour tous ! J'y serai, annonce Henri.

— Moi aussi ! lance Claude dans un cri du cœur.

L'attitude du Premier ministre Duplessis dans le domaine de l'éducation entraîne le déclenchement d'une grève d'un jour. Le 6 mars 1958, vingt et un mille personnes inscrites aux universités boycottent leurs cours et descendent dans la rue. On revendique l'abolition des droits de scolarité de manière à favoriser l'accès de tous aux études supérieures.

Le 7 mars, trois étudiants sont mandatés pour aller livrer leurs doléances au Premier ministre Duplessis et revendiquer une rencontre avec les présidents des universités afin de discuter des améliorations à apporter au financement universitaire.

— Il a carrément refusé de les recevoir. C'est outrageant !

Voilà ce qu'Anaïs déclare sur un ton ferme, à la plus grande surprise de ses proches, en plein repas familial, alors que le journal fait mention du mouvement de mécontentement.

— C'est une honte de le voir malmener ainsi ceux qui feront l'avenir de son pays, ajoute Ariane.

— Cet homme se comporte comme un dictateur, décrète Henri.

— L'éducation constitue un droit, pas un privilège ! renchérit Claude, enragé par le fait que le « Chef » réitère pendant trente-sept jours consécutifs son refus de rencontrer les porte-parole.

Si sa position est ferme et claire, Anaïs préfère se tenir loin des conversations et des débats qui l'étourdissent. Sa façon à elle de revendiquer, c'est d'étudier et d'obtenir les meilleurs résultats possibles.

Avec la fin d'année scolaire 1958 qui approchait, Anaïs Calvino mettait les bouchées doubles. Elle passait son temps dans les livres. James Robert, un étudiant du collège Notre-Dame qui habitait chez son oncle et sa tante, l'avait remarquée et suivie à sa sortie du collège

Marie-de-France, l'établissement scolaire voisin. La jeune Calvino ne l'avait même pas vu.

— Pour autre chose que ses livres, Anaïs Calvino ne dispose pas d'une seconde. Je t'aurai averti, précise Cécile, haussant les épaules devant le romantisme de son cousin transi. Et avec les examens, il faut qu'elle étudie encore plus.

Les avis répétés de sa parente ne l'ont pas découragé. James Robert est un garçon persévérant qui aime les défis. Il estime que cette demoiselle entrevue juste en face du Musée de cire, où elle prend son autobus, vaut efforts et patience. Depuis qu'il l'a aperçue, il veut faire sa connaissance. Il s'est donc présenté seul chaque vendredi, à la même heure et au même endroit, pendant quelques mois au bout desquels il a eu le courage de la saluer discrètement en agitant vaguement la main. Elle l'a ignoré complètement et James a dû se résigner à voir arriver les vacances sans avoir pu parvenir à aborder celle dont il était déjà amoureux.

Cet été de 1958 lui a paru interminable.

À la sortie des classes, l'automne venu, James entend offrir une rose à l'élue de son cœur. Anaïs termine plus tard les vendredis à cause des dissections et du laboratoire qu'il faut nettoyer et laisser dans un état impeccable. Encore une fois, le jeune homme supplie sa cousine, Cécile Robert, de lui servir d'intermédiaire auprès d'Anaïs. Pour chaque service rendu, elle lui colle une facture au montant négocié avec âpreté. Pour quinze sous, elle accepte de cacher la rose toute la journée dans son bureau et de la tendre, au moment convenu, à l'étudiante Calvino. Pour dix sous de plus, Cécile remet une invitation, scellée dans une enveloppe et signée de la main de l'amoureux.

Quand Cécile Robert, sa collègue de classe, lui donne une fleur, fatiguée par la journée passée dans les livres, Anaïs croit d'abord à une mauvaise blague. Qui donc peut s'intéresser à elle, alors qu'elle n'adresse la parole à aucun garçon ? À peine se pose-t-elle la question que le regard d'un jeune homme, appuyé sur l'un des grands érables du collège Notre-Dame, se dessine dans son esprit. Anaïs sent son cœur s'affoler dans sa poitrine. Elle tremble et doit calmer sa panique lorsque Cécile, aussi romantique qu'une tonne de briques, ajoute :

— Il y a une carte, avec.

— Merci. Et c'est de la part de qui ?

— James, mon cousin.

Sans un mot de plus, Cécile va rejoindre son groupe d'amies, abandonnant sa camarade à son désarroi, missive à la main. L'adolescente glisse discrètement la lettre dans son sac et poursuit sa routine exactement comme d'habitude. Ce vendredi-là toutefois, au moment de passer devant la grande cour de Notre-Dame, elle marche en gardant les yeux rivés au sol et grimpe dans l'autobus pour rentrer chez elle. Habituellement, les soirs de fin de semaine comme celui-ci, quand le temps se montre doux, elle aime parcourir à pied le chemin du retour à la maison. L'exercice lui apporte un certain calme, une paix. La marche, son rythme régulier, la beauté des arbres, des maisons, du quartier, Anaïs y trouve une sécurité et se sent assez en confiance pour laisser vagabonder son esprit. Ces fins de journée-là, elle aime aussi les consacrer à établir son bilan hebdomadaire : régler mentalement les contrariétés, passer l'éponge sur les échecs, se féliciter des succès pour ensuite se donner congé le temps d'une soirée. Elle ne repense à l'école que le lendemain matin, au moment de faire des travaux de plus en plus exigeants. Mais ce vendredi-là est différent des autres. Dans sa main, elle tient une rose aux pétales fripés et aux épines racornies, une fleur qui témoigne d'une attention, d'un désir même, symbole dangereux à ses yeux.

La proximité des garçons, elle la fuit comme la peste. En dehors de cousin Eugène et de ses frères, aucun être de sexe masculin ne peut lui adresser la parole. Les mâles, elle ne les regarde pas. Elle se soustrait aux confidences de ses copines de classe, avides de partager leurs premiers émois. Elle trouve refuge dans son amitié avec Denise Grothée, beaucoup trop corpulente pour intéresser quiconque, du moins le pense-t-elle jusqu'au jour où, les deux filles s'occupant à échanger des timbres pour leur collection, Anaïs comprend que même les grosses finissent par tomber sous les flèches de Cupidon. Denise, sa camarade joufflue, se révèle ce jour-là plus gourmande que d'habitude, se goinfrant à l'excès et ne manifestant aucun intérêt pour la philatélie.

— Les croissants de ta mère sont les meilleurs au monde. Elle a dit qu'elle m'apprendrait à en faire.

— La pâte feuilletée, c'est long…

— Et c'est bon. Mais pas autant que les baisers d'un gars que je connais, lance Denise avec un regard coquin.

Surprise par cette réplique imprévue, la jeune fille croit à une nouvelle blague.

— Qu'est-ce que tu racontes ?

— Il a même goûté à mes seins. Il a mis sa bouche sur mes « tits bouts ».

Anaïs stoppe net. Elle passe près de lancer son cahier relié, plein de continents dessinés et d'images exotiques bien collées, au visage de sa seule amie. Elle se sent insultée, mais surtout déçue et immensément seule.

— Je n'ai rien entendu, d'accord ? répond-elle en s'affairant à trouver la page à repérer. Mon signet est tombé, tu le vois ?

— Il m'emmène marcher au parc Outremont, demain après-midi. J'espère qu'il va recommencer à me faire des belles caresses. Ça m'a fait chaud jusque dans l'intérieur…

Cette fois, c'en est trop pour Anaïs. Elle se lève comme une flèche, porte sa main à sa tempe.

— Je ne me sens pas bien, Denise. Il faut que tu rentres chez toi. J'ai mal à la tête, tout d'un coup, dit-elle d'une voix tremblotante.

— Il a un ami qui se cherche une blonde. On pourrait aller au cinéma, tous les quatre.

— Jamais de la vie ! C'est hors de question pour moi ! Tu es folle ou quoi ? crie-t-elle sans retenue.

Quoiqu'un peu surprise par la réaction démesurée, Denise ne se laisse pas impressionner. Aussi, elle reprend de plus belle.

— Oh, ma douce ! Excuse-moi de t'avoir choquée. J'ai beau te trouver gentille, et essayer de faire semblant d'aimer faire des échanges de timbres et dessiner des cartes du monde, il se fait que je suis aussi une fille, et que ça me plaît quand un garçon me tourne autour. Plus que n'importe quoi d'autre, imagine-toi ! Quand tu seras assez restée toute seule comme une « bêtasse » dans ta chambre, tu me feras signe. En attendant, amuse-toi sans moi, parce qu'à partir de maintenant je vais passer mes samedis avec mon cavalier. Et tu peux penser tout ce que tu veux, ça ne me dérange pas du tout !

La discussion met abruptement fin à leurs rendez-vous parascolaires. Froissée, Anaïs se rabat sur ses frères pour partager ses moments de détente, mais ceux-ci sont très pris par leurs activités. Elle pense à sa chère Lucille, mais elle peut de moins en moins compter sur elle. Ses comportements sont souvent incompréhensibles et elle se met en colère quand on ne la comprend pas correctement.

Pour tromper la solitude, Anaïs s'est mise à la lecture plus sérieusement. Elle se passionne pour tout : des romans classiques aux revues scientifiques. Ses études se révèlent fort pratiques puisqu'elles lui fournissent un prétexte idéal et indiscutable pour rester à la maison. Ses résultats, de plus en plus spectaculaires, lui valent une réputation de petit génie qu'elle tient à maintenir. Valorisée par sa mère, par ses enseignantes, même par les autres élèves, elle en est venue à se détourner du théâtre qui lui a pourtant procuré tant de bonheur. Force est de constater que moins elle joue, moins elle se sent à l'aise sur une scène.

Et voilà qu'elle se trouve devant cette carte, posée sur son lit à côté d'une pauvre fleur abîmée qui, selon ses principes, ne devrait pas lui causer autant d'émoi. La situation la heurte. Elle refuse d'ouvrir l'enveloppe. Pourtant, elle détache quand même le sceau et en extirpe la feuille. Elle devrait jeter cette lettre, mais la déplie.

Chère mademoiselle Calvino,

Je suis un fervent admirateur. Je vous ai vue à la télévision il y a quelques années. Comme le théâtre vous intéresse, j'aimerais vous y convier en compagnie de mon oncle, de ma tante et de ma cousine Cécile. Nous irons à la Comédie-Canadienne, le samedi 15 novembre. On y joue « Le Gibet », de Jacques Languirand. Si vous hésitez à me faire confiance, ma tante peut téléphoner à votre mère, de manière à vous rassurer complètement. Je souhaite de tout cœur que vous acceptiez mon invitation.

Au plaisir,

James Robert

Maintenant qu'elle a lu la missive et qu'elle a vu la signature, régulière au bas du carton parfumé, il est trop tard pour reculer. Le mois prochain, elle accompagnera James Robert au théâtre…

Ariane ne sait plus où donner de la tête. Léon Saintonge, qui s'est d'abord montré satisfait de la somme qu'elle lui a versée, a récemment exprimé le souhait de se révéler à sa fille.

— Vous avez renoncé à votre paternité, Léon. Vous avez signé tous les documents légaux chez mon notaire. Vous ne pouvez absolument rien revendiquer. Nous étions convenus que vous me laisseriez tranquille…

— Je veux seulement la connaître ! Je suis son père !

— Excusez-moi, cher monsieur, mais vous n'êtes absolument personne. Ni devant la loi ni nulle part ailleurs. Le père d'une enfant, c'est celui qui l'aime, jour après jour, et qui la protège. Pas celui qui abandonne un être tout proche de naître !

— Faites-moi travailler et je vous prouverai mes bonnes intentions ! La vie coûte cher ici ! J'ai besoin de tout. Ce que vous me donnez ne me suffit pas. Si vous m'aidez, je ne vous importunerai plus. Juré.

Harassée, Ariane craint surtout que l'autre n'aille tout dévoiler de leur entente à Eugène, qui désapprouverait, et elle cède dès lors à son chantage. Elle se voit prise au piège et dans l'obligation de favoriser l'embauche de Saintonge à CKAC, au service des achats musicaux. L'homme s'y connaît et il se révélera fort utile. À tel point que ses anciens collègues, le croyant un de ses protégés, viennent la trouver et lui en parlent avec éloge, ce qui, elle doit bien l'admettre, constitue le comble de l'ironie. Elle s'en veut de s'être mise elle-même dans une situation aussi délicate. Lui donner accès à son territoire professionnel a été une erreur. De par ses fonctions, l'homme tisse des liens avec les mélomanes de la ville et il n'est pas rare qu'ils se croisent lors de concerts. Hantée par sa propre faiblesse, elle se fait des reproches, et cela, au moment où un autre combat requiert aussi ses forces…

Sur le plan professionnel, la négociation entamée entre les réalisateurs et la direction de Radio-Canada piétine, s'envenime et lui demande toute son intelligence stratégique. Les directeurs et les administrateurs, qui se sont multipliés rapidement en quelques années, affichent une attitude autoritaire et condescendante envers les membres de son association, dont Ariane figure parmi les porte-parole.

— Ces gens-là ne se rendent pas compte ! S'ils ont un gagne-pain, si Montréal est devenu le centre de production de télévision qu'il est aujourd'hui, le plus important après New York et Hollywood, c'est grâce aux artistes et aux artisans. Et certainement pas grâce à eux ! Or ils nous traitent comme des moins-que-rien et refusent de définir clairement nos tâches. Certains nous considèrent comme des concierges ou des secrétaires et nous confient des besognes qui n'ont pas à voir avec nos qualifications !

La grogne monte dans les bureaux et sur les plateaux des soixante-quinze réalisateurs qui exigent une meilleure définition de leurs tâches de manière à éviter les demandes abusives de la part de la direction. De plus, ils veulent obtenir la reconnaissance d'un syndicat qui les représente, et d'une seule voix ses collègues et elle réclament :

— Nous ne souhaitons plus être la filiale d'un syndicat américain ! Nous versons vingt-cinq cents par cachet à cette association et n'en obtenons aucun bénéfice. Cette organisation est trop grosse, elle ne comprend pas nos attentes ! La situation actuelle doit changer ! Nous voulons être affiliés à la Confédération des travailleurs catholiques du Canada !

En quelques années, la télévision a explosé. Posséder un téléviseur n'est plus le luxe des débuts, l'appareil est couramment trouvé dans les foyers. Pour les francophones, Radio-Canada produit soixante pour cent de tout ce qu'elle diffuse. Les Canadiens français, reliés entre eux par les ondes et par ce message commun, conçu pour eux et par eux, s'éduquent, s'informent, se divertissent par l'entremise de cette invention, essentielle désormais. Forts de ce sentiment, les réalisateurs sont bien décidés à obtenir gain de cause. Le secrétaire général de la CTCC[1] soutient ce combat avec ferveur, voyant là une manifestation d'autonomie des travailleurs francophones face à la domination du géant américain et du Canada anglais. Et plus d'une fois, les artisans se sont rendus à Ottawa pour tenter d'expliquer leurs demandes et d'obtenir un terrain d'entente. En vain. Une nouvelle fin de non-recevoir met le feu aux poudres :

— Ils ne veulent pas d'un syndicat provincial. Pas pour ce qu'ils considèrent comme « leur » société d'État. Les conservateurs se fichent de nous ! Complètement !

Dans cette atmosphère de colère survoltée, travailler devenait un véritable tour de force. L'hiver précoce, loin de refroidir les ardeurs, les intensifiait.

— On fonce droit dans un mur ! s'était exclamée Ariane, un soir, à table. Selon moi, on va déclencher une grève. C'est ce qui se dit dans les couloirs… Il va falloir être prudent et se serrer la ceinture. Cette année, Noël sera frugal.

Pour elle, qui adorait célébrer avec faste la période des réjouissances, le plus gros sacrifice se trouvait là, dans cette idée d'un 25 décembre restreint et austère.

— On n'est plus des bébés, maman. On dansera au lieu d'ouvrir des cadeaux !

— Ça me désole, vous le savez, les enfants. Mais dans la vie, il y a des moments où il faut savoir se tenir debout. Et cette bataille, nous devons la mener, pour nous et pour l'exemple que nous donnerons à tous ces gens qui nous suivent et qui auront honte de nous si nous plions l'échine. Nous ne serons à la botte de personne et nous formerons le syndicat que nous voulons !

1. Confédération des travailleurs catholiques du Canada.

— Bravo ! avaient approuvé les trois enfants en chœur, de même qu'Eugène, en arrière-plan.

Le 29 décembre 1958, après une rencontre des plus stériles avec les administrateurs de la station francophone la plus importante d'Amérique, la grève était déclarée.

Dans les premiers jours de la nouvelle année, Anaïs est encouragée par James Robert, son nouvel ami et complice, à répéter les trois pauvres lignes mélodiques sur lesquelles on jugera de son talent. Quelle folie lui a passé par la tête ? Elle l'ignore. Tout ce qu'elle sait, c'est qu'elle attend, là, dans un couloir aux murs d'un gris froid, derrière une file de jeunes filles, toutes plus splendides les unes que les autres. Elle qui, quelques années plus tôt, aurait tout donné pour obtenir une telle audition se présente plus pour faire plaisir à James et à la tante de son compagnon, qui tous deux l'encouragent, que pour satisfaire une quelconque ambition personnelle. Elle n'y croit plus et a fait son deuil du cinéma comme de la télévision, qui ne veulent pas d'elle de toute façon.

Quand elle entend son nom dénaturé par un accent anglais, Anaïs Calvino s'avance dans la grande salle de l'université McGill louée pour l'occasion. Elle n'a pas eu le temps de passer à la maison pour se changer après l'école, aussi a-t-elle gardé sa tenue d'étudiante : une jupe droite marine, un chemisier blanc à manches longues et un blazer classique. Il a fallu cette journée-là qu'elle oublie ses *loafers*[1], alors qu'elle se targue de penser à tout. Elle n'a pu garder ses bottes de cuir,

1. Genre de mocassins.

complètement trempées, et s'est résignée à se présenter en collants, laissant les marques de ses pieds suintants sur le sol. Une humiliation, à ses yeux.

Ses cheveux, épais et bouclés, mouillés par la neige qui tombe à gros flocons, encadrent son visage et le mettent en évidence. Dans son regard comme dans son attitude, elle a une parenté avec Grace Kelly. Elle retient tout de suite l'attention et cette bienveillance la galvanise. Anaïs renoue avec un sentiment oublié, enfoui. Elle va se mettre à chanter quand :

— *Miss, could you please just stay silent ? And look at me*[1] *?*

Loin de se sentir intimidée par la demande du réalisateur, Anaïs fait face et plonge son regard dans celui qui l'observe.

James Robert n'en revient pas : le spectacle auquel il assiste est concis et extrêmement concentré. La représentation du désir se trouve là, sous ses yeux. Trop directement éclairée et contrainte de se tenir sur un promontoire ridiculement petit, Anaïs Calvino n'en reste pas moins celle qui mène le jeu. Une fois invitée à chanter les quelques strophes d'une chanson mal écrite, elle s'anime avec sensualité et vole le spectacle. Du coin de la salle où on lui a permis de s'asseoir, James sourit de voir le rapport d'autorité s'inverser. Anaïs impose son interprétation à un réalisateur abasourdi. De son observatoire, le jeune Robert se laisse prendre au jeu et, comme les autres hommes dans la pièce, se met à rêver d'elle.

1. Mademoiselle, pouvez-vous juste vous taire et me regarder ?

Placé pensionnaire par ses parents pour étudier à Montréal et logeant chez sa tante Louise les fins de semaine, James découvre une ville en ébullition. Le contraste avec Toronto, la cité de son enfance, lui semble considérable. En dépit des apparences et de tout ce qu'on en dit – corruption et mafia omniprésente –, James est initié à l'effervescence culturelle dont les intellectuels, inspirés par la France et par l'Europe, sont en grande partie responsables. Dans ces années, Radio-Canada en met plein la vue avec ses pièces de théâtre, ses émissions culturelles, ses reportages et tous ces comédiens issus des Compagnons de Saint-Laurent qui déferlent et se produisent un peu partout dans la cité. Sur cette lancée, de nombreux théâtres voient le jour. James Robert raffole tout de suite de ce bouillonnement. Il adore aussi la langue française, qu'il parle avec sa mère et sa tante Louise depuis sa tendre enfance. « Un drôle de moineau », dit-on souvent de lui au collège Notre-Dame où il étudie. Maigre comme un clou, les cheveux épais, frisés et drus, James ne vaut pas grand-chose dans les sports, mais il excelle dans les arts, particulièrement en musique et en chant. Et il lit tout ce qui lui tombe sous la main, aussi bien en français qu'en anglais. Auprès de sa tante, il a trouvé une complicité et une compréhension rassurantes. Louise, cette Montréalaise de naissance, connaît les séries diffusées à la radio et à la télévision, suit toutes les pièces et, dès qu'elle a deux dollars en poche, se précipite au cinéma. Chaque minute de ses temps libres, elle l'emploie à plonger le nez dans des bouquins. Auprès de James, son neveu et filleul, elle trouve un écho à sa passion pour la culture et pour les arts.

Et quand elle a su que son protégé s'intéressait à la fille d'une réalisatrice de Radio-Canada, elle a tout de suite voulu encourager la relation et faire la connaissance de l'adolescente. L'idée des billets pour le théâtre, ça vient d'elle. La dame ignore à quel point cette soirée à la Comédie-Canadienne est absolument déterminante pour Anaïs qui, ce soir-là, pour la première fois de sa vie, se sent attirée par un garçon de son âge.

Et la voilà donc, poussée par Louise et James, à passer une audition pour un film qui sera tourné en anglais, devant un homme dans la cinquantaine complètement captivé.

— C'est toi qu'il retiendra. Je parierais ma chemise.

Elle garde le silence, espérant qu'il a raison. Le téléphone résonne chez tante Louise deux jours plus tard : Anaïs a décroché le rôle ! Une petite apparition dans un film de série B ranime une flamme qu'elle croyait éteinte. Comme elle a caché l'audition à sa mère, tellement occupée par la grève et les revendications, elle tait aussi ce petit succès.

Jean Duceppe, le président de l'Union des artistes, annonce qu'aucun de ses membres ne franchira le piquet de grève. La Société des auteurs appuie aussi le mouvement, tout comme les employés de bureau et les techniciens. Sans ces artisans, la télévision d'État se trouve paralysée. Le débrayage des services français de la société gouvernementale, qui ne devait durer que quelques jours, s'éternise. Une marche est organisée à Ottawa pour tenter d'obtenir l'appui du gouvernement. Mais les services anglais de la station et le pouvoir central n'adhèrent pas aux enjeux défendus par les francophones. Des cadres campent à Radio-Canada pour tenir le fort et programmer des films de second ordre pendant qu'à l'extérieur les rangs des manifestants grossissent. Chez les Lepage, on ne parle plus que de cela. Ariane est présente à toutes les rencontres. Elle fait partie du comité de négociation qui a entamé dès le début de l'année 1959 des rencontres entre le président de Radio-Canada et le syndicat nouvellement formé. La tension monte entre les groupes. Auteurs, comédiens et les deux mille employés de la station appuient la lutte en refusant de franchir le piquet de grève.

— Victoire ! Victoire ! crie enfin Ariane après tant de jours d'une âpre lutte.

Elle serre sa fille très fort contre elle. Profondément émue, Anaïs se félicite tout autant, car elle aussi vient de réaliser une prouesse. Elle rentre de trois jours de tournage qui ont eu lieu à Toronto. Elle s'est rendue là-bas en compagnie de tante Louise, d'oncle Harry et de James, qui en a profité pour présenter l'élue de son cœur à ses parents, Julian et Denise. Anaïs a jugé préférable de ne rien dire à propos du film, estimant sa mère suffisamment prise par ses soucis. Pour avoir rencontré Louise et Harry Robert à quelques reprises, Ariane a facilement accepté la demande de sa fille d'aller à Toronto en compagnie des parents de son amie Cécile. Anaïs a donc quitté la maison d'Outremont et son flot continu de comédiens, d'auteurs, de réalisateurs et de politiciens venus discuter, se défouler un bon coup et manger un morceau avant de retourner sur le piquet de grève. Elle s'est promis qu'une fois la situation revenue à la normale elle révélerait tout à sa mère, sachant qu'elle déteste les mensonges et les cachettes.

— Dans la vie, Anaïs, tu peux faire tout ce que tu veux, du moment que c'est au grand jour !

Aussi, à son retour, les histoires qu'elle doit inventer pour éviter la vérité lui pèsent. Elle a hâte de pouvoir raconter son aventure à sa mère. Un tournage, en anglais de surcroît, lui semble une prouesse ! D'autant plus que, là-bas, en dépit du petit rôle qu'elle a tenu, on n'a pas cessé de vanter son naturel, son assurance. Au point où le *director* s'est même enquis de son aisance à travailler en équipe et lui a promis de faire à nouveau appel à ses services. Avec la fin du conflit syndical et ses célébrations, Anaïs voit le temps venu de confesser son initiative et de révéler sa réussite, puis se couche en se promettant de tout avouer au plus vite.

Le lendemain, à l'aube, la sonnerie du téléphone fait sursauter tout le monde. Claude, s'apprêtant à partir pour le collège, est tenté de décrocher l'appareil pour que cessent ces contrariétés qui ont chamboulé leur vie ces derniers mois. Depuis décembre, comme la pression s'accentuait, l'atmosphère familiale était devenue plus pesante que jamais. Le téléphone sonnait sans arrêt à la maison, tenant Ariane au courant des moindres développements. On ne parlait plus que de cette satanée négociation. Si bien que le seul fait d'entendre cette sonnerie suffit à contrarier le jeune homme. Mais au moment où il va agripper le récepteur, Ariane prend l'appel.

— Ils veulent pénaliser tous ceux qui nous ont appuyés ! annonce Ariane, catastrophée et raccrochant avec colère.

— Bon, voilà que ça recommence…, murmure Claude en faisant claquer la porte derrière lui.

— La grève se poursuit !

Allongée dans son lit, Anaïs a tôt fait de comprendre qu'elle devra reporter ses confessions à un autre jour. C'est le branle-bas de combat : Ariane et Eugène s'habillent à la hâte. Le téléphone sonne sans arrêt. La voix de l'un et de l'autre résonne dans les couloirs. Seul Henri, au sommeil de plomb, parvient encore à dormir au milieu de ce tumulte.

Eugène n'affiche pas son découragement. Il sait les efforts et les sacrifices que cette grève a imposés à tous. Ariane s'est montrée remarquable au cours des derniers mois. Et si les dernières semaines ont été difficiles, elles ont eu le mérite d'éveiller en lui une combativité dont il ne se serait pas cru capable. Pour s'assurer quelque rentrée d'argent, il est même retourné chez les galeristes de la rue Sherbrooke, qu'il avait désertée depuis des années, et fort d'une confiance nouvelle il a vendu plusieurs toiles de sa période nordique. Sans les revenus inespérés de ces ventes, il aurait fallu se départir de la voiture, retirer les garçons du collège ou même reporter l'entrée à l'université prévue pour Anaïs. Grâce à sa démarche fructueuse, le pire a été évité. Il a offert un sursis aux membres de la famille. En se serrant la ceinture, ils parviendront à se débrouiller en espérant les beaux jours. Pour lui, c'est une victoire sur le passé qui présage bien pour l'avenir.

Le conflit semble interminable. Les pourparlers se multiplient. Les négociations achoppent sur une clause et, dans la nuit du 28 février 1959, le dialogue est rompu. Au matin, une marche symbolique est organisée pour protester contre l'attitude butée des dirigeants de Radio-Canada. Bien entendu, Ariane est du nombre, et lorsque la police s'engage à la suite des manifestants et cherche à les disperser, la cavalerie fonce sur la foule pacifique. Les injures fusent et, en réponse, les coups de matraque pleuvent sur les contestataires. Au milieu de la cohue, les têtes dirigeantes, dont Ariane Calvino, sont embarquées dans le fourgon cellulaire et conduites au poste de police. Eugène, pour la sortir de là, doit emprunter de l'argent au Dr Goldberg pour payer la caution.

Il faut attendre jusqu'au 9 mars 1959 pour qu'enfin les syndiqués se remettent au travail. La grève a duré près de soixante-dix jours. Après tout ce temps, Anaïs renonce à l'idée de raconter à Ariane son tournage à Toronto, d'autant plus que le réalisateur n'a pas tenu sa promesse de la rappeler. Et puis, elle a d'autres chats à fouetter, puisqu'elle prépare ses examens d'admission à la faculté de médecine de l'université Laval. Elle a pris sa décision tout récemment. Et s'est dit qu'elle l'annoncerait à sa mère une fois la grève achevée.

Les événements se bousculent. La veille, Anaïs a reçu une missive de son amie Lucille, qu'elle a beaucoup délaissée. Elle ouvre l'enveloppe et découvre un dessin : deux adolescentes qui se tiennent par la main. *Pauvre Lucille*, pense Anaïs, *depuis qu'elle habite sur la Rive-Sud de Montréal, on peut à peine se voir*. Elle éprouve de la tristesse de penser qu'il a fallu qu'Ariane insiste avec force pour détourner Colette de son idée de renvoyer sa fille à l'orphelinat.

Troublée par le message qui a les allures d'un appel à l'aide, elle demande à Eugène de l'accompagner à Longueuil, où vivent désormais les Lemyre. Par une impulsion absolument inhabituelle pour un mardi soir, Eugène accepte la balade, ravi de se changer les idées. Et les deux acolytes partent sans prévenir qui que ce soit.

Une fois devant la grande maison sombre, ils constatent qu'il leur aurait mieux valu téléphoner avant de quitter Outremont. Déçue mais connaissant bien la maison, Anaïs fait le tour de la bâtisse pour entrer par le jardin. Eugène la suit de loin.

Quand elle arrive devant la porte de la cuisine d'été, elle voit que le loquet n'a pas été fermé. Elle pousse la porte, souhaitant laisser sur la table un sac de bonbons et une carte pour son amie. En entrant dans la pièce, elle entend les rumeurs d'une foule. De loin, elle aperçoit le téléviseur du salon allumé. Avec les séries éliminatoires du hockey qui vont bon train, tout le monde suit celle entre les Canadiens et les Black Hawks. Intrigué par le bruit dans la cuisine, l'oncle Gaétan, debout devant l'appareil, se retourne sans remarquer sa présence. Il a la main à sa ceinture. Cette image anodine propulse Anaïs à l'extérieur de la maison. Obéissant à une force puissante et instinctive, elle court sans reprendre son souffle, passe devant Eugène sans le voir. Et lui, sidéré, reste en plan.

Chapitre 9

Anaïs perçoit une voix qui l'interpelle. Vaguement, elle distingue son prénom et quelques mots interrogatifs vite avalés par la tornade qui fait rage dans sa tête. Elle galope comme une bête folle. Elle s'engouffre dans la pénombre. La température plutôt froide de cette fin d'hiver ne l'incommode pas, ni le vent du soir qui fait des siennes. Le manteau détaché, grand ouvert, dévoilant sa robe d'un lainage léger au col échancré sur son buste, les pieds glacés dans ses bottes pointues, elle n'a rien pour affronter l'air glacé venu du fleuve, vers lequel, pourtant, elle se dirige tout droit. Son cerveau ne répond plus aux signaux d'alerte et de défense. Elle devrait rebrousser chemin. Mais son corps, tel un navire sans capitaine, va à la dérive, se laissant pousser par le souffle d'un désordre indomptable. Courant à en perdre haleine, elle quitte la rue jalonnée d'arbres protecteurs pour se retrouver à découvert. Traversant l'avenue sans regarder, elle file vers le nord, attirée par l'eau et ses berges, toutes proches. De l'autre côté des flots, les scintillements de la métropole l'appellent. En contre-jour, sur la lumière striée d'un jaune étincelant, l'ombre d'une jeune fille qui stoppe net devant le fleuve se dessine.

Dans cette banlieue sécurisante, un grand danger guette pourtant Anaïs. Celle-ci s'est arrêtée, bloquée par l'affluent qui limite le territoire. Inspirant et expirant en un mouvement saccadé, elle reste là, plantée sur cette plage très fréquentée en été mais déserte en ce temps de l'année, observant fixement les eaux glaciales et peu hospitalières. Engourdie, hypnotisée par le tourbillon répété, elle se voit plongeant avec rage et sillonnant les vagues jusqu'à y disparaître. Une part de son âme s'avance, alors qu'une autre résiste et la somme de revenir vers la terre ferme. Le clapotis régulier des barils heurtant le quai la rattache au réel, tandis que le fond sombre du fleuve l'envoûte…

Le geste de Gaétan et un détail dans son regard l'ont plongée dans une frayeur indescriptible. Revoir cet homme toujours en voyage, qu'elle a peu croisé, lui a donné un choc. Elle ne s'avoue pas les raisons de ce danger immense ressenti dans toutes les fibres de son être et qui la poussent à fuir. Elle fait quelques pas sans même sentir le liquide glacé mordre ses chevilles puis ses cuisses.

Le froid produit ses effets. De plus en plus engourdie, Anaïs se dit qu'il lui faut réagir, se tourner vers la vie, vers cet avenir qui l'attend quelque part. Elle doit bouger, s'éloigner du bord, reculer. *Maman, aide-moi !* Ces trois mots résonnent en écho dans son esprit. Le temps d'un éclair, elle a l'impression de marcher sur les flots, puis elle se détourne et, dans un sursaut de volonté, s'accroche à cette main invisible qui l'agrippe par-derrière et la force à se redresser. Ses pieds gelés semblent de plomb, et pourtant ils effectuent le mouvement de recul salutaire. Elle reprend le contrôle et fournit un effort surhumain pour renverser la situation.

À bout de forces, elle revient sur la rive, consciente d'avoir échappé de peu à une puissance mortelle.

Les phares d'une voiture illuminent la tache sombre où elle s'est écroulée. Elle relève lentement la tête vers la source lumineuse et sait qu'elle a gagné son combat. Ses dents claquent bruyamment tandis que son corps est secoué de spasmes et de tremblements.

Eugène laisse tourner le moteur, se précipite hors de la voiture et rejoint Anaïs en l'interpellant. Il saisit sa protégée par la taille, la soulève et la porte jusqu'à l'automobile. Non sans peine, il ouvre la portière arrière et allonge le corps transi sur le banc. Il se précipite vers le coffre, saisit une couverture de laine qu'il étend sur la jeune fille aux lèvres bleuies par le froid. Il la frictionne avec vigueur. Elle l'entend répéter, la voix brisée, comme pour se rassurer :

— Tout va bien, ma chérie. Ma chérie, tout va bien…

Il y a tellement d'angoisse dans sa voix et tant de désarroi devant son geste fou qu'elle a pitié de lui. Si elle pouvait parler, elle s'excuserait. Il lui faut un bon moment dans la chaleur du véhicule pour qu'elle surmonte sa torpeur, se réchauffe et trouve la force d'émettre quelques mots. La peine de cet homme pourtant viril l'émeut. Elle entrevoit ses épaules secouées par de gros sanglots.

— Ne pleure pas, cousin Eugène, murmure-t-elle en tournant son visage contre le siège de cuir odorant.

Qu'est-ce qui m'a pris ? pense-t-elle en s'abandonnant à l'épuisement.

Eugène conduit vers le restaurant le plus proche où il fait une entrée remarquée avec dans les bras une jeune fille emmitouflée comme une Berbère. Il commande une soupe chaude que l'adolescente lape à petites gorgées tandis qu'il défait ses bottes et lui frictionne les pieds et les mollets.

— Mon Dieu ! Tu es partie comme une folle ! Il a fallu que les voitures s'arrêtent pour te laisser passer. Tu as failli te faire tuer. Et causer un accident ! Tu m'as fait une de ces peurs ! Qu'est-ce qui s'est passé ? S'il avait fallu qu'il t'arrive quoi que ce soit, je ne me le serais pas pardonné.

Bouleversé, il respire avec une difficulté telle qu'il en arrache le col de sa chemise. Deux boutons sont projetés dans les airs. Une douleur l'étreint au thorax tandis qu'il cherche à reprendre son souffle. Il a mal dans tout son être autant que dans la poitrine. Quelques minutes passent. Il peut reprendre la discussion.

— Qu'est-ce qui t'a tant effrayée ?

— Il faut aller chez les Lemyre. Vite !

— Mais qu'est-ce qui te prend ? Tu es partie de là-bas en hurlant et, là, tu veux y retourner ?

— Lucille est en danger. Il faut la sortir de cette maison. Tout de suite. Elle ne doit pas rester là-bas. Et je ne peux pas aller la chercher toute seule.

— Une minute ! Je veux bien te croire, mais il faut que tu m'expliques, je te prie.

S'accrochant à elle, il la retient d'une main, mais Anaïs, dont les forces sont décuplées par une colère sourde, se met debout, l'empoigne par le bras et l'entraîne jusqu'à la voiture. Tandis qu'ils avancent, soudés l'un à l'autre, elle murmure tout bas :

— Lucille était avec son père sur le divan. Il était couché tout contre elle. Avec rien en bas et il la caressait.

Au regard qu'il lui retourne, elle sait la cible atteinte. Eugène assimile les propos qu'il entend, accuse le coup.

Quelque chose de terrible s'est produit. Lucille est mise en danger par son père adoptif ! Il repousse des scènes qui lui viennent en tête…

Eugène s'appuie un instant sur le volant de la voiture. De longues inspirations permettent à son cœur de se calmer. Il pousse la clé dans le contact et le moteur se remet en marche. Cherchant son chemin dans cette bourgade qu'il connaît mal, le véhicule parcourt la nuit. Dans l'habitacle, un silence de mort règne. Eugène tente non sans peine de recouvrer son calme, tandis qu'Anaïs tremble comme une feuille, en dépit de la veste d'homme et de la couverture posées sur ses épaules.

— Je crois que je me suis égaré, déclare-t-il tandis qu'elle, pour toute réponse, scrute l'obscurité et le somme de poursuivre leur route malgré tout.

Tournant en rond dans les rues, il met une demi-heure à retrouver ses repères. Il est tard quand la voiture s'immobilise devant la maison. Eugène a recouvré ses esprits et se sent d'attaque. Il a l'intention d'entrer pour tenter de voir ce qui s'y passe, quitte à échanger fermement avec Gaétan, d'homme à homme, et entendre ce qu'il trouvera à dire pour se défendre. Devant la confortable demeure des Lemyre, tout semble normal. Quelqu'un traverse le salon, s'assoit devant la télévision. *C'est lui !* pense Anaïs, rageuse.

— Pas un mot sur ce que je t'ai raconté, lance-t-elle sur un ton sans appel. Il ne m'a pas vue et il ne sait pas que je suis au courant. On fait exactement comme si nous avions eu l'idée d'une promenade en voiture. Je dirai que je viens chercher mon amie pour l'inviter à dormir à Outremont. Tout ce qui compte, c'est qu'on emmène Lucille avec nous.

— Il doit y avoir une explication. Tu as peut-être mal vu. On se trompe parfois... Si j'essayais de discuter avec lui ?

— Pour qu'il se venge ensuite sur Lucille ? Pas question.

— Mais tu es encore trempée, rétorque-t-il sans qu'elle l'entende.

Anaïs adopte un ton décidé, comme si quelqu'un d'autre prenait les commandes. Elle replace ses cheveux en bataille, défait les plis de sa robe et s'extirpe du véhicule. Elle ne ressent plus le froid. Elle fait quelques pas, puis, se rapprochant de cousin Eugène, agrippe sa main qu'elle serre très fort.

— J'ai peur.

— Reste dans la voiture si tu veux, je ramènerai Lucille.

— Je ne peux pas rester seule, répond-elle d'une voix blanche.

Ils décident de contourner l'entrée principale pour prendre le chemin de l'entrée de côté, réservée aux proches. Anaïs cogne deux coups rapides. Elle aperçoit Gaétan de loin, délaissant de nouveau le hockey pour venir répondre. Il ouvre la porte et leur adresse un grand sourire dès qu'il les aperçoit. Il se montre courtois, semble heureux de cette visite surprise, d'autant plus qu'il se trouve seul à la maison. Inébranlable, fermée à tout échange aimable, Anaïs annonce fermement qu'elle est venue quérir Lucille et ne repartira pas sans elle. Il n'a pas le temps de répondre que, déjà, elle se dirige tout droit vers la chambre de son amie. Entraîné par Eugène, Gaétan, qui n'y comprend rien, gagne le salon avec en main un verre de boisson gazeuse.

Une fois dans la chambre de Lucille, Anaïs ne prend pas le temps d'admirer la nouvelle décoration réalisée par Colette. Elle se dirige presque en courant vers le lit défait. À sa grande surprise, elle constate que personne n'y est couché et que la pièce est vide.

— Lucille ! Lucille ! crie Anaïs, éperdue.

— Lucille est en Floride avec son frère et sa mère, annonce Eugène, désolé. Gaétan vient de me l'annoncer : ils sont là-bas depuis quelques jours…

Rentrée tôt après un enregistrement particulièrement rapide, Ariane trouve la maison vide. Elle se concocte un souper en vitesse et se fait couler un bain. Immergée dans sa baignoire, elle ouvre le roman *Agaguk*, écrit par son ami et camarade de travail Yves Thériault. Elle s'est promis de lire cet ouvrage encensé partout et récompensé du Grand Prix de la Province de Québec. Elle qui avait tant lu dans sa jeunesse avait dû renoncer à ce privilège, avec trois enfants à élever et Marcel à soigner. Mais depuis un certain temps, les choses ont changé. Elle constate avec délectation qu'il lui arrive de plus en plus souvent de disposer de moments libres qu'elle peut consacrer à son loisir favori. Aussi s'autorise-t-elle cette liberté et prend-elle le temps de se prélasser dans son bain. Elle s'accorde une bonne heure de détente, captivée par l'histoire de cet Inuit, de son combat contre lui-même et de sa vie tellement rude dans le Grand Nord. Se superpose à celle du narrateur la voix d'Eugène lui relatant la sauvagerie de ces terres arides qu'il a appris à aimer. L'ouvrage dans les mains, tandis que les mots défilent, elle se surprend à se repasser le film de sa rencontre à Paris avec son amour et à éprouver cette attirance intense, encore et toujours tellement vivante. Eugène lui inspire le goût de la liberté, de l'amour sans attaches. Et elle ne regrette rien de sa décision de cohabiter avec cet amant fougueux, son éternel fiancé.

La porte d'entrée s'ouvre avec fracas. Dans le hall, la photo des sœurs Calvino, alignées par ordre de grandeur, dos à la petite maison bleue, devant la rivière du Nord, se décroche du mur sous le choc et atterrit sur les dalles de marbre. La vitre vole en éclats. Au cri entendu, Ariane émerge de la baignoire, saisit son peignoir et se couvre. Elle met quelques instants à reprendre contact avec la réalité. Qui hurle ainsi ? Elle s'empresse de glisser ses pieds dans des pantoufles et sort de la salle de bains.

« Tu ne me crois pas ! Dis-le ! » entend-elle Anaïs hurler.

Elle accélère le pas et passe proche de tomber dans l'escalier.

« Je te déteste ! »

Contrairement à ce qui se passe chez les Lepage, au même moment, chez les Robert, la fin de soirée s'annonce beaucoup plus joyeuse. Tante Louise revient euphorique de sa partie de bridge et tient des billets qu'elle agite en signe de victoire.

— Grace me les a vendus ! Moitié prix. J'en ai un pour toi, annonce-t-elle, fébrile, tout en posant les deux tickets sur la table de la cuisine sous le nez de son neveu.

James pose sa guitare, ravi. Il adore cette femme qui se priverait de manger pour assister à une pièce de théâtre. Depuis l'ouverture du théâtre de la Comédie-Canadienne, en 1957, elle rogne sur tout pour leur acheter des places, à tous les deux.

— Ça a pour titre *Maître Aristide Branchaud* et c'est une pièce de Guy Fournier. J'ai tellement hâte de la voir !

— Moi aussi, dit-il d'un ton faux et manquant d'enthousiasme.

— Ça n'a pas l'air de te faire plaisir, bizarrement, rétorque-t-elle avec un brin de moquerie.

— Mon père m'a téléphoné. Comme d'habitude, il s'inquiète. Depuis la grève à Radio-Canada, il pense que c'est dangereux pour moi de vivre ici. Il exige de connaître la date de mon retour à Toronto.

— Je me doutais bien… Tu as ta face des mauvais jours. Et tu lui as répondu quoi ?

— Que je reviendrais après mes examens à McGill. Mais je suis resté tellement vague… Il a compris que j'essayais de gagner du temps, dit le garçon, désolé et mal à l'aise.

— Arrête de jouer au chat et à la souris avec lui, James ! Tu lui as promis que tu irais le seconder à l'usine. Il compte sur toi !

— Je sais. Le problème, c'est que je n'aurais pas dû accepter son offre. Je ne veux pas travailler dans la fabrication de chaussures. Je n'ai aucun talent pour ça.

— Tu seras de retour en septembre ! Un été, c'est vite passé.

— Pas quand on est amoureux, ma tante, pas quand on est amoureux…

Louise ne s'est pas méfiée des sentiments qu'une tante pouvait éprouver pour un neveu à la personnalité si particulière et avec lequel elle a tant d'affinités : ce garçon qu'elle a hébergé pour rendre service à sa sœur et à son beau-frère, et à qui elle a transmis sa passion pour le théâtre, a pris une place immense dans son cœur. En trois ans, cet être passionné et avide d'apprendre est devenu plus qu'un fils.

— Je vais demander à Anaïs si elle veut qu'on se marie, annonce-t-il, décidé.

— N'agis pas sur un coup de tête, rétorque-t-elle en tentant de cacher son émotion profonde, et n'obéis pas à la peur. Si cette jeune fille t'aime vraiment, elle sera encore là pour toi, même si tu pars quelques mois…

La vérité, c'est qu'elle s'efforce d'assimiler cette nouvelle à laquelle elle aurait dû s'attendre et qui la prend de court. Comme si elle perdait son petit…

— Ça fait des mois que j'y pense.

— Tu devrais discuter de ton projet avec tes parents…

— Pour obtenir leur permission ? Tu rêves ? À leurs yeux, je ne serai jamais assez vieux pour me marier.

Très tard dans la soirée, Anaïs s'est enfin endormie, laissant sa mère en plein désarroi, faisant les cent pas comme une lionne en cage dans le salon en compagnie d'Eugène.

— Elle semble tellement convaincue ! Es-tu bien certain que Lucille ne se trouvait pas là ?

— Nous sommes restés un long moment cachés dans la voiture, à une certaine distance de la maison, pour tenter de déceler quelque indice qui aurait pu lui donner raison. D'où on se trouvait, on voyait très bien ce qui se passait à l'intérieur. Pas l'ombre d'une Lucille rentrant chez elle après s'être cachée, comme le prétendait Anaïs, répond-il, tout aussi désorienté qu'elle. Gaétan est resté dans son salon, seul, jusqu'à la fin de la soirée.

— Tu crois qu'elle a tout inventé ?

— Je ne sais pas. Elle semble si sûre d'elle. Même si son histoire ne tient pas debout.

Dans un état affreux, Ariane oscille entre la colère et le doute. Sa fille, toujours sérieuse et raisonnable, lui est apparue méconnaissable, transformée par une panique sans fondements logiques apparents.

— Calmons-nous. Réfléchissons à ce que nous devons faire…

Eugène revient sur la conversation qu'il a eue dans la voiture avec Anaïs alors qu'elle a relaté le souvenir de ce qui avait toutes les apparences d'un viol. La jeune fille s'était libérée d'un coup, puis quand il s'était mis à la questionner, elle s'était refermée comme une huître, se montrant subitement avare de détails. La seule évocation des comportements incorrects la plongeait dans une confusion telle qu'il en avait eu pitié et avait cessé son interrogatoire. La pauvre tremblait de tous ses membres, emmurée dans le silence.

— Le problème, c'est que la victime ne se trouvait pas sur les lieux du crime au moment où celui-ci se serait déroulé…

— Est-il possible qu'elle joue la comédie ? J'avais l'impression de revoir Hortense, cette petite fille maltraitée qu'elle a interprétée à la télévision il y a plusieurs années.

Pour toute réponse, Eugène, chagriné, se contente de hausser les épaules. Alors qu'il croyait si bien la comprendre, il doit admettre que la fille d'Ariane lui échappe complètement.

Au matin, après avoir dormi d'un sommeil de plomb, Anaïs se lève tôt pour étudier et fait exactement comme s'il ne s'était rien passé. L'angoisse qu'elle sent en permanence dans sa poitrine est redevenue supportable. Tandis qu'elle descend l'escalier et parcourt le long couloir qui la mène à la cuisine où elle va déjeuner, elle chantonne, bien décidée à reprendre le cours de son existence. Elle rejoint sa mère affairée à cuire des crêpes, pose un baiser sur chacune de ses joues, salue Eugène, qui rapidement amène la conversation sur les événements de la veille, revient avec ses questions, souligne l'incohérence de la situation…

— Lucille est en Floride. Il faut que tu aies mal vu. Peut-être était-ce quelqu'un d'autre ?

Pour toute réponse, Anaïs hausse les épaules et se concentre sur son déjeuner. Elle a cru que sa mère adhérerait à son histoire sans conditions. Mais le doute qu'elle décèle dans le regard d'Ariane lui fait plus mal que l'eau glacée de la veille. Paralysée, impuissante, elle flotte au-dessus de son corps. Ça n'est pas la première fois que cette sensation lui vient. Devant elle, elle voit deux adultes maladroits et en détresse. Loin de la secourir, ils lui transmettent leur peur et leur incrédulité.

— Cousin Eugène, je me suis trompée, hier, chez les Lemyre, laisse-t-elle tomber d'une voix douce. J'ai cru qu'il y avait quelqu'un mais il n'y avait personne. Je ne sais pas pourquoi j'ai raconté tout ça.

Elle lit clairement un trait de soulagement sur le visage de sa mère. Elle a trouvé une issue et se sent moins oppressée.

— Lucille est en Floride avec Colette, mon histoire n'a pas de sens ! lance-t-elle dans un rire nerveux. Excusez-moi. Je suis fatiguée en ce moment. La préparation de mes examens m'a exténuée. Je me suis imaginé tout ça…

— On ne prétend pas des choses pareilles sans preuves… C'est très grave, tu sais. Il ne faut pas semer de doutes à propos de l'oncle Gaétan, car cela pourrait avoir des conséquences très importantes, décrète Ariane en posant un regard lourd sur sa fille.

— Pourquoi t'es-tu sauvée en courant ? demande Eugène, désarçonné par la volte-face.

— Je ne sais pas ! J'ai paniqué quand le mari de Colette s'est retourné. Par crainte de me faire voir, je me suis sauvée sans faire de bruit. J'ai couru droit devant moi sans m'arrêter. Je ne sais pas ce qui m'a pris.

Le silence qui suit sa confession la trouble. Clairement, on ne la comprend pas. Elle-même ne sait plus très bien, au juste, ce qui s'est produit pour déclencher une telle réaction. Eugène, de sa voix toujours égale, se dit plus rassuré, suggère de laisser retomber la poussière, propose qu'on reparle de tout cela plus calmement une autre fois, quand Anaïs sera en meilleure forme. Ariane acquiesce, enlace sa fille, lui fait promettre de prendre du repos. Tout s'embrouille dans la tête d'Anaïs. Quel sentiment étrange que ce doute grandissant ! Et cette honte…

Anaïs aperçoit James, qui l'attend au coin de la rue. Elle voit son sourire rayonnant, remarque ses épaules carrées et pense qu'en dépit de son extrême maigreur il lui plaît. James n'a pas cette rudesse masculine qu'ont les autres garçons, leur côté affranchi et affirmé. Il est doux et se contente de l'embrasser sans chercher à pousser plus loin ses caresses. Souvent, il compose pour elle des chansons d'amour ou des poèmes qu'il entonne avec de la timidité dans la voix. Il s'exprime dans un français parfait, mais son accent, léger, aromatise la poésie qu'il lui dédie. Jamais il ne la questionne, ne la bouscule, ne doute d'elle ou de l'amour qu'il lui porte. Elle n'est pas sa chose. Il ne peut pas vivre si elle n'est pas là, et le lui répète sans cesse, mais il souhaite aussi qu'elle se sente libre et heureuse. Elle glisse sa main dans la sienne. Ce geste la réconforte. Elle a envie de s'en remettre à lui, de se laisser porter, de le suivre…

— Partons au théâtre, tu veux bien ? Ma tante a un empêchement ce soir.

Un soupçon de mystère dans la voix du jeune homme retient son attention. Avant qu'elle ait le temps de répondre quoi que ce soit, il ajoute :

— Je t'invite au restaurant. J'ai quelque chose à te demander.

Elle devine tout de suite ce qu'il va lui proposer. Et elle a déjà hâte du moment où elle lui répondra oui…

C'est en autobus, le moyen de transport le plus économique, qu'ils quittent Montréal et parcourent les quelque cinq cent cinquante kilomètres les séparant de la ville de Toronto. Les tourtereaux se tiennent serrés l'un contre l'autre, s'émerveillant du paysage, avec la venue de l'été 1959.

Une dame âgée, quelques bancs derrière eux dans le bus, ne se lasse pas d'observer cette belle jeunesse. Lui, à la peau très pâle, aux cheveux gonflés par l'humidité, affiche un regard bleu limpide et rêveur. Il parle peu mais réagit vivement aux mots de sa douce, prenant à tout moment des notes dans un calepin fripé et chantonnant les paroles d'un air tendre. Il saisit la main de son amoureuse, y porte un baiser, puis se remet à écrire. Elle, avec sa chevelure tombant en boucles naturelles et très blondes sur ses épaules, fait tourner les têtes. Inconsciente de sa beauté, elle en a d'autant plus de charme. Elle sourit facilement, dégageant une impression de bonheur autant que d'innocence.

La vieille dame ne s'y trompe pas, Anaïs exulte ! Elle a tout laissé derrière elle : les examens de fin d'année, son avenir et ses études de médecine. Tout ! Avec l'aide de James, elle a rédigé une missive, la moins larmoyante possible, annonçant à Ariane les décisions prises. Comme elle est à quelques semaines de ses dix-huit ans, elle estime que plus personne n'a le droit ou le pouvoir de l'empêcher de vivre sa vie.

— *Toronto, here I come*[1] *!* Dans tes bras, Ville reine, je vais devenir une grande comédienne. Je te le promets.

— Je n'ai aucun doute là-dessus.

— Mais pour commencer, il faut que je change mon nom. Que dis-tu de Amy Page ?

— Et bientôt Amy Robert !

— Je voudrais garder Page. À la mémoire de Marcel, là-haut…

1. Toronto, me voici !

Pas une seconde elle ne pense au chagrin qu'elle causera à sa mère lorsque celle-ci apprendra que sa petite protégée, profitant du fait que son adoption n'a jamais été officialisée et qu'Ariane n'a aucun recours légal pour empêcher cette union, a quitté la province de Québec pour aller se marier avec un prétendant qu'elle connaît à peine. En plus, Anaïs compte habiter en Ontario, chez ses futurs beaux-parents, des gens qu'elle n'a que très peu vus. La jeune fille refuse de se sentir coupable, d'entretenir des remords et des pensées sombres. Elle se concentre plutôt sur les démarches à entreprendre une fois qu'elle sera dans la capitale de la province ontarienne. Une nouvelle vie s'annonce pour elle.

— Pour la radio et la télévision, je cognerai au Canadian Broadcasting Centre. Pour le cinéma, je devrai me rendre à Trenton. Le réalisateur de mon premier film y travaille. Je me rappellerai à lui.

— Et puis il y a le National Film Board… Je t'y accompagnerai. Peut-être cherchent-ils aussi des compositeurs…, suggère James.

— Comment ai-je pu penser sérieusement que je pourrais devenir médecin ? lance-t-elle en posant un baiser sur le nez de son amoureux.

— Nos familles nous forcent parfois à accomplir des choses qui n'ont rien à voir avec notre vraie nature, répond-il en songeant à ce qu'il doit annoncer à son propre père, dans quelques heures à peine.

— Ne t'en fais pas trop. Tout va bien aller, lui répond-elle sur un ton enjoué tout en lui donnant un autre baiser, cette fois-ci sur l'oreille. Et puis tu n'es plus seul pour affronter ton père. Je suis avec toi. Tout le temps.

Elle dit vrai : Anaïs lit dans ses pensées. Du moins, il en a souvent l'impression. Ainsi, au moment même où il entonne mentalement les paroles de *L'Eau vive*, la magnifique chanson de Guy Béart, il l'entend chanter d'une voix juste :

Ma petite est comme l'eau, elle est comme l'eau vive
Elle court comme un ruisseau, que les enfants poursuivent
Courez, courez vite si vous le pouvez
Jamais, jamais vous ne la rattraperez.

Ce genre de coïncidence se produit très souvent avec elle. Ça ne relève plus du hasard. Anaïs est son âme sœur, sa muse. Depuis qu'il la fréquente, il a écrit des centaines et des centaines de strophes et en a mis plusieurs en musique. Elle l'inspire et lui donne le goût de se dépasser. Ensemble, ils iront loin. Il ne peut qu'y croire.

Anaïs pose sa tête sur l'épaule de son futur mari. Elle se sent libérée et heureuse comme elle ne l'a pas été depuis plusieurs années. Elle entend profiter de cette chance qu'elle se donne d'avoir une seconde vie.

Le père de James avait dix ans quand il a quitté Londres, par bateau, en compagnie de son jeune frère Harry. Immigrés à Montréal tout juste avant la guerre, en 1913, les deux frères ont été recueillis par leur tante. Ils n'ont jamais revu ni père ni mère, qui ont péri dans un bombardement. Ces débuts tragiques dont il ne s'est jamais remis ont fait de Julian Robert un travailleur acharné. Il n'avait pas de temps à perdre dans la vie : il n'avait d'autre choix que de réussir, sans le secours de personne. Entrepreneur dans l'âme et intéressé par le commerce, il a été embauché, dès qu'il en a atteint l'âge, dans une entreprise de confection de chaussures. Si la Grande Guerre lui a pris ses parents, la Seconde Guerre mondiale lui a apporté la richesse. Après avoir déménagé à Toronto, se rapprochant du centre économique du pays, il est devenu prospère grâce à la confection de bottes militaires et de chaussures pour les hôpitaux. Il a su faire fructifier ses acquis, diversifier son offre et ses marchés, investir ses profits dans l'immobilier. Après trente ans d'efforts acharnés, il vaut désormais une fortune. Fier de sa réussite et de ce qu'il laissera à sa descendance, un petit empire, il compte sur son fils unique pour assumer sa succession. Il se réjouit aussi du fait que James assurera sa relève à la tête de son entreprise, refusant de voir que son enfant n'a aucune des qualités requises.

— Julian est un homme de principes. C'est la raison qui le mène, jamais les sentiments, a prévenu tante Louise devant les espoirs démesurés de son neveu.

— Il devra comprendre et accepter que je change mes plans, a conclu le jeune homme, déterminé. Tous mes plans !

Alors qu'il n'en a pas soufflé mot auparavant, James entreprend de révéler à son aimée un des pans de son passé. Au début de son adolescence, il a fréquenté Judith Newman, une amie d'enfance, la fille de l'associé de son paternel. Leurs parents respectifs poussaient fort pour que la relation se concrétise par une union officielle, ce à quoi les deux amoureux ont fini par consentir.

— Mais ce mariage ne pourra plus se faire. J'ai écrit à mon père pour préparer le terrain, déclare-t-il à Anaïs avec une assurance feinte dans la voix. Et je le lui répéterai dès notre arrivée.

James cache difficilement à Anaïs à quel point il est terrifié à l'idée d'affronter cet homme imposant, autoritaire, avec lequel il a si peu de choses en commun.

— Et alors ? Comment a-t-il réagi à ta lettre ?

— Il a semblé vouloir respecter ma décision, mais il a prétendu souhaiter discuter de ma situation en tête à tête.

— Tu lui as bien dit que je t'accompagnais ?

— Oui, oui, il est au courant...

Comme si le chapitre était clos, James détourne le regard vers le paysage aperçu au travers de la fenêtre de l'autobus, dissimulant ses inquiétudes et ses doutes devant une réaction empreinte d'ouverture, mais tellement contraire à la nature de son parent.

— Mais ça change tout ! Tu aurais dû m'en toucher un mot avant notre départ. Si ça se passe mal ? S'il refuse de nous loger ?

— Cesse de t'en faire, Anaïs. Mon père acceptera, je te le promets.

Anaïs ne demande pas mieux que de lui faire confiance. L'avenir ne peut que lui sourire. Mais cette révélation inopinée a réussi à la troubler : son compagnon la déçoit dans ce qui lui semble un manque de jugement de sa part, et sa belle confiance du départ s'en trouve assombrie. Elle ne se sent plus attendue.

Ils descendent de l'autobus courbaturés. Le voyage a duré plus de neuf heures, une crevaison les ayant beaucoup ralentis. Ils décident de prendre un taxi pour se rendre à leur destination.

C'est une fois dans la rue Yonge, quand elle s'engage dans le quartier appelé The Annex, que la jeune fille comprend que James n'a rien exagéré alors qu'il décrivait la richesse familiale. Sise rue Barthurst, la maison des Robert a des airs de château miniature. Construite de brique rouge et de pierre de taille, avec une tourelle à l'avant, la demeure adopte un style qu'Anaïs n'a jamais vu ailleurs. Impressionnée par une opulence à laquelle elle ne s'attendait pas, elle saisit la main de son cavalier.

— Attends, mon jupon dépasse, lui lance-t-elle, soucieuse de faire bonne impression, au moment où il presse sur le bouton de la sonnette d'entrée.

D'un geste brusque, elle replace sa jupe et dessine son plus beau sourire.

Au début de ce même après-midi, Ariane glisse, dans une interview radio à un ami journaliste, que les succès professionnels ne valent rien au regard de la réussite de sa vie de famille. Elle, qui a prôné et défendu l'égalité des femmes sur toutes les tribunes et qui a milité pour le droit à leur éducation, va avoir une fille médecin ! L'un des personnages de sa prochaine série dramatique sera d'ailleurs inspiré de cette histoire réelle, confie l'auteur, à ses côtés.

Eugène éteint l'appareil. Il n'en peut plus. Il lit et relit la missive laissée par Anaïs pour eux deux, car son nom est bien indiqué sur l'enveloppe, au côté de celui de son aimée. Il ne comprend pas ce qui a pu traverser l'esprit de cette jeune fille si prometteuse et intelligente pour qu'elle jette aux poubelles tant de labeur et d'espoirs. Il ne veut pas penser à la réaction qu'aura Ariane lorsqu'elle parcourra à son tour cette lettre implacable, composée de quelques mots manifestement rédigés à la hâte. Il se sent floué. Complètement.

— Cette enfant n'est pas de moi, je ne suis même pas de sa famille, et pourtant c'est elle qui fait ma plus grande fierté ! répétait-il souvent à Ariane au sujet d'Anaïs.

Et voilà que celle-ci a tout quitté pour pratiquer le métier d'actrice, risquant le tout pour le tout, tentant sa chance à Toronto ! Elle pousse même l'affront jusqu'à demander que le petit piano, celui qu'Agathe lui a acheté autrefois, lui soit livré lorsqu'elle aura une adresse. *Ma mère serait heureuse de me savoir sur ma voie, avec l'homme que j'aime ! J'espère qu'un jour vous me pardonnerez et me comprendrez enfin !*

Il ne reconnaît pas celle qu'il a rencontrée à la fin de l'enfance, qu'il a suivie partout, accompagnée comme une ombre et protégée comme un père l'aurait fait. Cette jeune femme s'enfuit de ce foyer où il la croyait heureuse. Il tombe des nues.

D'autant plus que, récemment, il a vu ce film, dans un cinéma de l'ouest, où sa chère petite dévoilait à l'écran une partie de son ventre et la moitié d'un sein. Anaïs n'a jamais touché un seul mot de ce tournage ! Comment s'y est-elle prise pour disparaître sans que personne s'en rende compte ? A-t-elle été assez naïve pour croire qu'aucun membre de sa famille ne verrait un jour ces images ? Ça n'est pas tant son corps à peine pubère sur l'écran qui lui a fait mal que ce regard, ce besoin de séduire qui l'emporte sur tout, comme une tornade, qui lui a coupé le souffle. Il a mal. Et il n'ose pas penser à la tempête que tout cela soulèvera en Ariane…

Eugène s'approche du bar et ouvre les portes du meuble de noyer. Il saisit une bouteille de scotch, ce vieil ami. Plus qu'un chagrin, il éprouve un vide. Il porte le goulot à ses narines. L'odeur le réconforte.

Chapitre 10

La maison des Robert regorge de recoins mansardés. Aux étages, on peut s'installer tout près d'une fenêtre, pour lire ou simplement suivre le va-et-vient des passants dans la rue. Seuls les couloirs vont en ligne droite ! À l'image de leur demeure, faite de brique rouge et aux formes opulentes, les parents de James accueillent la nouvelle venue avec une générosité et une chaleur étonnantes pour ce qui semblait s'annoncer mal au départ. Julian et Denise lui ouvrent grand leurs bras et leur maison, ce qui invite la jeune Calvino à la confiance. Anaïs, tout de suite, se sent en sécurité, en dépit du complet dépaysement éprouvé alors qu'elle se sépare pour la première fois de sa famille. On l'accueille sans réserve.

— Appelez-moi Nini. Le voyage a été long ! Quel plaisir de vous revoir, énonce l'hôtesse avec beaucoup de raffinement dans les manières et en s'efforçant de parler un français pointu.

— Bienvenue, mam'selle, renchérit M. Robert avec un accent montréalais qui a l'heur de surprendre son invitée.

Remarquant l'étonnement de la jeune fille, l'hôte explique qu'il a vécu à Montréal avant de s'établir ici. D'emblée, il relate son arrivée au Canada, encore enfant, en compagnie de son frère. Ce dernier ne l'a pas suivi, plusieurs années plus tard.

— Il est resté au Québec pour épouser Louise, ma belle-sœur. Et c'est à leur mariage que j'ai rencontré ma Denise, qui m'a accompagné à Toronto pour mes affaires.

— Les deux frères sont tombés amoureux des deux sœurs, lance Anaïs en souriant.

— Mon père adore raconter cette histoire. Il la trouve amusante, ajoute James, toujours un peu ironique lorsqu'il est question de sa famille.

James enfile des chaussons mis à la disposition des visiteurs, à l'entrée, et Anaïs l'imite. Émergeant de ses élégants souliers rouges, elle plonge ses pieds dans des savates de feutre gris. Disposée à se conformer aux us et coutumes de sa future belle-famille, la nouvelle venue suit le cortège qui se met en branle pour avancer vers le cœur du logis, traversant un couloir bordé d'une quantité de pièces aux fonctions difficiles à définir, jusqu'à la salle à manger. C'est là que les Robert prennent leurs aises. James, qui retrouve le lieu des repas partagés où le poids de l'autorité pèse lourd, a la gorge qui se serre.

Une quantité impressionnante de plats a été déposée sur la table, juste sous le lustre en cristal de Bohême. Un repas plantureux les attend : salade de betteraves, œufs mimosa, tomates farcies, tarte à la dinde et pâtés au thon. Cuisinière hors pair, Nini s'est surpassée. La table, surchargée d'odeurs, de couleurs et de saveurs, invite à la fête et aux retrouvailles.

Anaïs ne retrouve ni le beurre, ni la crème, ni les épices provençales de chez elle, mais le plaisir de la découverte compense largement. En dépit des goûts, des fumets et des manières, elle se sent comme chez elle lors d'un de ces soirs de célébration de quelque événement heureux. Elle répond aux questions avec politesse, décidée à montrer sa bonne volonté. Son pouvoir de séduction opère. Si bien qu'après qu'elle a raconté les péripéties du voyage, papoté au sujet de sa propre famille, énoncé les prix et les succès remportés par James à l'université McGill, ce sont des parents ravis qui annoncent la fin du repas, moment auquel Anaïs, morte de fatigue, avait cru qu'elle ne parviendrait jamais.

L'invitée est conduite dans ses quartiers, à l'étage, du côté de la tourelle. Elle doit surmonter sa déception lorsqu'elle comprend que James logera à l'extrême opposé de la maison, occupant la chambre de son enfance, jouxtant celle de ses parents. Ceux-ci, après lui avoir souhaité bonne nuit et s'être assurés qu'elle ne manquait de rien, referment la porte sur elle. Anaïs aurait préféré passer quelques heures avec son ami, lui confier ses premières impressions. Mais elle est trop épuisée pour protester, d'autant plus que son complice semble se soumettre à la décision parentale. De plus, elle conçoit qu'après toute une année de séparation la famille éprouve un besoin d'intimité.

Anaïs glisse donc ses deux valises au pied de sa couche, s'assied et s'abandonne au confort de sa nouvelle chambrette. Sur les murs, un papier peint de roses imposantes, rouges et blanches, couvre la superficie entière des murs. Pas un pouce carré n'échappe au revêtement mural fleuri, rougeoyant et tourbillonnant de pétales. Le couvre-lit assorti aux tentures comporte lui aussi un motif floral de gerbes réalistes omniprésentes.

C'est plus fort qu'elle, une odeur lui vient immédiatement en tête, celle du parfum de sa grand-mère, Alice, et de ses jardins de contes de fées. Elle éclate de rire lorsqu'elle aperçoit sur la commode un bouquet de roses fraîchement coupées disposées dans un vase, également fleuri, aux teintes orangées et vermillon. Accrochée derrière la porte du placard, une robe de chambre, probablement cousue à même les retailles des rideaux, l'attend. Elle se dénude puis enfile sa propre chemise de nuit, amusée de constater qu'elle est ornée elle aussi de petites fleurs sur fond vert menthe. Loin de s'en trouver agacée, elle interprète cette surabondance florale comme un bon présage. À peine se glisse-t-elle entre les draps que ses paupières, alourdies par un voyage éreintant, se referment. Elle s'endort du sommeil du juste.

Vers minuit, Nini Robert ouvre délicatement la porte de la chambre d'Anaïs et se glisse jusqu'à la couchette. D'un geste tendre, elle borde la jeune fille en prenant soin de ne pas la réveiller. Elle éteint la lampe de chevet et repart tel un ange bienveillant.

Au même moment, James se retourne dans son lit, n'arrivant pas à trouver le sommeil. Pourtant exténué, il est incapable de dominer ce sentiment d'oppression qui le gagne. Il respire mal. La mièvrerie de sa mère à l'égard d'Anaïs l'inquiète et le calme de son père l'indispose tout autant. Avec ses parents, il se méfie, car une attitude peut en cacher une autre, généralement à l'opposé… Décoder et capter les indices de danger font partie du nécessaire de survie, dans sa famille. Julian Robert a survécu à la guerre, à la déportation, à la solitude, et cela fait de lui un combattant redoutable avec ses proches autant qu'avec les inconnus. Son fils se demande s'il trouvera la force de l'affronter tout en préservant Anaïs. Il ne sait plus s'il a bien fait de revenir dans l'antre du loup, et surtout s'il n'aurait pas dû en protéger celle qu'il aime…

Attablé un peu en retrait, le long du petit étang abrité, Eugène admire les canards nageant regroupés et virevoltant d'un seul coup de leurs pattes palmées. Le jardin du Ritz offre à ses clients internationaux, ces gens riches parmi lesquels il y a des célébrités, une expérience unique puisque les tables sont disposées autour du plan d'eau. Les colverts mâles, avec leur tête vert Empire, leur collier blanc et leur buste foncé, sillonnent l'étendue miroitante, affichant un calme olympien et dissimulant tout des efforts à fournir pour parvenir à se propulser. Pendant un court instant, les volatiles lui font penser à Gaétan Lemyre, trônant sur son siège et tellement sûr de lui.

— Bientôt, ce sera terminé. Le 30 août 1959, on mettra fin à la circulation des tramways. Le dernier passera sur le boulevard Rosemont. C'est écrit noir sur blanc dans *Le Petit Journal*. Je ne comprends pas qu'ils veuillent arrêter ça. Les autobus, c'est pas de service ! Remarque que moi, j'ai ma voiture, alors je ne peux pas me plaindre…

Eugène suit l'homme dans ses monologues, déblatérant sans arrêt sur tout et sur rien, stoppant tout juste le temps de reprendre son souffle, puis repartant, pour discourir à propos de n'importe quoi. Eugène se contente d'acquiescer, cherchant à amadouer son interlocuteur. Il a eu l'idée de cette rencontre après avoir mille fois lu la lettre où Anaïs annonçait son départ. Une intuition s'est imposée : cette fugue impromptue a un lien avec cette fameuse vision de Lemyre violant sa fille, vision complètement reniée par la suite. Cette volte-face étrange lui a laissé un goût amer et lui a donné envie d'approfondir les raisons du mensonge de sa belle-fille. De toute évidence, il n'obtiendra rien d'autre que les secrets de la cuisson des steaks en plein air ou encore les détails de l'évolution des travaux de réfection du chalet dans les Laurentides. Astucieux comme un renard, Gaétan évite de s'aventurer en terrain miné, devinant tous les pièges, esquivant systématiquement les questions relatives à Lucille. Mais il le fait tant et si bien qu'à la fin d'un repas pourtant jovial et distrayant Eugène est persuadé que l'homme n'est pas net, que sous ses airs trop confiants se cachent de grandes zones d'ombre.

Ariane raccroche le récepteur, soulagée par la longue discussion qu'elle vient d'avoir avec cet homme charmant qu'est le père de James Robert. Ayant contacté Harry Robert à Montréal, elle a pu obtenir sans difficulté les coordonnées de la branche torontoise de la famille. Et après sa conversation, elle a la certitude que sa fille habite bien chez ces gens et qu'elle se trouve en sécurité. Après avoir été instruit des circonstances du départ des deux tourtereaux, M. Robert a proposé de prendre officieusement Anaïs en pension chez lui, histoire de laisser la poussière retomber :

— Ne nourrissons pas la flamme de l'interdit. Laissons le temps faire son œuvre.

Selon lui, cette aventure n'est qu'une toquade, comme cela arrive souvent aux jeunes gens encore trop impétueux.

— Pas plus que vous je ne souhaite que nos enfants se marient, madame Calvino. Mais quelque chose me dit que plus nous nous opposerons à leur projet et plus nos rejetons s'entêteront à le réaliser. Montrons-nous conciliants et évitons de nourrir la résistance, suggère l'homme avec beaucoup de sagesse dans la voix.

Le discours, empreint de calme, offre tout ce qu'il y a de plus rassurant, tant sur le plan des valeurs morales que sur celui du confort matériel dans lequel Anaïs pourra vivre. Aussi Ariane acquiesce-t-elle à l'idée de plier pour un temps aux volontés de sa rebelle. Elle veut bien laisser passer quelques semaines, espérant que la fin de l'automne lui ramènera sa fille. *Quelque temps loin de la maison donne souvent l'occasion d'apprécier ce dont on se trouve privé.* La mère fait le pari qu'elle retrouvera Anaïs pour Noël, mieux disposée et prête à reprendre ses études. *Et puis un séjour dans la ville de Toronto lui offre une bonne occasion de peaufiner sa connaissance de l'anglais*, pense-t-elle pour se convaincre d'un aspect positif supplémentaire de cette aventure. Bien placée pour comprendre la force d'un grand amour et tout de même impressionnée par le courage dont fait preuve sa protégée, Ariane prend le parti d'être patiente. Mais pour une personne comme elle, cela impose un certain inconfort de voir la situation lui échapper.

Contrecarrée dans ses plans et chagrinée par l'absence de sa fille qui lui manque, Ariane annule ses vacances prévues pour le début de l'automne. Pas question de passer un mois à tourner en rond à la campagne avec, au programme, le ressassement de ses inquiétudes pour son aînée, sans la protection de sa famille, dans une grande ville inconnue. Elle qui s'en fait si peu pour les jumeaux Claude et Henri n'éprouve que des angoisses à l'endroit de sa grande. Et ce, depuis toujours, inexplicablement…

Alors que le temps demeure chaud et humide, étirant la fin de l'été, Ariane prend le chemin de son bureau à Radio-Canada dans le but de préparer les enregistrements à venir. Loin de contester la décision de sa compagne quant à leurs vacances communes, Eugène l'accueille avec soulagement. En lui, depuis sa rencontre avec Gaétan, un soupçon s'est installé. Il lui apparaît désormais difficile de fréquenter les Lemyre comme autrefois ou de leur rendre visite régulièrement à leur chalet tout proche de celui qu'Ariane et lui avaient loué pour le mois de septembre. Il ne voit plus Lucille avec les mêmes yeux. Autant il s'inquiète pour elle, autant il se sent impuissant à l'aider. Et cette situation le ronge de l'intérieur. Aussi préfère-t-il éviter les occasions de croiser cette famille ; cet homme surtout qu'il soupçonne et contre lequel il ne peut rien…

Après s'être renseigné, Eugène a bien compris que, même si l'agression est prouvée, le processus légal, lent, coûteux et compliqué, profite rarement aux victimes. Il devine le danger de faire fuir à jamais le bonhomme s'il s'entête dans ses investigations, aussi s'impose-t-il de lâcher prise, en espérant qu'un jour la vérité se fasse d'elle-même. S'il ne pose plus de questions, il ne se sent pas la force de feindre l'amitié auprès des Lemyre, car il se trouve dans une position très inconfortable. Il se plonge donc dans son travail et ses décors, tentant ainsi de tromper le manque causé par l'absence de celle qu'il appelle affectueusement sa « grande fille ». Sans trop se l'avouer, il espère un dénouement au mystère…

Dans les mois qui suivent la fin de la grève, c'est dans une atmosphère plutôt difficile et tendue envers la direction, mais de grande solidarité entre les nouveaux syndiqués forts de leur victoire, qu'Ariane poursuit sa route. Elle constate cependant, non sans peine, que ce qu'elle avait pris pour une boutade de la part de sa fille se prolonge et s'ancre : Anaïs n'écrit pas, n'appelle pas, ne donne aucune nouvelle. Elle a refusé qu'à l'occasion de ses dix-huit ans sa mère et Eugène lui rendent visite.

— Si vous venez, je m'organiserai pour ne pas être là, a-t-elle affirmé sèchement à Claude, au téléphone, le seul à qui elle accepte d'adresser la parole.

Plus les semaines passent et plus sa frustration va croissant. *Voilà la colère injustifiée d'une enfant trop gâtée…* Avec l'inauguration de plusieurs hôpitaux au cours des dernières années, Ariane songe avec peine à tous ces médecins dont la province aura bientôt besoin. Elle déplore le fait qu'Anaïs ait manqué sa rentrée universitaire, hypothéquant ainsi son avenir.

— Si elle n'y va pas cette année, elle sera admise tout aussi bien l'an prochain ! lui répète doucement Eugène pour tenter de calmer le jeu.

— Pourquoi me fait-elle ça ? Dis-moi ! J'ai tout donné à cette enfant-là ! Elle détruit tout !

La pauvre s'enlise, à chaque mot et à chaque phrase, trahissant un peu plus sa déception, et en fin de compte son chagrin. Ariane ne se résigne pas à abandonner ses rêves pour sa fille adoptive et cet amour aussi immense que durement refusé.

Il faudra la mort de Maurice Duplessis, le 7 septembre 1959, pour sortir Ariane Calvino de la torpeur dans laquelle elle s'embourbait. À la radio comme à la télévision, le décès de celui qu'on avait surnommé le « Chef » présage un grand vent de changement. La réalisatrice devine que la province de Québec est sur le point de prendre un nouveau tournant. Puisque sa fille la repousse, ne veut plus d'elle, et qu'elle n'est pas du genre à s'apitoyer sur son sort, elle consacrera son temps et son intelligence à soutenir cet éveil des esprits qui s'annonce…

Amy Page adore la sonorité de son nom, qu'elle imagine sur les affiches des films et les marquises des théâtres. Forte de sa nouvelle identité, elle cogne aux portes avec confiance, usant de tous les stratagèmes pour être reçue, écoutée et inscrite aux auditions qu'elle passe sans orgueil déplacé ni attentes démesurées. Elle se concentre sur le texte qu'elle rend au meilleur d'elle-même. Avec plus de puissance encore qu'autrefois, le goût de jouer lui est revenu. Depuis son arrivée à Toronto, elle suit des cours particuliers. Elle parfait son accent anglais autant que son jeu par des ateliers de groupe. Ses économies, mises en tutelle par sa mère, lui sont revenues de droit le jour de ses dix-huit ans et les montants reçus lui ont permis de régler ses dettes envers M. Robert, lequel avait fourni de quoi financer ses activités. Pour le moment, elle ne récolte pas de rôles, mais ce passage à vide lui semble obligé. Elle sait bien de quoi il retourne pour avoir vu de nombreux artistes mordre la poussière en début de carrière et être adulés par la suite. Et puis, elle a assisté sa mère si souvent, donnant la réplique aux comédiens qui auditionnaient, parfois parmi les plus talentueux, et qui étaient néanmoins éliminés pour des questions de physique, d'allure ou de jeu ne correspondant pas aux rôles. Courageuse et inspirée, elle garde le cap.

Les parents de James, loin de la décourager, font l'impossible pour la soutenir dans ses démarches. Avec Nini Robert, elle répète ses textes, tandis que Julian lui a dressé la liste des producteurs, metteurs en scène et comédiens qu'il connaît. Il s'est également organisé pour qu'elle les accompagne, lui et son épouse, lors de certaines soirées mondaines. James, toujours mal à l'aise et raide comme un piquet dans ces réceptions, fournit de remarquables efforts pour se montrer à peu près avenant à ses côtés. Avec gentillesse, M. Robert effectue les premières approches auprès de ses nombreuses connaissances, à qui il présente l'aspirante comédienne. À la suite de ces rencontres, Anaïs obtient quelques auditions et se rend dans les bureaux des producteurs coiffée, maquillée et impeccablement vêtue. Ses vêtements et ses visites au salon de beauté lui grignotent ses réserves, mais elle tient à se montrer sous son meilleur jour afin de mettre sa beauté en valeur. De plus, elle a fait pâlir sa chevelure d'un blond proche du blanc, ce qui accentue le bleu profond de ses yeux. Un rouge tranché sur ses lèvres complète son allure. C'est donc en affichant l'image d'une star assumée qu'elle tente sa chance.

Ironiquement, alors qu'elle part à pied pour se rendre à ses auditions aux quatre coins de la ville, elle passe devant l'université de Toronto. Croisant des étudiants qui se dirigent vers leurs classes, pas un instant elle ne les envie ni n'éprouve de regrets. Au fond, étudier en médecine aurait satisfait les espoirs de sa mère bien plus que les siens, c'est aujourd'hui qu'elle en prend conscience, alors qu'en dépit des difficultés elle se sent mille fois plus vivante que sur les bancs d'école.

Par erreur, elle suit un groupe de ballerines qu'elle prend pour des comédiennes et entre au National Ballet School of Canada, nouvellement ouvert. À la porte, une note indique qu'on cherche une personne pour passer la serpillière, faire le ménage et l'entretien général. Elle a envie de fréquenter ces artistes, de s'inspirer d'eux, tout en gagnant de quoi payer ses cours, une pension aux Robert et ne pas trop rogner sur ses économies. Après avoir convaincu le directeur de ses capacités, elle ressort de l'école ravie. Son nouvel emploi lui plaît déjà.

En compagnie de ces danseurs qui s'accommodent de peu et qui ne vivent que pour leur art, elle trouve un plaisir à économiser sur tout. Ses seuls luxes sont les spectacles les plus variés auxquels elle se rend presque chaque soir avec l'un ou l'autre des artistes en devenir croisés à l'école. Rien ne la comble plus que d'assister à une première au théâtre. Elle ne veut plus s'éloigner de l'effervescence de la vie artistique qui lui a tant manqué.

Une fois l'automne passé, Anaïs se montre déterminée à rester dans la Ville reine. James ne s'attendait pas à ce que sa belle s'entiche autant de la vie torontoise.

— Marcel vivait ici, les dernières années avant sa mort. Il adorait cette ville, et moi aussi ! lance-t-elle souvent.

Le fils Robert ne peut se résigner à repartir étudier à McGill sans sa bien-aimée, et comme il ne s'est pas inscrit à l'université de Toronto, il se contente de continuer à travailler dans les bureaux de l'usine de chaussures. Même s'il déteste les affaires, James montre profil bas auprès de son père et feint de s'intéresser à l'entreprise familiale. Il n'est pas sans savoir que la caution morale de ses parents est essentielle à la continuation de leur vie en sol ontarien. Il se doute bien que son père discute à intervalles réguliers avec la mère d'Anaïs, qui n'autoriserait pas aussi aisément la prolongation du séjour de sa fille autrement.

Inconsciente des sacrifices que son compagnon s'impose pour elle, Amy Page ne pense qu'à se construire une carrière. Tranquillement, elle tisse sa toile. Ainsi a-t-elle croisé Sidney J. Furie, celui qui a scénarisé, réalisé et produit *A Dangerous Age*, une œuvre remarquable aux yeux de la jeune femme.

— *I could have written the lines myself*[1], lui a-t-elle confié, entre deux petits-fours, lors d'un événement mondain au profit du Toronto General Hospital. *I wish to play a role in a movie like yours*[2].

Cette histoire de mariage entre deux jeunes qui ne voient plus leur union éventuelle de la même manière tombe à point nommé dans ce qu'elle traverse avec son amoureux. Alors qu'elle voudrait qu'il se rapproche, James s'éloigne, fuyant les occasions de se trouver

1. J'aurais pu écrire le scénario moi-même.
2. J'aimerais jouer dans un film comme le vôtre.

seul avec elle, adoptant de plus en plus l'attitude d'un frère plutôt que celle d'un prétendant. Les embrassades qu'ils échangeaient lorsqu'ils habitaient à Montréal se font de plus en plus rares. Il ne cherche plus à caresser ses seins par-dessus son chemisier, qu'il laisse sagement boutonné… Toutefois, quand elle le questionne sur leur projet de vie commune, il semble toujours décidé à ce qu'il se réalise. Anaïs ne comprend pas. Il y a quelque chose qui cloche chez James. *À moins que ce soit moi qui ne sois pas assez attirante ?* La question la taraude. Elle se fait des reproches. Aussi multiplie-t-elle les efforts vestimentaires et s'efforce-t-elle de sourire et de se montrer avenante. Mais aucun changement ne s'ensuit.

Anaïs a reçu les enseignements de base sur ce qui unit un homme et une femme amoureux. Elle sait qu'il lui faudra faire l'amour un jour ou l'autre, mais elle ne se fait pas une image précise de ce que cela implique. Elle se dit que c'est au garçon de prendre les devants et d'initier les rapprochements physiques. Elle doit se montrer patiente, car depuis qu'ils habitent chez les parents de James les ardeurs du jeune homme se sont refroidies au point qu'il ne semble plus du tout disposé. En attente du jour où ils habiteront ensemble dans leur nid à eux, elle ne peut que se résigner à sa situation.

La CBC fait le maximum pour offrir une programmation anglophone variée et attirante. En situation de monopole sur le territoire canadien, elle ne craint pas d'innover. Les journaux télévisés, les émissions d'informations autant que de divertissements ou de sports remportent un franc succès auprès des auditoires. Il n'y a que les séries dramatiques qui ne parviennent pas à obtenir, du côté des Canadiens anglais, la même ferveur et le même attachement manifeste que chez les francophones. Comme il n'y a pas la barrière de la langue, les anglophones ont accès aux fictions américaines autant qu'à leurs propres productions ; ils s'y sont habitués et les préfèrent. Aussi, lorsqu'elle achète et diffuse des succès américains, la société récolte de plus gros auditoires que pour toute autre série faite au Canada. Pour moins cher, on satisfait plus de monde. De plus, dès qu'un artiste obtient un peu de reconnaissance, il part pour les États-Unis et ses marchés plus lucratifs.

Au Toronto Workshop Productions, une nouvelle petite compagnie théâtrale où elle a été admise, Anaïs défend ses premiers rôles sur scène et peaufine davantage sa maîtrise de la langue de Shakespeare. Car si elle a appris à parler anglais à l'école et avec ses parents au cours de voyages dans le Maine, c'est une tout autre affaire que de jouer dans une langue qui n'est pas la sienne. Au Workshop, elle apprend non seulement à improviser, mais à développer une gestuelle plus subtile. Cela lui permet d'acquérir une aisance et de poser des jalons, d'un petit rôle à un autre.

Plus d'une année passe. Le projet de mariage, qui avait motivé la fugue vers Toronto, n'est plus qu'un vague souvenir oublié dans un classeur des bureaux de la Robert's Company, où James dépérit un peu plus chaque jour. Anaïs a logé toute l'année dans la tourelle, tandis que James dort toujours dans sa chambre d'enfant. Pris par le travail avec son père, il quitte la maison aux aurores et revient tard, épuisé, contrarié et de mauvaise humeur. Il ne joue plus de guitare. En soirée, il assiste souvent à des rencontres auxquelles Anaïs n'est pas conviée. Il ne lui lit plus de poèmes. Il ne l'embrasse que rapidement, du bout des lèvres. Elle mène une vie quasiment indépendante, travaillant, développant des amitiés et sortant seule de son côté. À tel point qu'un soir elle lui demande s'il préférerait qu'elle lui rende sa liberté et qu'elle se loue une chambre quelque part…

— Et vivre loin de moi ? demande-t-il, déstabilisé.

— N'est-ce pas déjà le cas ? Il n'existe plus, celui que j'aimais !

— Comment veux-tu parler d'amour ici ? Ma famille est partout et elle pèse une tonne ! lance-t-il, harassé et au bord des larmes. C'est pour toi que je les supporte !

Léon Saintonge, le père naturel d'Anaïs, reconnaît la fébrilité qui règne dans les studios d'enregistrement et qui l'attire toujours autant, tel un papillon de nuit fonçant vers la lumière. Il aime circuler dans les studios déserts ou observer le travail minutieux des décorateurs et des costumiers, des artistes diplômés de l'école des Beaux-Arts pour la plupart. Ces magiciens remarquables mettent leur talent au service de la télévision. Ils l'impressionnent par le soin qu'ils mettent dans tout ce qu'ils touchent. En trompe-l'œil, la réalité modifiée paraît vraie à l'écran. Saintonge est fasciné chaque fois qu'il assiste à un tournage. À la fin de ses journées passées dans les cabines de radio, il occupe ses temps libres à sillonner les lieux de cet univers au bouillonnement continuel.

Si tout le monde observe les Américains, il faut admettre qu'au Québec on ne dispose pas des mêmes moyens et qu'il devient impératif d'user de créativité pour parvenir à des résultats équivalents. La série *I Love Lucy*, comédie de situation qui fait un tabac chez les voisins du Sud, a tenté l'utilisation de trois caméras. Par la suite, on a rapidement délaissé l'usage du kinescope et du film 16 millimètres pour adopter le 35 millimètres, qu'on réservait jusque-là au cinéma. L'objectif des créateurs de la série est atteint : la technique permet de multiplier les plans et de faciliter les transitions entre les décors. Cette amélioration incontestable est intégrée partout en Amérique et change le travail de tous les artisans.

Avec les années, Léon, à qui on ne connaît ni amour ni famille, s'est bâti un réseau solide d'amis comédiens, musiciens et artistes de tout acabit. Lui qui a travaillé si longtemps avec les virtuoses et les divas n'a pas son pareil pour rassurer les ego fragiles des interprètes. Sur un plateau, on apprécie les attentions qu'il a pour les uns et les compliments qu'il adresse aux autres. D'une mémoire phénoménale, il n'oublie jamais un anniversaire, un événement important, un détail intime. En homme habile, il sait apprivoiser les méfiances. Auprès des réalisateurs de radio, puis de télévision, il a patiemment obtenu que sa présence soit tolérée lors des tournages. Le milieu artistique l'adopte enfin comme un des siens. Ariane regrette d'avoir été celle qui a facilité son intégration. Partout où il va, « le Saint », comme on le surnomme, porte un complet à petits carreaux coupé dans les meilleurs lainages anglais. Il suit la mode et s'habille avec raffinement, se donnant à sa manière en représentation. Ses gages passent en majeure partie dans des vêtements dernier cri, importés de Londres à grands frais. Ses chemises, étincelantes et parfaitement repassées, sont soulignées par une fine cravate de soie noire, au nœud minuscule qui ajoute au chic de ses tenues. « Le Saint » tranche dans la grisaille et apporte une touche de fantaisie appréciée.

Habitué assidu des enregistrements des *Belles Histoires des pays d'en haut*, il s'est rendu indispensable auprès de l'équipe, apportant cafés, viennoiseries et même repas, parfois, comme des remerciements pour avoir toléré sa présence injustifiée. Lorsqu'on sort des studios pour tourner à l'extérieur, la présence du « Saint » est exigée par les comédiens, si bien que le bougre finit par être engagé par Radio-Canada, à la demande du réalisateur, pour suivre l'équipe de production.

Folle de joie, Amy Page passe proche d'embrasser la jeune femme qui vient de lui annoncer qu'elle a été choisie. C'est elle qui conduira les personnalités jusqu'à leur siège, devant l'animateur, pour les raccompagner ensuite jusqu'à leur loge. Le magazine télévisé *Tabloïd* est parmi les plus suivis au pays. La jeune femme, embauchée à l'essai, entend bien se montrer à la hauteur de ce travail dont elle a tant rêvé.

À peine a-t-elle touché son premier cachet qu'en vertu de la promesse qu'elle s'est faite quelques mois plus tôt elle loue à son nom une chambre minuscule, tout près des studios.

— J'attends depuis trop longtemps, James. On ne vivra jamais ensemble. Je dois me rendre à l'évidence. Tu ne m'épouseras pas. C'est terminé pour moi. Je vais faire ma vie ailleurs.

Bouleversé, il ne trouve pas les mots pour lui répondre. Elle va partir ? Comme ça ? Pour habiter un quartier misérable dans une chambre sans salle de bains privée ? Il l'aide à transporter ses valises, sans parvenir à arrêter le flot continu de ses questionnements. Anaïs souhaite profiter de l'absence de M. et Mme Robert pour s'en aller. Elle compte les placer devant le fait accompli.

— J'aurai bientôt dix-neuf ans et je suis en âge de me débrouiller toute seule.

En cet été 1960, elle qui depuis son départ de Montréal n'a presque pas écrit à ses proches et ne leur a téléphoné qu'à quelques reprises a l'impression de prendre la pleine mesure de ce qu'elle a fait au cours de l'été de ses dix-sept ans : il fallait du courage pour tourner le dos à la sécurité d'une famille. Du courage ou alors beaucoup de colère…

James l'accompagne dans la rue et hèle un taxi. Le cœur noué, elle ne prononce pas un seul mot et refuse de pleurer. Il lui ouvre la portière de la voiture. Elle se penche pour pénétrer dans l'habitacle. Et comme si c'était la chose la plus normale du monde, il la suit, s'asseyant à ses côtés et refermant la porte sur lui.

— Si tu pars, je pars aussi.

Il saisit sa main et y pose un baiser. Il ne l'a plus embrassée ainsi depuis belle lurette ni ne s'est senti aussi transporté. Plus la voiture s'éloigne et plus il en a la certitude : jamais son père n'acceptera qu'il quitte l'usine et renonce à la succession. Pour aller à la rencontre de lui-même, il lui faudra oublier la fortune et la protection de sa famille. Croire le contraire a été une erreur qu'il entend réparer.

La chambre qu'elle a louée ne paye pas de mine. Une commode de bois foncé aux poignées dépareillées, une lampe amochée et un pot de chambre sous le lit pour les besoins nocturnes constituent le gros de l'ameublement. Au fond du couloir se trouve une salle de bains minuscule, partagée avec les autres locataires. James n'a jamais connu que l'opulence et n'aurait pas imaginé qu'un tel logement puisse exister. Il ne sait où déposer les valises tant la chambre est petite. Il regarde autour de lui, silencieux. Anaïs, désarçonnée, l'observe avec mille questions dans les yeux.

— Tu te dis que c'est minable ? Tu as raison, mais c'est ce que je peux me payer. Et au moins, c'est chez moi…

La détermination et la sauvagerie la rendent magnifique et attirante.

— C'est splendide, répond-il avec ironie. Si tu m'acceptes comme compagnon, je te suis et m'installe avec toi…

— Mais l'usine, ton père… On peut rester amis. C'est ce qu'on est devenus de toute façon.

— Arrête, Anaïs, tu vas me faire pleurer. Je t'aime. Je veux vivre avec toi…

Il pose les valises, s'approche, l'enlace, caresse le dessus de sa poitrine, retire le chandail qui la recouvre. Lui si pudique et si peu entreprenant depuis des mois s'emporte et s'enflamme. Il ne l'a jamais touchée ainsi !

Les gestes de son compagnon la surprennent et l'effarouchent un peu. Percevant son recul, James redouble de douceur et prend du temps pour la déshabiller. Il chante à son oreille un air composé pour elle autrefois, lors de ses envolées romantiques d'amoureux débutant et transi… Anaïs entend de nouveau la guitare, celle dont il jouait quand ils se fréquentaient. Elle répond aux baisers et y met toute sa fougue. Quand il pose une main sur son sexe, tout d'un coup sa ferveur s'éteint. Elle se sent sale et n'éprouve plus aucun plaisir. Elle ne comprend plus ce que James fait à son corps. Une personne en elle désire que les caresses se poursuivent, alors qu'une autre veut hurler pour qu'elles s'arrêtent.

James a peur de la brusquer. À tout moment, il lui demande si elle souhaite qu'il continue. Puceau et sans expérience pour les choses de l'amour, il ignore tout de ce qui l'attend. Il s'étonne de sentir son sexe chercher à plonger en elle. Il ne sait pas si Anaïs souhaite qu'il la transperce et craint de la blesser. Il respire bruyamment et murmure des mots vulgaires. Il n'entend pas la réponse d'Anaïs. Il écarte ses jambes pour pénétrer là où tout l'attire.

Prise de panique, elle se raidit. Le réel s'estompe. Un objet l'ouvre au milieu. Elle ne parvient pas à s'abandonner. Elle le voit, appuyé sur ses mains, les yeux fermés, qui entre dans son monde secret. Il est doux mais, pourtant, il la terrifie. Il s'enfonce d'un coup de hanches en poussant un cri d'étonnement devant la puissance de ce qu'il explore pour la première fois. Anaïs n'a pas pu le suivre dans son extase. Allongée sur le dos, elle attend et enrage lorsqu'il se retire.

James n'a écrit qu'une seule fois à ses parents pour leur annoncer qu'il coupait les ponts et les menacer de fuir aux États-Unis s'ils cherchaient à entrer en contact avec eux.

— Ils n'ont pas donné de nouvelles aux Robert depuis. Pas d'appels, pas de demandes d'argent, rien.

— Décidément… C'est à n'y rien comprendre.

Faisant les cent pas devant la fenêtre, bras croisés et un mouchoir à la main, Ariane éponge de temps à autre le coin de ses yeux. Chaque fois qu'il est question d'Anaïs, sa cicatrice s'ouvre, brûlante et douloureuse comme aux premiers jours. À l'approche du mois d'août et de la date d'anniversaire de sa fille, son cœur se serre. Et quand le temps des fêtes revient, l'incompréhension refait surface.

— Si je ne me retenais pas, j'irais les chercher par la peau du cou. Deux vrais ingrats.

— Anaïs est de celles qui vont jusqu'au bout. Elle ne sait pas s'arrêter, répond Eugène, las. Dis-toi qu'elle mène sa carrière à Toronto et que si elle avait besoin de nous elle nous ferait signe.

— J'en viens à la détester. Elle ne sera pas ici pour Noël. Ils ne veulent pas de nos cadeaux, pas plus que de notre affection.

Se rapprochant d'elle, Eugène passe tendrement sa main le long de son dos. À défaut de trouver les mots pour la consoler, il essaie les gestes. L'absence se prolonge sans que le temps leur apporte réponses ou soulagement. Au contraire, le comportement d'Anaïs semble se durcir.

— Cesse de te faire du mal. Elle a vingt ans et James vingt et un. Ils font comme les autres : ils envoient promener les parents pour vivre dans un monde à leur image.

— Ils font leur petite révolution tranquille à eux…

Au loin, on entend les pleurs d'un nouveau-né. Sur la vitre, les flocons cognent vigoureusement. Une tempête de neige à laquelle Anaïs a pu échapper de justesse fait rage. La soirée de la veille, arrosée d'alcool, lui cause un puissant mal de tête. Rapidement, après la naissance du bébé, elle a retrouvé le travail et les sorties avec les copains de l'équipe. De retour de la salle de bains communautaire, James fait son apparition dans la chambre, un paquet de langes dans le coin du coude gauche et un biberon de lait en poudre coupé à l'eau chaude dans la main droite.

— Pousse-toi…

Un bébé est allongé entre ses parents, tétant et geignant. La petite sait se faire comprendre. Elle boit avidement. Puis, un sourire extatique sur les lèvres, elle s'abandonne au sommeil le plus profond.

Ouf, pense la jeune mère dans un demi-sommeil, *les chemises à grands pans et les robes évasées ont, depuis le début de la semaine, disparu de ma garde-robe !* Trois semaines tout juste après son accouchement, elle a repris sa place dans *Seven-O-One*, l'émission qui a remplacé *Tabloïd* en septembre 1960, peu de temps après son arrivée dans cette émission. Son pari gagné, elle se félicite des trésors d'ingéniosité déployés durant les longs mois de sa grossesse pour dissimuler ses rondeurs. Même son habilleuse a gobé son mensonge.

Amy Page reprend du service, tandis que James Robert tente au mieux de cajoler leur nourrisson tout en écrivant une chanson. Leur vie ne ressemble à celle de personne. La jeune femme avance avec cette impression de marcher sur les bords d'un précipice. Elle voit bien le danger, là, au fond, qui la guette. Il faut qu'elle sache jusqu'où elle peut aller sans tomber…

Chapitre 11

Février 1962. À même l'une des chemises amples portées au cours des derniers mois, Anaïs a découpé des languettes, puis les a déposées dans le fond du tiroir de la commode basse. Assise devant le miroir, le regard concentré sur son image, elle sépare une mèche de cheveux d'une main et saisit un bout de tissu de l'autre, autour duquel elle enroule sa chevelure. Il faut procéder systématiquement, patiemment, jusqu'à ce que toute la tête soit ainsi couverte. Anaïs, qui a vu sa grand-mère, sa mère, ses tantes et ses cousines se friser ainsi avec facilité, peine à maintenir ses « guenilles » en place. Peut-être est-ce à cause de ses cheveux trop fins et glissants comme de la soie ? Pour les habiletés manuelles, elle n'a aucun talent. Elle tente de rester concentrée sur sa tâche et essaie de ne pas entendre James, aux prises avec leur bébé particulièrement en colère, pas plus qu'elle ne porte attention aux coups sèchement frappés dans le mur par des voisins contrariés. Anaïs fixe la glace, droit devant, les bras en l'air, enroulant ses mèches. Ses mains tremblent. Elle est fatiguée. Rentrée aux petites heures, elle doit encore nouer ses boucles avant de se mettre au lit. Au réveil, sa chevelure aura séché et de grosses boucles rondes tomberont sur ses épaules au moment où elle se présentera à son audition. Le rôle convoité, quoique de troisième ordre, peut tout de même lui offrir une chance d'être remarquée par le réalisateur, un Américain venu tourner une partie de son long-métrage au Canada. Bien des comédiens de Toronto ont été repêchés par Hollywood. Elle ne veut pas manquer sa chance…

— Tais-toi, bébé ! Tais-toi ! lance James avec de la rage dans la voix.

Anaïs constate qu'il a épuisé ses réserves de patience déjà limitées. Penché sur le lit, il crie plus fort que le nourrisson, ce qui contribue à intensifier la rage et les pleurs. James ne sait pas quoi faire. Anaïs finit systématiquement par intervenir. Mais cette fois, elle refuse de céder. Elle doit d'abord achever sa coiffure. Si elle obtient ce rôle, ils seront tirés d'affaire. De nouveau, la cloison tremble. La photo encadrée, celle où on l'aperçoit tenant la main de Christopher Plummer – inoubliable dans la version télévisée d'*Une maison de poupée*, d'Ibsen –, l'année précédant son passage à *Tabloïd*, s'écrase sur le sol et la vitre vole en éclats. Cette goutte fait déborder le vase : à son tour, Anaïs se met à crier.

— Prends-la ! Donne-lui du lait ! Change sa couche ! Tu as trois possibilités, tu t'en souviens ?

Elle fait un effort pour rester à sa place et reprendre sa tâche là où elle l'a laissée. James doit apprendre à se débrouiller, à poser les gestes, à développer les réflexes. Enfant unique, il ignore tout des soins à donner à un poupon et s'y montre particulièrement malhabile. Anaïs ne trouve pas toujours la patience de lui enseigner les notions élémentaires et finit trop souvent par suppléer à ses maladresses. Avec son travail au studio, ses démarches incessantes, ses auditions et les textes à retenir dans une langue qu'elle ne maîtrise pas autant qu'elle le voudrait, souvent elle ne dispose plus d'énergie et n'a plus une once à donner à quiconque. Le silence revient dans la chambrette. Trop rapidement. De façon un peu inquiétante. Anaïs se retourne un instant, assez pour voir, à côté du biberon de verre, une bouteille d'alcool fort tirée de sous leur lit.

— Tu ne lui as pas donné du rhum ?

— Une goutte. Pas plus. C'était ça ou je devenais fou.

Agacée, elle sent une tension dans son dos, comme si on l'empoignait. Elle se raidit, contrariée. Cherchant à se distraire de cette impression désagréable, elle noue un foulard sur sa coiffure absurde puis se lève pour ensuite se laisser tomber sur le lit défait. La petite ne se réveille même pas quand son père la pousse le long du flanc de sa mère.

— Il faut que je dorme. C'est toi qui t'en occupes.

— Elle roupille, là !

Profitant de l'accalmie, James prend le relais à la coiffeuse, où il pose son cahier et son crayon. Dans un rituel maniaque, il s'assied toujours à la même distance du meuble, la chaise disposée selon un angle précis. La lampe assure un éclairage ni trop faible ni trop éblouissant, mais il doit parfois déposer une de ses chemises sur l'abat-jour afin de ne pas réveiller le bébé. À l'aide d'un canif, il aiguise la mine de son crayon de manière que la pointe soit assez fine pour écrire, mais assez forte pour supporter la pression de sa main. Il ouvre son cahier, ferme les yeux quelques instants et se plonge dans un état second. Puis il noircit, rature, reprend… perdant complètement la notion du temps. Il rédige aussi bien des strophes que des mélodies, mêlant le verbe à la musique. Parfois, il agrippe la guitare, valide la rythmique des poésies, biffe, recommence. Sans fin.

Au cours des minutes consacrées à trouver le sommeil, Anaïs se promet d'acheter à manger au retour de son audition. Comme toujours, James a oublié. Contrariée que ce soit elle qui, invariablement, doive assurer ces éléments essentiels à la vie courante, elle replace l'oreiller avec un geste d'impatience. Son amoureux n'a pas le sens de la réalité et n'est pas fait pour celle-ci. Elle le savait pourtant, lorsqu'elle l'a épousé, enceinte, tout juste avant son vingtième anniversaire, dans cette église anglicane de la ville de Kingston, dans une robe de jersey blanche et avec pour témoins les amis de fortune qui les avaient accompagnés ce jour-là… Rien n'a plus d'importance aux yeux de son compagnon que ses compositions et ses arrangements, qu'il peaufine des semaines et des mois durant. Manger, dormir, prendre soin de lui-même, des autres, lui apparaît comme secondaire au point qu'il reporte puis finit par oublier l'essentiel. Son homme n'est pas un oiseau ordinaire, c'est un artiste, un pur et dur !

Ariane Calvino, plus occupée que jamais, multiplie les réceptions, maintenant sa maison ouverte aux amis, aux compagnons de travail, à ses sœurs et à leurs enfants. Chez elle, il y a tout le temps du monde. On rit et discute politique, car depuis que les libéraux de Jean Lesage sont au pouvoir, un vent de changement radical souffle sur la province, mettant en cause la pauvreté de la langue, la religion catholique et le système d'éducation archaïque. À partir de 1961, l'école est devenue obligatoire et gratuite pour tous jusqu'à l'âge de quinze ans, et la santé, grâce au régime d'assurance hospitalisation, a permis à l'ensemble de la population d'obtenir des services médicaux gratuits. Après des années de favoritisme, de patronage et de Grande Noirceur, une bouffée d'air frais apporte l'espoir et l'esprit démocratique dans la province. Trouvant fierté et renouveau dans cette effervescence, Ariane compense le vide entraîné par le départ inexpliqué d'Anaïs, qu'elle a fini par accepter, feuilletant de moins en moins souvent ses albums de photos…

Même si elle a beaucoup travaillé aux dramatiques et a marqué quelques bons coups à la télévision, Ariane doit admettre qu'elle ne s'y plaît pas autant qu'elle l'aurait espéré. La radio suggère les images et impose un certain travail aux auditeurs. Elle aime cet effort qui lui semble demander plus de rigueur du côté de la réalisation, alors que la télé est moins exigeante à ses yeux pour les téléspectateurs. Aussi récemment s'est-elle passionnée pour une série radiophonique axée sur la nature, la science et ses découvertes, qu'elle a accepté de réaliser en remplacement d'un ami gravement malade. L'animateur, un scientifique et grand vulgarisateur à la personnalité particulièrement attachante est pour beaucoup dans l'acceptation de ce nouveau mandat. Avec ce défi et le retour à ses anciennes amours, la passion du travail lui est revenue en force.

Au mois de mars 1962, les grands patrons de la Société Radio-Canada l'ont invitée dans un restaurant chic pour lui offrir le poste de directrice de la programmation à la radio. Si elle accepte leur offre, elle devra quitter la réalisation et, du coup, la télévision. Elle qui a tant adoré ce travail trouvera-t-elle le même plaisir à construire une programmation riche et à la hauteur des bouleversements traversés par la société ? Est-elle emballée par ce défi ? Voilà les questions qu'elle se pose. Avec Eugène, elle trace le bilan de sa carrière et s'interroge sur ses objectifs, comme chaque fois qu'elle doit prendre une décision importante.

— J'ai envie d'accepter, avoue-t-elle à Eugène après un rare week-end de repos, mais il faut que tu m'appuies, car je serai moins libre de mon temps.

— Allons, ma biche, je ne suis pas un enfant. Entre Radio-Canada, mes élèves en cours particuliers et mes toiles, j'ai de quoi m'occuper. Tu brûles de relever ce nouveau défi. Allez ! Accepte donc !

— Promets-moi de manger à des heures raisonnables, de prendre soin de ta santé, aussi bien que je le ferais moi-même…

— Je ne souffre d'aucune maladie, à part celle de t'aimer comme un fou, répond-il dans un grand rire. Ne t'inquiète pas pour moi. Tes oisillons sont grands, tu n'as plus à veiller sur eux, et sur moi encore moins. Fais ce qui te plaît ! Il est grand temps que tu profites de cette légèreté que la vie t'apporte.

Fouettée par cette réponse, elle décide d'accepter l'engagement proposé.

Apprenant la nouvelle, les compagnons de travail d'Ariane, tant à la télévision qu'à la radio, lui organisent une réception pour souligner la qualité de ce qu'elle a accompli au fil des années. Tous lui souhaitent la meilleure des chances dans ses nouvelles fonctions.

Le printemps lui sourit et elle se surprend à reprendre goût aux batailles et aux défis. Le temps est venu pour elle de tourner la page sur son chagrin. La communication qu'elle n'a pu rétablir avec sa fille, elle la créera avec un public avide de connaissances et une équipe d'artistes et d'artisans disposés à la suivre dans son enthousiasme, son énergie et son intelligence. Au fond, cette marque de confiance la pousse vers la nouveauté. Elle est prête à sauter dans le vide.

Léon Saintonge attend ce moment depuis longtemps ! Son projet a pris forme dans sa tête lorsqu'il a appris le départ inexplicable d'Anaïs. Lui qui a tant espéré qu'une occasion se présente, voilà que, au moment où il ne l'espérait même plus, une assistante du réalisateur l'invite à la suivre. L'homme qu'il rejoint est fatigué par une grosse journée et pianote sur son bureau en le dardant du regard. Il est franchement agacé par son insistance et ne s'en cache pas. Léon ne se laisse pas démonter. Avec beaucoup d'aplomb, il se présente et enchaîne sans s'interrompre :

— Vous me pardonnerez quand vous aurez compris les raisons de mon entêtement. J'ai la jeune première qu'il vous faut. C'est le bon moment pour l'engager car elle n'est pas encore connue. Elle travaille présentement à Toronto, mais c'est votre héroïne. Ça, j'en mettrais ma main à couper !

Dans un geste théâtral, il pose devant le réalisateur la photo d'Amy Page fixant l'objectif de la caméra. La jeune femme affiche quelque chose de narquois dans le regard, une façon émouvante de provoquer, une impudeur… Curieux, l'homme saisit le cliché.

— N'est-ce pas la petite Anaïs Calvino ? Je me rappelle, sa mère nous avait interdit de la recevoir en audition après son rôle dans *Du monde des villes…*

— L'eau a coulé sous les ponts, depuis le temps. Elle fait carrière chez les Canadiens anglais. Si j'étais vous, je m'empresserais de la repêcher avant que les Américains le fassent.

— Je ne voudrais pas me mettre Ariane Calvino à dos.

— Bien au contraire ! La mère sera enchantée de voir sa fille revenir à Montréal. Vous avez ma parole là-dessus. Et puis, regardez cette jeune femme. Ne correspond-elle pas exactement au personnage ? Elle a la séduction vrillée au corps. Mais ouvrez donc les yeux !

Le réalisateur pose de nouveau son regard sur le cliché. Oui, le bougre a raison. Cette beauté est bien celle qu'il cherche…

Lucille Lemyre grimpe l'escalier, tourne à droite au bout du couloir, ouvre la porte de la salle de bains et allume les lumières. Dans l'armoire à pharmacie, il y a assez de médicaments. Plusieurs fois auparavant, elle a vérifié si les comprimés se trouvaient en quantité suffisante, dans leurs pots transparents. Aujourd'hui, elle va les avaler. Elle agrippe un flacon et vide son contenu dans un verre d'eau. À l'aide d'une cuillère, elle prend soin de brasser vigoureusement pour dissoudre une grosse partie des pilules. Elle ouvre la bouche et avale un lot complet d'Aspirine comme s'il s'agissait d'une friandise longtemps désirée. Un sentiment de bonheur l'envahit. Pour une fois, elle ne craint pas qu'il ouvre la porte d'entrée, qu'il constate l'absence de Colette et grimpe l'escalier en vitesse, profitant qu'elle se trouve seule avec lui. Une fois descendue dans le hall, Lucille se dirige vers le placard à manteaux. Elle prend le temps d'enfiler ses bottes, une veste chaude, un bonnet sur sa tête et des gants, comme sa mère l'aurait recommandé, car il fait encore froid, une fois le soleil couché. Elle ouvre la porte et sort dans la nuit. Le vent glacé cille à ses oreilles tandis qu'elle marche d'un pas décidé. Elle se dirige vers le fleuve, tant de fois admiré et dont elle connaît les puissants courants. Pour ses dix-huit ans, elle a pris la décision irrévocable de mettre fin à des années de soumission. Enfin, elle se révolte ! Et si le bon Dieu, quelque part dans son ciel confortable, la voit se diriger vers les eaux récemment libérées des glaces, elle espère qu'Il lui tendra les bras. Mais hélas, elle ne parvient pas à compléter son projet. À bout de forces, elle s'écroule sur la berge, molle comme l'écume à ses pieds, presque au même endroit où Anaïs s'est affaissée quelques années plus tôt. Une mouffette, fraîchement émergée de son hibernation, passe, croit la jeune fille endormie et poursuit sa route.

À quelques rues de là, Gaétan stationne sa voiture devant la porte de garage. Il s'étonne de ne voir aucune lumière allumée et de trouver la maison déserte. Peut-être Lucille a-t-elle réussi pour une fois à obtenir la permission d'accompagner sa mère à ses cours de couture… Contrarié par ce qu'il interprète comme un affront de la part de sa fille, il ne reste que quelques secondes seul dans la maison. Il relève le col de son manteau et ressort. Avec la bourrasque de vent qui le surprend, il ne devine pas la présence de sa victime, une centaine de pieds plus bas, allongée sur le bord de l'eau, le regard éteint vers les étoiles.

James Robert n'en revient pas ! Dans sa main se trouve une enveloppe contenant un chèque de soixante dollars ! Fou de joie, il saute sur place comme un gamin : ses efforts portent leurs fruits ! Enfin ! Il a une pensée pour son père, le remerciant intérieurement de ne pas avoir cru en son talent, ce qui l'a forcé à travailler deux fois plus fort et à persévérer. À mesure qu'il prend conscience de sa victoire, l'excitation monte en lui. Le texte retenu n'est pas son favori, il l'a rédigé plus rapidement que les autres, en une seule nuit. Et pourtant, c'est celui-là qui le fera connaître, il en a la conviction. Il relit la missive encore et encore. Le directeur de la revue estime qu'il a du talent et l'invite à venir le rencontrer. Ses mains tremblent. La tentation est trop forte. Il n'y résiste pas. Le bébé, sur le lit, dort à poings fermés. Cette sieste d'après-midi lui donne deux ou trois heures libres. Il hésite quelques secondes. *C'est ma chance ! Je ne peux la laisser me passer sous le nez !* proteste-t-il intérieurement avant de s'engager dans le couloir étroit et sombre. Il part.

La porte, qu'il croyait avoir bien fermée, s'entrouvre doucement.

La fraîcheur du soir se manifeste avec l'avancée du jour. Si le printemps apporte des journées chaudes, il ramène aussi des températures d'hiver vers les dix-huit heures, une fois le soleil couché.

Inquiété par le silence inhabituel qui règne dans la pièce, le bébé âgé de quelques mois s'agite et geint. Pendant deux ou trois minutes, espérant une réaction, fût-elle d'agacement, elle attend, accordant le bénéfice du doute à son gardien. Mais les minutes s'allongent et transforment la quiétude en menace. Sur le dos, battant l'air avec ses bras et ses pieds, sans défense et sans protecteur, l'enfant n'a aucune chance de survie. C'est la loi pour la plupart des mammifères, et la petite n'y échappera pas. Pour combattre la panique qui la gagne, elle se met à pleurer plus fort. Ses propres cris la rassurent d'une certaine manière et lui donnent l'impression de faire quelque chose pour remédier à son effroyable situation. Courageuse, déterminée, la minuscule fillette en vient à hurler à pleins poumons, fermant les poings pour se réchauffer et gigotant vigoureusement. Bientôt, la faim se manifeste. La colère s'ajoute à la peur. Elle tient bon, multiplie les appels.

Amy Page achève sa journée aux studios de la CBC. Absolument ravissante dans sa robe cintrée d'un vert émeraude satiné et au col largement ouvert, dévoilant juste ce qu'il faut de ses attributs, elle profite de ce pouvoir que la minceur recouvrée lui confère. Elle n'a qu'un signe à faire pour avoir n'importe quel homme à ses pieds.

— Mademoiselle Page ! Brillante et magnifique mademoiselle Page !

Son nom, résonnant dans la salle de maquillage et entonné avec un accent français, la stoppe dans son élan et la force à se retourner. Un drôle de bougre se trouve dans le couloir : canotier, chemise empesée et veston teinté de bleu. Il tient de la main droite une canne à pommeau à tête de chien en argent pour s'y appuyer. Les rougeurs aux joues de l'homme le trahissent : il a dû courir pour la rejoindre avant qu'elle s'engage trop loin dans le corridor qui mène à la sortie des studios d'enregistrement. Elle l'observe quelques secondes et tente de le reconnaître. En vain. Il porte la barbe en collier, et ni ses yeux, deux billes noires, ni son sourire forcé ne lui disent quelque chose. Elle a beau fouiller dans les méandres de sa mémoire, pas le moindre lien ne lui vient. Pourtant, la familiarité du ton employé par son interlocuteur l'interpelle.

— Léon Saintonge, annonce-t-il en lui tendant la main, agent d'artistes.

— Excusez-moi, lui répond-elle, mais votre nom ne me dit absolument rien. Avec une consonance aussi rare, je m'en serais souvenue…

— Je suis français. J'habite le Canada depuis quelques années. À Montréal, plus précisément, où je travaille comme imprésario. J'y ai monté ma petite affaire. J'aimerais vous faire une proposition, ment-il avec aplomb.

Croyant à une blague, Amy ne peut réprimer un mouvement de recul. La scène lui semble loufoque. Mais comme l'autre est bien loin de rire, elle retrouve son sérieux, fait demi-tour et reprend le chemin de sa loge.

— Je n'ai que quelques minutes…

Confuse devant cet homme d'un certain âge, elle, la petite placière, peine à croire qu'on puisse lui offrir quelque chose de cette façon. Tout lui semble faux.

— Je travaille principalement en français, mais comme je suis de passage à Toronto pour quelques jours, je rencontre des producteurs et leur présente certains de mes poulains. Mais je recrute aussi. Mon écurie se limite aux meilleurs.

— Ah bon… Excusez-moi d'avoir douté de vous.

— J'ai pu vous admirer, dans cette émission, et je vous ai vue au cinéma dans de trop brèves prestations. J'ai su tout de suite qu'il me fallait vous rencontrer. J'ai un rôle pour vous, aussi substantiel que lucratif, de quoi faire valoir votre talent. Et un contrat dans mes valises.

Elle doit rentrer, car James l'attend, probablement à bout de nerfs, pour lui confier le bébé. Mais Léon Saintonge tire une enveloppe de la poche intérieure de son veston et la lui tend.

Si Amy raffole de cet attrait qu'elle provoque auprès de la gent masculine, elle n'est pas sans savoir qu'il faut aussi s'en méfier. Les hommes plus âgés se révèlent souvent les plus rusés. Celui qui se trouve devant elle, amusant et beau parleur, offre l'apparence de la sincérité. Mais elle se méfie. Elle sait louvoyer et reste sur la défensive, prête à repousser le bonhomme, à appeler le portier à l'aide et à faire en sorte que l'intrus soit mis dehors. Elle se laisse tenter par cette idée, mais une sincérité quasi paternelle dans la voix de son interlocuteur fait ressurgir un souvenir tendre, celui d'Eugène, qui lui manque tellement que cela lui brûle la poitrine. Elle ne sait plus pourquoi elle l'a quitté, pas plus que sa mère, ses frères, ni les raisons de toute la colère nourrie envers eux. Saintonge lui souffle un peu de cette chaleur perdue. Elle se laisse tenter par cette mystérieuse proposition.

— D'accord. Je vous donne une heure…

— Allons au restaurant juste en face, si ça vous convient. Sans affirmer qu'on y mange bien, on y sert un bœuf Wellington digne de ce nom. Je vous invite avec grand plaisir.

Pendant ce temps, une gamine pleure toujours, plus désespérée et seule. La fatigue s'ajoute au froid. La petiote a glissé son poing dans sa bouche, presque entièrement, mais, trop agitée, elle ne parvient pas à l'y maintenir. À force de gigoter, la couverture de coton qui la recouvrait a glissé puis est tombée. Son corps minuscule s'offre désormais à cette nuit froide.

Quelques portes plus loin, Justin Taylor, un voisin, n'en peut plus. Les cris de l'enfant lui donnent envie de se joindre à elle et de gémir lui aussi. Il souffre et voudrait appeler à l'aide. Impatient et incapable d'émettre un son, il se dit qu'il faut que ce bruit cesse, qu'il retrouve le calme. *Is it a good night, tonight*[1] *?* Voilà la question qu'il se pose et à laquelle il veut obtenir une réponse, impérativement positive, sans quoi il risque d'exploser et de descendre dans la rue pour injurier les passants, les invectiver, les menacer pour finalement être conduit *manu militari* au poste de police. Il

1. Vais-je intervenir, ce soir ?

s'enrage à cette idée, car il déteste qu'on l'enferme. Et les pleurs de ce bébé, interminables, à quelques portes de la sienne, menacent son état déjà précaire. À bout, il enfile son chandail et sa veste pour se diriger vers la source de l'incessant tintamarre.

S'introduisant dans la chambrette, il aperçoit l'enfant, gesticulant. En des gestes rapides, il replace les linges sur le petit corps rougi, l'enroule dans un drap et glisse le paquet dans son manteau contre son torse. Le bébé se tait. L'a-t-il étouffé en l'enrubannant comme une momie ? Cette pensée l'effleure, tournaille dans son esprit fêlé. Une fois sorti de l'immeuble, il prend la direction de la rue Yonge, vers l'orphelinat où il a lui-même séjourné, enfant. Le dos courbé par une scoliose, il avance en marmonnant des incohérences, exprimant son insatisfaction à l'égard de tout. Heureusement que le paquet se tient coi, car d'impatience il pourrait le lancer dans une poubelle…

Le vent se met de la partie et gagne en puissance à mesure que la soirée avance. Heureusement, Amy n'est pas encore rentrée. James le sait à la clé dissimulée sous le paillasson et à l'absence de ses chaussures noires doublées de fourrure. Une gerbe de marguerites dans une main, il accroche son caban amoché avec l'autre. Le bébé dort toujours, ce qui constitue une chance. Il a pu rencontrer son éditeur, échanger avec lui et signer un contrat pour dix semaines de publication, renouvelable selon la réaction des lecteurs. Un froid mordant l'accueille. Il avait laissé un filet d'air filtrer par la fenêtre. En guise de vase, il saisit une boîte à biscuits en fer-blanc, allongée juste ce qu'il faut pour permettre aux fleurs de tenir debout. Il se dirige vers la commode pour y déposer son bouquet. C'est seulement à ce moment qu'il remarque l'anomalie : le lit est défait et vide… La surprise le paralyse. Il met quelques secondes à mesurer la signification de ce qu'il voit. Il repasse mentalement ses dernières heures, espérant se souvenir d'avoir confié la petite à la logeuse. Mais non. Il se rappelle clairement le moment de son départ, le demi-tour qu'il a fait pour border l'enfant assoupie dans les couvertures. *C'est insensé. Un bébé ne disparaît pas comme ça !* Tandis qu'il se met à quatre pattes, passe et repasse une main fébrile sous le lit, soulevant au passage les moutons de poussière, des vêtements sales et des restes de nourriture échappés, les explications sont esquissées puis écartées les unes après les autres. La seule hypothèse plausible, c'est qu'Anaïs ait terminé tôt, qu'elle soit rentrée, ait pris leur fille et soit sortie acheter du lait. Il se souvient qu'il n'y en a plus. Ça doit être ça ! Et quand elle rentrera, elle sera en colère contre lui. Il se rembrunit. Pour se soustraire à la pluie de reproches que sa compagne ne manquera pas de lui servir et pour éviter d'assombrir une journée heureuse comme il n'en a pas eu depuis des mois, il s'en retourne comme il est venu, respirer l'air de la rue. La chambre reste déserte.

Son butin s'est remis à hurler, moins puissamment mais tout de même assez fort pour alerter les passants. À bout de patience et pressé de quitter les lieux, Taylor pose la couverture et son contenu sur le parvis de la bâtisse. Épuisé mais satisfait d'avoir accompli le bien, il adresse quelques mots d'encouragement au poupon, qu'il coince entre la colonne et le devant de l'escalier de pierre. Il repart soulagé et l'esprit complètement libéré, scrutant le sol, histoire de voir si le hasard n'y aurait pas déposé quelques sous à son intention en guise de récompense.

Il faudra une heure encore avant que le bébé obtienne enfin ce qu'il réclame : une voix maternelle pour le rassurer, des bras qui l'enlacent et la chaleur du lait circulant, comme du bonheur, jusqu'à son ventre. Ignorant tout du désarroi causé par sa disparition, la petite s'endort dans les bras de sœur Margaret.

S'asseyant sur le lit côte à côte après avoir cherché comme deux fous, Anaïs et James se refusent à voir la réalité en face. L'enfant qu'ils ont mis au monde a disparu ! La chose semble absurde, et ils évitent la vérité encore un bon moment, se faisant tous les reproches et s'accusant mutuellement pour cet inexplicable retournement. L'un comme l'autre se jugent tour à tour responsables.

— Dans la vie, il n'y a que toi qui comptes ! Je savais que je ne devais pas te confier mon enfant ! lui lance-t-elle au visage.

— Regardez qui parle ! Tu n'en as que pour tes fringues, ton maquillage et les vedettes qui te disent bonjour, rétorque l'autre, blessé et en colère.

— Tu as perdu ma fille !

— Je l'ai laissée seule deux heures, trois tout au plus !

Dans l'espoir de retrouver leur petite, les parents cognent à toutes les portes de l'hôtel garni, interrogent la concierge, les voisins et même les passants devant l'immeuble. Le mystère reste total. Personne n'a d'indices à leur fournir. Ils sont pris au piège : en avisant la police, ils craignent de perdre à jamais la garde de leur fille, mais s'ils vont chercher du secours chez les Robert, ils révéleront un secret qui attisera la colère du père de James. Quant à faire appel à Ariane, il ne peut en être question, après ces années de silence. Aucune issue ne semble possible. À mesure que les heures s'égrainent, avec une lenteur angoissante, les jeunes parents se retrouvent face à leur irresponsabilité, leur incapacité parentale. *Mauvaise mère. Mauvais père.*

Taylor met trois jours avant de revenir chez lui, éméché et imprégné d'une forte odeur d'urine. Il a traîné ici et là, ne se souvenant plus très bien de son parcours. Il est épuisé. Ses pieds lui font mal. Un chausson de lainage rose accroché dans le vestibule avec la mention « récompense » le ramène quelques jours plus tôt. Il se rappelle vaguement le trajet parcouru avec un tout jeune enfant dans ses bras. Il grimpe jusqu'au troisième étage, ravi d'avoir trouvé le moyen de régler ses dépenses et ses dettes. Car si Taylor offre toutes les apparences du simple d'esprit, il reste qu'il sait se montrer impitoyable en négociation et redoutable en calcul. Sans tarder, il se rend à la chambre n° 10, celle qu'occupent les parents du bébé perdu, et se présente avec assurance. En échange d'informations à propos de l'enfant, il tend une main que James a la maladresse de ne pas saisir sur-le-champ, ce qui contrarie le voisin déjà de mauvais poil.

Avec ses allures de temple, l'établissement en impose et offre aux enfants perdus un logis digne de ce que jamais leur existence ne pourra leur offrir. Anaïs y passe chaque jour à la même heure ; celle de la sortie du matin des poupons. Les landaus disposés à la suite et orientés face au soleil ont l'air de capsules protectrices, de fragiles coquilles de noix. À l'abri du monde, les nourrissons dorment à poings fermés. *Ah ! Tiens, elle porte du rose aujourd'hui...* La jeune femme observe, note les changements et remarque les progrès. Elle repart au studio, rassurée et le cœur plus léger. Sa fille trouve à l'orphelinat des soins de qualité, bien meilleurs que ceux qu'elle et James auraient jamais pu lui prodiguer. Les religieuses ont ce qu'il faut pour s'occuper d'un bébé. *Quand elle sera plus grande, je reviendrai la chercher...* En attendant, elle se contente d'observer de loin la croissance de sa gamine et se réjouit de la voir gagner en force et en jovialité depuis qu'on s'occupe d'elle comme il faut. *Un jour, ma carrière aura pris son envol et je pourrai lui donner tout ce dont elle a besoin.* A-t-elle eu tort de refuser la proposition de Léon Saintonge ? Elle se souvient de leur rencontre où l'impossibilité de revenir à Montréal l'a obligée à repousser une magnifique proposition. Têtu, l'agent a promis de revenir à la charge. C'est ce qu'il a fait quelques mois plus tard.

— La ville est en pleine effervescence ! Les comédiens travaillent à la radio, à la télévision, dans les théâtres qui ouvrent les uns après les autres. La Place des Arts sera inaugurée l'an prochain !

Convaincant et insistant, l'homme est venu à nouveau de Montréal pour lui proposer cette fois un rôle dans *La Famille Plouffe*, une série télévisée qui remporte apparemment un grand succès.

— Ce rôle fera de vous une vedette. Vous n'aurez plus de soucis, après ça.

Sans hésiter, la jeune comédienne refuse l'offre pourtant alléchante. Elle maintient sa décision lorsque, le lendemain, l'agent dépité bonifie sa proposition. C'est son secret, mais elle ne se résigne pas à confier définitivement sa petite aux religieuses. Il lui est impossible de quitter Toronto, rompant ainsi pour toujours les liens avec la chair de sa chair. Ne plus apercevoir sa fille au loin, se priver de ses visites régulières à l'orphelinat lui arracherait le cœur. Elle ne peut pas.

Devant l'entêtement irrationnel de celle qu'il veut prendre sous son aile, Saintonge a même offert de la loger à ses frais dans un quartier chic de la métropole. En vain. L'imprésario est reparti bredouille une deuxième fois, avec la promesse que, si jamais elle changeait d'idée, la jeune femme lui ferait signe.

Anaïs n'a pas touché mot à son époux de la proposition déclinée, sachant à quel point James adore Montréal et rêve d'y retourner. Elle-même peine à justifier les raisons de son choix. Il aurait été simple d'accepter l'offre, de confesser son mariage à Ariane, de rentrer au bercail avec son mari et sa fille, récupérée de l'orphelinat. Mais cette seule idée éveille une insurmontable crainte qui la repousse loin de sa famille. Elle n'a pas la force de rentrer, d'affronter Ariane, Eugène, Henri, Claude. Elle a trop honte.

Décidée à percer comme comédienne de langue anglaise, elle multiplie les démarches et les auditions. Elle finit par décrocher une figuration dans un film américain à petit budget tourné de nuit dans des conditions difficiles. Amy Page tire néanmoins son épingle du jeu et se fait remarquer par les critiques. Pour elle, c'est un premier succès, un signe qui l'encourage à poursuivre.

Pour sa part, après la publication d'une vingtaine de feuillets appréciés, James s'affaire sérieusement à l'écriture d'un recueil, consacrant des nuits entières à son travail, s'accompagnant à la guitare. Les protestations répétées de voisins les ayant forcés à déménager, ils se sont installés à l'arrière d'une maison cossue, dans un garage isolé, une passoire qui laisse s'infiltrer l'air et le froid. Parfait pour l'artiste, le logis aurait été inconvenable pour un bébé. James voit là une raison de plus pour justifier l'abandon temporaire de sa fille. Il tait son soulagement depuis qu'il n'est plus responsable du quotidien d'une enfant qui le laissait complètement démuni.

Eugène Boyer termine un portrait. Il a travaillé une bonne partie de la nuit. Il adore ce moment où la ville dort, enveloppée dans les ombres et le silence. Il pose le pinceau encore imbibé de couleur qui lui a permis de peaufiner le trait des joues. À la fenêtre, un lever de soleil radieux invite à l'espoir. Anaïs lui manque. Chaque fois qu'il y pense, il s'attriste. Mille fois il a voulu lui écrire, puis s'est ravisé. Ça fait déjà trois ans qu'elle est partie et qu'elle n'a plus donné de ses nouvelles. Trois longues années. Il l'imagine, de l'autre côté de la fenêtre, souriante et animée, lui soufflant un baiser filial et tendre, heureuse de rentrer au bercail.

Les mois ont passé et l'automne a fait place à l'hiver. Courant comme une folle le long des barreaux de fer forgé, Anaïs se rend jusqu'à l'entrée de l'institution. Une fois sur le parvis, elle s'empresse de signifier sa présence, sonnant vigoureusement à la porte. Une religieuse met du temps à venir répondre en boitillant. La jeune femme, confuse, explique tant bien que mal qu'elle est à la recherche d'une petite fille.

— Elle vient tout juste d'avoir un an. Elle a le teint pâle, les yeux bruns et les cheveux bouclés, également bruns. La dernière fois que je l'ai aperçue, elle portait un habit de neige à rayures, des bottes blanches et une écharpe à carreaux, décrit-elle avec empressement, multipliant les détails.

De retour d'un séjour à New York pour le tournage d'une publicité, elle n'a pas aperçu sa gamine effectuant avec les autres sa sortie habituelle. D'un seul coup, un déclic s'est produit dans son esprit : quelqu'un a adopté sa fille ! Aussi absurde que cela puisse sembler, jamais elle n'avait entrevu cette possibilité.

La religieuse a fermé la lourde porte devant Anaïs. La consigne est formelle : elle ne peut donner de détails sur l'adoption des enfants qui leur sont confiés. Pour le bien des orphelins et des familles, la confidentialité est imposée. Le cœur serré, elle a appliqué le règlement.

La jeune femme solitaire fait quelques pas dans la rue, puis se précipite derrière un arbre, échappant à la vue des passants. Elle vomit par spasmes intenses, au point que ses entrailles lui font mal. Vide et perdue, elle se déteste pour son inconscience. Comment a-t-elle permis qu'une telle chose se produise ? Fallait-il être stupide ! Elle pleure un long moment sur ce qu'elle a perdu par sa faute. Puis cette conviction terrifiante lui vient à l'esprit : *Ma fille sera mieux avec n'importe qui d'autre que moi. N'importe qui !* Voilà ce qu'elle conclut. Assise sur un banc, elle retire l'aiguille de son chapeau et l'enfonce profondément dans la chair de sa cuisse. Cela la détourne de sa souffrance et de ses regrets. Elle essuie ses larmes, replace sa jupe sur sa cuisse ruisselante. Si elle a lamentablement échoué en tant que mère, elle prendra sa revanche en tant que comédienne. Sur la tête de sa petite disparue, elle s'en fait la promesse.

Chapitre 12

Sur le tableau de bord, une bouteille d'alcool trône, debout, le goulot aspirant le vent. Combien de temps tiendra-t-elle comme ça, défiant les lois de l'équilibre ? Les paris sont lancés. Un rire cristallin s'échappe par la fenêtre ouverte tandis que les chauds rayons du soleil traversent le liquide translucide. En dépit de l'heure matinale, la chaleur est déjà installée. L'indicateur de vitesse, brisé, se maintient allongé sur le zéro. Le bolide fonce donc sans limites.

Les pieds appuyés sur le tableau de bord, Anaïs Calvino garde les yeux fermés, profitant de l'ivresse qui monte en elle, la réchauffant. Abandonnant toute résistance, elle se laisse emporter. Toronto s'estompe derrière elle, et la route parcourue lui procure un soulagement aussi puissant que ce liquide bienfaisant qu'elle boit à grosses gorgées, à la manière des hommes. Prenant le volant à tour de rôle, son complice et elle ont roulé une partie de la nuit, puis ont dormi sur le bord de la route. À peine réveillés, ils ont ouvert une bouteille de vodka. Leur aventure démarre bien.

— Roule-nous un joint !

Quand James s'agite pour lui lancer le papier fin, un mouvement brusque propulse la bouteille vers la boîte de vitesses. Une partie du liquide éclabousse la jeune femme alanguie.

— Fais attention ! J'en ai reçu dans les cheveux ! crie-t-elle en se relevant brusquement.

— Tant mieux ! Tu les laveras dans le lac George ! Allez, on sort ici.

La Chrysler Imperial crème et rose saumoné quitte la grande route vers le sud pour se rendre à quelques kilomètres de là, vers l'est. La magnificence des paysages en impose, dans une expérience que même leur consommation d'alcool matinale ne parvient pas à altérer. Ne serait-ce que pour admirer une telle splendeur, l'équipée en vaut la peine. Ils trouvent un coin désert, sur la rive. Ils émergent de la voiture, émerveillés et impressionnés par cette démonstration de la grandeur du monde. Rapidement, ils se dévêtent et se dirigent vers le plan d'eau, sous le regard interrogatif des ratons laveurs et des chevreuils, disposés à partager leur royaume, ce lac et son calme absolu. En ce mois de juillet 1965, personne ne se sent plus heureux que ces deux-là, nus et libres, ouvrant leurs bras le plus grand possible vers cette nouvelle vie qui les attend.

Dégrisée par le froid de l'eau, Anaïs ne veut rien d'autre que profiter de son existence. En quittant tout et en se délestant du peu qu'elle possédait – même du piano miniature légué par Agathe et de la chaîne ouvragée offerte par Ariane le jour de ses sept ans –, elle a acheté une voiture usagée et pris la route avec son compagnon. Délivrance. L'attente a cessé : fini les espoirs déçus, les refus, les échecs. Elle se donne enfin une place dans l'instant présent. Les privations, les efforts, les auditions, les figurations et les petits rôles n'ont pas donné les résultats escomptés. Au Canada anglais, la télévision ne lui a offert qu'un minuscule gagne-pain et le cinéma rien de plus que des chimères. Pour ce qui est du Canada français, rentrer à Montréal pour accepter la proposition de Saintonge aurait été la confirmation de son insuccès. Prise entre deux feux, elle est partie, fonçant droit devant pour vivre autre chose que la défaite.

De même, après la publication de son recueil, James aurait souhaité une suite encourageante. Le contraire s'est produit : les critiques acerbes ont détesté son travail et l'ont attaqué rudement, sans pitié pour le jeune artiste. Loin de l'avancée prévue, il s'est trouvé en position d'échec.

— Qu'est-ce qu'on fait ici ? a-t-elle crié à son complice, un soir de nouvelle défaite, en rentrant dans leur logement miteux.

— Tu as mille fois raison : on part !

En deux jours, ils avaient tout bouclé et s'étaient mis en route vers Kingston, avaient poursuivi jusqu'à Albany, pour ensuite s'engager sur l'Interstate 87. Ensemble, ils avançaient, heureux d'échapper à leur destin.

Après la baignade, rompus de fatigue, ils s'endorment sur la berge, enlacés. Quelques heures de paix leur suffisent. Puis, dégrisés et curieux, ils se dirigent vers Saratoga, ses courses de chevaux, ses restaurants fins et ses millionnaires en cure dans les stations balnéaires. S'ils ont vite fait de constater que l'endroit n'est pas pour eux, ce voyage confirme néanmoins leur désir d'oublier les temps durs, les orphelinats vides et leur petite fille perdue depuis trop longtemps.

Agrippant son sac sur la banquette, Anaïs cherche d'une main une boîte ronde de plastique bleu. D'un tour de main, elle dégage sa pilule anticonceptionnelle. Avaler ce cachet tous les jours à la même heure, voilà la seule routine à laquelle elle se soumet sans faille.

— Plus jamais je ne tomberai enceinte, a-t-elle décrété.

Et l'affirmation, loin de contrarier son époux, lui a accroché un sourire aux lèvres.

— Ni les artistes ni les poètes n'ont envie de se reproduire. Le monde est trop révoltant pour ça, a-t-il acquiescé.

L'un comme l'autre le concède volontiers : ils n'ont pas le sens des responsabilités et ne veulent pas du sérieux et de la stabilité qu'il faut pour élever un enfant. Ils ont laissé la tâche à d'autres, plus doués qu'eux.

Anaïs prend le volant. Le moteur ronronne tandis que James, crispé sur son sac de marijuana, tente péniblement d'entasser l'herbe sur le papier fin, puis de la répartir également, entre son annulaire et son index. Le regard rivé sur la route, elle voit les lignes défiler sous le bolide, s'ajoutant les unes aux autres dans un mouvement sans fin, la plongeant dans un état second plutôt agréable. Libre ! Elle se sent libre ! James craque une allumette et la porte au bout de son joint. Quelques tisons s'enflamment, tombant ici et là sur la banquette. Il prend une bouffée, les lèvres serrées, inspirant à fond la fumée magique de cannabis. Rassasié, il se glisse jusqu'à elle et lui offre son joint pour qu'elle fume encore. Elle emplit ses poumons, retient son souffle, puis exhale bruyamment. Les effets de la drogue mettent peu de temps à se manifester. Il lui semble que la substance, différente de l'alcool qui nuit à sa coordination, lui apporte une meilleure concentration, une conduite plus détendue qu'elle apprécie.

— Allume la radio, demande-t-elle à son amoureux.

(I can't get no) Satisfaction, des Rolling Stones, emplit l'habitacle de son rythme provocant. La chanson vient d'être lancée et fait un malheur sur toutes les ondes. Le jeune couple s'agite sur le siège de cuir, sautillant et hurlant à tue-tête les paroles entonnées par Mick Jagger, imitant sa gestuelle et jappant au micro comme la rock star le fait en spectacle. Autant la musique que les propos donnent un grand coup de pied à l'ordre établi… Enivrée, Anaïs se délecte des paroles tandis que James imite les *riffs* de guitare de Keith Richards, avec cette impression de profiter pleinement de sa jeunesse et de faire partie d'un mouvement qui secoue l'Amérique. Depuis qu'ils ont franchi la frontière, elle se rapproche de ce rêve mythique de paix et d'amour qui l'inspire, comme tant d'autres jeunes de sa génération.

En effet, ils sont nombreux, ces enfants québécois, à nourrir une fascination pour le mouvement hippie pacifiste, alors qu'étrangement les États-Unis traversent une période particulièrement violente. Au Viêtnam, les morts et les atrocités se multiplient. Les *marines* s'engagent en terre inconnue dans des combats sanglants. Des bombes au napalm sont larguées sur les populations civiles. Sur le terrain, cette guerre a des allures de cauchemar ; les combattants qui s'en sortent vivants n'en reviennent pas indemnes. Et puis il y a le mouvement des Afro-Américains, qui revendiquent l'égalité des droits civiques, faisant ressurgir des groupements extrémistes. Anaïs n'aime de l'Amérique que ces gens qui, justement, refusent l'*american way of life* et entend se joindre à eux pour rejeter la consommation et ses excès.

— Arrête ici. Ça a l'air ouvert. J'ai envie d'un hamburger.

La voiture zigzague de gauche à droite, frôlant dangereusement le fossé et revenant difficilement sur l'asphalte gris. Prise d'un fou rire irrépressible, Anaïs ne parvient plus à tenir le volant correctement. Avoir envie d'un hamburger, c'est l'expression consacrée de James pour dire qu'il la désire et souhaite faire l'amour avec elle. La marijuana aidant, l'expression lui semble ce jour-là particulièrement amusante, aussi rit-elle jusqu'à en avoir des crampes, s'étouffant presque avec sa salive. Elle finit par appuyer sur la pédale de frein et ralentir pour s'engager dans le stationnement. La conductrice, pressée de s'arrêter, gare la bête de travers, ce qui est en concordance parfaite avec son état et avec l'allure générale du bled. *Be Ai* sont les seules lettres encore visibles du motel *Bel Air* qui s'allument par intermittence, prétendant offrir un semblant de confort au voyageur fatigué.

— Moi aussi, parvient-elle à ajouter entre deux sursauts, j'ai faim.

Elle a du mal à ouvrir la portière. Chaque fois qu'elle arrive à saisir la poignée, un ricanement la prend, alors qu'elle s'amuse des mots d'esprit lancés par James, qui joue à imaginer l'accent et la dégaine du propriétaire. Autant son compagnon peut avoir des moments d'une noirceur absolue, autant il sait se montrer d'un comique fou. Ralentis par leur rire, il leur faut dix bonnes minutes pour s'extirper de leur bolide.

La chambre, payée dix dollars, a vue sur la route. À l'intérieur, les vapeurs d'alcool et de fumée de cigarette mêlées à des odeurs de sueur en auraient dégrisé plus d'un. Mais les deux tourtereaux défoncés s'en fichent. Du moment que le lit, qui s'enfonce presque jusqu'à terre lorsqu'ils s'y couchent, leur offre un répit et accueille leurs ébats, ils ne demandent rien de plus.

James tire d'une main impatiente la chemise de coton foncé coincée entre la boucle de la ceinture argentée et le pantalon de denim de sa belle épouse. Au passage, il ne peut s'empêcher de s'extasier sur la rondeur de ses fesses, serrées dans son jean. Anaïs a taillé ses cheveux bouclés aux épaules et porte un rouge enflammé sur ses lèvres. Elle a adopté une démarche langoureuse, féminine, qui la rend encore plus attirante. Pour avoir découvert le plaisir sur le tard, James se dévoile obsédé par le sexe et ne se lasse pas de rattraper le temps perdu. La marijuana décuplant son désir, il se montre plus inventif dans ses caresses, libre de toute inhibition. Il savoure le corps de cette femme qui lui a révélé la jouissance physique.

Ce soir-là, James se montre encore plus fougueux. Est-ce dû à l'ivresse insufflée par sa décision de quitter à jamais le Canada et sa famille ? Ou encore à la qualité particulière de leur consommation ? Il ne saurait le dire, mais la rigidité de son sexe, qu'il enserre dans sa main pour l'agiter, l'impressionne et l'excite. Tandis qu'il tète les mamelons de sa douce et caresse de son membre le bas de son ventre, une fantaisie lui vient de retourner Anaïs, de l'inviter à se mettre sur le ventre. Quand il lui fait sa proposition, elle n'hésite pas, attisée elle aussi par l'effet aphrodisiaque de la drogue. L'idée de se présenter de dos s'impose à elle, les charmant l'un comme l'autre. Curieuse et surprise, elle explore une nouvelle facette de l'acte. Il glisse une main entre son ventre et le matelas, rejoint son mont de Vénus, place son doigt en plein centre. Anaïs réagit avec une intensité décuplée, s'abandonnant comme jamais. Elle crie de plaisir, tandis que, d'un coup de bassin, il approfondit son exploration. L'intensité de la jouissance lui fait perdre contact avec la réalité. Il ne peut plus s'arrêter, tandis qu'elle hurle son nom. Dans l'intonation de sa maîtresse, il ne reconnaît pas sa retenue habituelle et ne sait plus ce qu'il y déchiffre. Plaisir ? Douleur ? Folie ? Il l'ignore, emporté par le torrent de ses propres sensations.

Quand ils reprennent conscience, au milieu du lit aux draps défaits, ils devinent que quelque chose dans leurs rapports charnels a changé.

L'effervescence, palpable, agite les studios de la télévision de Radio-Canada, qui offre désormais à son public une quantité phénoménale de productions locales. Au point que les comédiens et les réalisateurs, peu nombreux, croulent sous les engagements.

À l'écoute des souhaits des téléspectateurs, la société d'État a mis au programme des pièces de théâtre et des feuilletons télévisés de grande qualité. Parmi eux, *Septième Nord*, qui se déroule dans un hôpital, remporte un franc succès. Chaque fois qu'elle en visionne un extrait, Ariane ne peut s'empêcher de penser à sa fille, sa brillante Anaïs, qui aurait pu, si elle l'avait voulu, être partie prenante de l'essor de la médecine et participer à la mise en place du système d'assurance maladie dont on commence l'implantation. Si une pointe de regret lui vient, il reste que son chagrin s'est estompé.

La preuve que ses blessures sont en partie cicatrisées, il lui arrive de mentionner à ses amis et connaissances que sa fille chérie est installée à Toronto et mariée, fait qu'elle a appris, non sans déception, de la bouche du père de James, désolé lui aussi.

Lunettes posées sur le bout du nez, elle lit le dernier numéro d'*Échos vedettes*, un magazine lancé en 1963 couvrant l'actualité artistique. Elle doit rester au fait des bons coups de sa concurrente, la redoutable Télé-Métropole, inaugurée en 1961, avec des émissions grandement appréciées par les téléspectateurs comme *Le Zoo du capitaine Bonhomme*, *Symphorien* et *Jeunesse d'aujourd'hui*. Deux écoles s'affrontent, l'une qui prétend élever son public, alors que l'autre cherche à offrir à ses fidèles du divertissement pur et simple. L'opposition entre les deux visions divise la province : faut-il éduquer le peuple ou le distraire ? À ce titre, la Place des Arts est le lieu d'expression du sentiment, éprouvé par certains, que la grande culture, celle de la France principalement et du grand monde, doit appartenir aux riches et à ceux qui ont les moyens de voyager, mais certainement pas aux ouvriers qui savent à peine lire et écrire, aux édentés ou aux exploités ; ceux-là n'assisteront jamais à un concert de musique classique de leur vie, pas plus qu'à une pièce de théâtre importée d'ailleurs. Ils sont donc nombreux, ceux qui se sont offusqués de payer pour une salle coûteuse qui n'appartiendra qu'aux lettrés et aux intellectuels.

De par ses fonctions à la direction de la programmation, Ariane Calvino doit tenter de réconcilier tous les points de vue et d'offrir au plus grand nombre un accès à la culture en même temps qu'un divertissement de qualité. Pour sa part, elle nourrit la conviction que la télévision a pour mission d'élever son public pour l'ouvrir au monde, l'inciter à réfléchir, plutôt que de l'abrutir en le maintenant dans son ignorance. Mais elle a ses détracteurs, et la loi du nombre joue contre elle. *Échos vedettes* en témoigne : en quelques années à peine, Télé-Métropole s'est taillé une place enviable avec ses émissions populaires et sans prétention, ignorant la culture plus raffinée.

Un cognement à la porte la tire de sa lecture. À peine a-t-il franchi le seuil du bureau que Léon Saintonge, l'air contrarié, lui annonce tout de go qu'il rentre bredouille de Toronto : personne là-bas n'a pu lui révéler quoi que ce soit. James et Anaïs n'ont pas mentionné où ils allaient. Ils auraient vidé leur logement en quelques heures après avoir réglé leur loyer. Pas de nouvelles non plus du côté du Royal Alexandra Theatre, où elle ne s'est pas présentée depuis plus d'une semaine.

— J'ai interrogé la logeuse, les collègues et même le directeur de la pièce, j'ai parlé à tous ceux qu'elle a fréquentés au cours des derniers mois et elle n'a rien dévoilé de ses plans à personne. Le père de James en savait encore moins que moi. Un ami leur a vendu sa guimbarde, il y a quelques jours. Mais il ne savait rien de plus.

Heureusement qu'Ariane se trouve assise. Elle sent un grand froid lui traverser le corps. Anaïs a disparu. Elle s'est enfuie. Que cherche-t-elle à éviter ? A-t-elle contracté des dettes envers la pègre ? Tout de suite, son imagination s'emballe et elle invente le pire. Son cœur de mère, fatigué, bat à contretemps. Elle se sent orpheline. Après le départ d'Henri vers l'Angleterre, pour découvrir le monde, voilà qu'Anaïs lui échappe à son tour, pour de bon. Elle le sent. Il ne reste plus à la maison que son fils Claude. Saintonge ne pourra plus, après ses séjours à Toronto, lui donner des nouvelles si précieuses, même vagues, même mauvaises, de son aînée et de cet avenir de bohème qu'elle s'est taillé.

— Ils sont partis vers les États-Unis. J'en mettrais ma main au feu. Elle parlait souvent d'Hollywood et, comme toutes les starlettes de son âge, souhaitait tenter sa chance au cinéma là-bas.

Tandis que Léon discourt à propos du film *The Sound of Music*, un chef-d'œuvre musical dont Anaïs lui a vanté les qualités artistiques, avec les prestations mémorables de Julie Andrews et de Christopher Plummer, Ariane pense à Eugène, son homme, qui l'a tant de fois invitée à croire au retour de sa grande fille.

— C'est une passade. Elle va revenir. Elle sait qu'on l'attend et qu'on l'aime. Un jour, elle va rentrer, je te le jure…, s'acharnait-il à répéter.

Cette fois, ses espoirs s'effondrent. Il faut qu'elle se résigne. Elle ne révélera rien à son amoureux des nouveaux développements de cette fatidique journée. *Cela vaut mieux ainsi*, décide-t-elle en son for intérieur. Elle coupe court aux déclarations de Saintonge, lequel, au moment de quitter la pièce, lance comme pour provoquer une réaction :

— Et si je partais pour Hollywood, moi aussi ? Un bon imprésario peut y faire fortune, m'a-t-on dit !

— Encore faudrait-il que vous parliez anglais, Léon !

— *But I do ! I am perfectly bilingual*[1], affirme-t-il avec un accent *british* à couper au couteau qui la fait éclater de rire.

1. Mais je le parle. Je suis parfaitement bilingue.

— L'anglais des Américains, mon pauvre Léon, pas celui des Français !

Avec le temps, cet homme, sans être devenu un ami, a tout de même gagné son estime. Il a démontré une grande générosité envers Alice, notamment, dont il s'occupe encore avec diligence et à qui il rend visite pour regarder avec elle la télévision qu'il lui a procurée. Il fait preuve d'un intérêt réel pour le bien-être d'Anaïs. Ariane s'était trompée sur son compte. Et elle comprend aujourd'hui pourquoi Agathe s'est laissé séduire. Il fait succomber à peu près tout le monde et on n'a que de bons mots pour lui. Pourtant, invariablement solitaire, il n'a jamais que des aventures amoureuses passagères et, elle le devine, décevantes…

— Votre sœur m'a pris mon cœur à jamais, lui a-t-il brièvement répondu quand elle l'a questionné sur le sujet, sous-entendant combien il a regretté de s'être détourné d'Agathe et de l'avoir renvoyée seule, enceinte, sur un bateau en direction de l'Amérique…

Après avoir dormi dans la voiture pendant quelques heures dans une bourgade et avalé un hot-dog et une boisson gazeuse pour souper, le couple a repris le fil de son équipée. Ni lui ni elle ne s'attendaient à découvrir au bout de la route une pieuvre aussi agitée et aux tentacules sans fin.

Manhattan brille de tous ses feux. Sur l'autoroute longeant la Harlem River, une bagnole rouillée de couleur crème tente de se donner l'air de savoir où elle va, suivant le flot continu mais presque agressif des automobiles en mouvement vers le centre de la ville.

Dépassé, James essaie de garder son calme au volant, tandis qu'Amy, penchée sur la carte routière, la tourne dans un sens puis dans l'autre, amusée.

— Je ne vois pas Greenwich Village, constate-t-elle, un peu déçue. Je ne sais pas où on se trouve.

— Sortons ici, on verra bien.

La Chrysler s'engage courageusement dans la bretelle, s'enfonçant dans la ville. Amy lit « Harlem » sur un panneau, trop tard. S'il est un quartier à éviter, c'est celui-là, leur a-t-on dit. Ils s'y dirigent pourtant à bon rythme, soulagés malgré tout d'avoir échappé au courant tourbillonnant. Dès les premières bâtisses, la misère, celle qui enlève toute fierté, s'impose. La nuit tombe sur les constructions de carton, les enfants errants, déguenillés. Çà et là des attroupements ; deux ou trois colosses à la peau foncée et au regard dur s'appuient le long d'une clôture bordant des terrains vagues. Leur peau noire n'est rien en comparaison de la colère qui semble émaner d'eux. La frousse prend aux tripes à la vue de ces fantômes et le couple n'y échappe pas. Les Robert n'ont pas un sou en poche et ne possèdent rien, à part la voiture, et conviennent qu'au pire ils l'abandonneront. Cette idée les ragaillardit et, doublée de leur inconscience quant aux risques pour deux Blancs de s'aventurer en terrain interdit, leur donne l'audace de traverser. Mais à plus d'une reprise ils sont ralentis, des faciès agressifs et fermés leur font face à travers les vitres de la voiture, les uns arrachant les essuie-glaces, les autres exhibant leur couteau de poche et menaçant de crever les pneus. Avec une candeur un peu loufoque, James et Amy sourient néanmoins, agitent la main, saluent amicalement. Ils poussent même l'audace jusqu'à s'arrêter dans un bar pour y boire une bière. Leur attitude pacifique et leur naïveté permettent qu'ils se tirent d'affaire pour se rendre jusqu'en terre moins hostile. Tandis qu'ils tournent en rond et perdent plusieurs heures à retrouver leur chemin, ils comprennent qu'ils viennent de découvrir un autre visage de l'Amérique.

Ils atteignent Greenwich Village à cinq heures du matin. Un ami torontois les a recommandés à un de ses copains qui a accepté de leur louer une chambre chez lui. Le lever du soleil, grandiose avec ses rayons trouant les arbres, les réconcilie avec la peur découverte pendant leur traversée hasardeuse. Amy ne pense qu'à trouver un lit pour s'y écrouler. Tirant son sac à dos du coffre ouvert et déjà écrasée par la chaleur, elle s'étonne de voir autant de gens qui vont et viennent avec une lenteur et une nonchalance tranchant sur ce qu'elle a ressenti dans d'autres quartiers. Puis une musique lui parvient de loin, mais tout de même suffisamment audible pour qu'elle y reconnaisse quelques lignes mélodiques de jazz. Les airs que Marcel aimait lui reviennent en plein cœur. Tout s'annonce bien.

Leur immeuble, délabré, ne comporte aucun de ces ornements architecturaux qui enjolivent les bâtiments voisins. Un escalier d'une dizaine de marches, pourri par endroits et d'une couleur mal définie, mène à une porte rougeâtre avec, au bas, l'usure due aux coups reçus. Sur le palier, Amy ne trouve pas de sonnette. Après que James a cherché aussi, ils se résignent à entrer, enfonçant chacun leur tour un pied dans le portail. La musique de Charlie Parker et de son langoureux saxo les enlace avec amour. L'image de Marcel revient à Anaïs par cette musique qui résonne toujours en elle. Après des années de fuite, elle a envie de tout arrêter et d'appeler à la maison pour entendre la voix de sa mère. Elle aimerait avoir atteint le bout de sa révolte et s'autoriser à rentrer. Un dogue énorme surgit devant elle et la détourne de ses pensées. Équivoque, il s'avance, agitant la queue en guise de bienvenue, mais aboyant en signe de méfiance. Elle pose une main sur le crâne de la bête à qui elle s'adresse doucement, tandis que James poursuit dans le couloir. Il appelle un certain Tom, en vain. Çà et là, des vêtements jonchent le sol. Le mur, fissuré, bombe par endroits sous le papier peint rayé. L'appartement dénote un état de délabrement important, plus avancé même que celui des logis qu'ils ont habités à Toronto. Elle tourne la tête vers le salon et aperçoit trois ou quatre corps d'hommes et de femmes nus, enlacés, en désordre. Elle a le réflexe et la pudeur de détourner le regard et recule de quelques pas. Réveillé par le bruit, Tom se détache du groupe, soulevant la tête et répondant d'une voix rauque aux appels de James. Manifestement endormi, il ne semble pas avoir été mis au courant de l'arrivée des nouveaux visiteurs. Avec le calme d'un Bouddha, mais nu comme un ver, la barbe hirsute, les cheveux longs, crépus et en bataille au point de tenir presque à la verticale, Tom finit par saisir les propos de son interlocuteur.

— *You wanna stay here with us, my brother ? Then you stay*[1], décrète-t-il en accompagnant sa réponse d'un grand geste d'ouverture.

Sa maison devient aussi la leur, sans qu'il y voie de problème ni ne pose aucune restriction. Il explique

1. Tu veux vraiment habiter avec nous, mon frère ? Alors reste.

qu'il suffit de mettre de l'argent, en fonction de ses moyens, dans le pot de verre sur le comptoir décati de la cuisine, au milieu des assiettes incrustées de nourriture, des tasses ébréchées oubliées dans l'évier de fonte strié de marques grises. Ensuite, on réunit le groupe chaque samedi précédant le premier du mois et on s'organise pour qu'il y ait assez d'oseille pour couvrir le loyer. Et c'est tout. Pour le reste, les questions d'organisation de la vie en groupe semblent lui passer complètement par-dessus la tête. Il indique vaguement la direction des chambres, s'arrête le temps de pisser, puis reprend le chemin de la pièce centrale pour s'y recoucher au milieu des autres, toujours assoupis.

Amy Page et James Robert se sentent néanmoins au bon endroit. Ils entrent à New York par la grande porte, celle des *beatniks* du quartier de la rébellion, des drogues dures et des pacifistes opposés à la domination internationale, au conformisme et à la consommation excessive de l'Amérique d'après-guerre.

Le 115 MacDougal Street lui apparaît comme une lumière dans la nuit. Au Café Wha ?, quiconque veut se produire peut le faire, sans intermédiaire ni autorisation à demander. Amy Page s'y rend tous les soirs, après des journées souvent éprouvantes jalonnées de tentatives généralement infructueuses auprès de divers producteurs de cinéma et de télévision. Dans cet endroit fréquenté par les poètes et les marginaux, elle assiste à des spectacles hétéroclites allant du meilleur au pire, selon les compétences des artistes et leur degré de sobriété. La force de cette relation directe, dans un lieu où la vedette touche presque son auditoire, l'impressionne. Elle n'ose pas se l'avouer au début, mais elle souhaite secrètement, elle aussi, monter sur cette scène minuscule pour faire l'expérience du spectacle en direct.

Quand elle propose à James de lui écrire un texte qu'elle pourrait réciter et qui serait plus proche du théâtre que de la poésie, son amoureux fait montre d'un certain intérêt. Il promet de s'y mettre. Elle le voit de temps à autre s'attabler pour écrire. Mais James se trouve rapidement distrait par l'un ou l'autre des nombreux visiteurs qui vont et viennent dans l'appartement, se procurant quelques grammes de haschisch, buvant une bière, restant une partie de la nuit pour chanter et jouer de la musique. Dans cet univers déjanté, souvent sans prise avec la réalité, son compagnon semble avoir trouvé une vérité et un bonheur nourrissants. Cette angoisse d'écrire, ce besoin d'exister qu'il a toujours eus semblent l'avoir quitté.

— Qu'est-ce que tu attends ?

— L'inspiration… Et elle ne me vient pas.

Lasse d'attendre que le génie de son mari se manifeste enfin, Amy entreprend de se mettre toute seule à la tâche. Au cours de ces soirées de plus en plus fréquentes où James l'abandonne à l'appartement, elle s'installe à la table de la cuisine et noircit des pages. Au début, l'exercice se révèle des plus pénibles. Puis, au fil des soirs, le cheval fougueux se laisse apprivoiser. Elle entend des mots, puis des phrases, qu'elle joue et rejoue dans sa tête, pour ensuite les réciter à voix haute. Chaque fois qu'elle saisit le crayon, l'émotion qui surgit est invariablement celle de ce jour où elle a compris que son bébé ne lui reviendrait pas, qu'elle ne reverrait plus le visage de cette petite qu'elle a si mal aimée. D'un soir à l'autre, la lettre s'allonge, alors qu'elle s'adresse à cette enfant qu'elle a perdue, qu'elle ne veut pas retrouver, mais à qui elle souhaite la meilleure des secondes chances.

Après plusieurs mois d'un labeur humble et difficile, son ouvrage révèle ses formes, son rythme, sa tension dramatique. Sa première ébauche complète lui semble trop proche de la vérité, trop révélatrice. Pour en juger, elle se demande ce que James en dirait. *Trop personnel. L'écriture doit être métaphorique.* Suivant ces préceptes, elle reprend son texte, transposant son histoire dans un univers animalier, avec au cœur du récit un personnage principal particulier, celui d'une mère éléphant. Un peu à la manière des fables de La Fontaine qu'elle a tant récitées, elle construit un conte moral que cette fois, du moins le croit-elle, James appréciera.

Elle hésite longtemps avant de se décider, hantant le Café Wha ?, assistant aux spectacles les plus loufoques et se réconfortant, jugeant qu'elle ne pourra pas faire pire.

Elle aurait préféré mettre James au courant de son projet et trouver auprès de lui un encouragement à passer à l'action. Mais elle ne reconnaît plus son partenaire de jadis. Il se révèle maintenant distant, impatient en permanence. Il s'éloigne sans qu'elle sache trop pourquoi et n'a plus le même empressement envers elle. Quand elle a tenté de s'en ouvrir à lui, il a répondu d'un ton sec qu'il travaillait désormais sérieusement, qu'il écrivait et n'avait plus la même disponibilité.

Elle finit par choisir un soir d'affluence, après s'être assurée que James ne s'arrêterait pas au Café Wha ?. Si elle doit échouer, Amy Page ne veut pas que ce soit devant l'élu de son cœur. Elle se présente donc au propriétaire et lui signifie son intention de réciter son monologue. Elle tombe bien, une place lui est accordée.

À quelques heures de monter sur scène, elle se questionne sur ses intentions. Pourquoi ce besoin de raconter publiquement cette histoire ? Que cherche-t-elle ? Elle est près de tout annuler, mais décide de continuer. C'est seulement une fois installée sur le petit carré surélevé et étroit que ses doutes se dissipent.

— *Hello, my name is Amy Page, and I want to tell you a story about elephants. About how the mothers give birth to their babies, and why they abandon them*[1]...

Le mot « éléphant », tellement exotique dans ce boui-boui perdu en plein cœur de Manhattan, frappe dans le mille. Elle retient l'attention d'un nombre suffisant de spectateurs pour trouver le courage de poursuivre son allégorie. Son histoire d'amour aussi incongrue que magnifique, transposée entre deux mastodontes, fait son effet. Sa voix et son âme prennent leur envol. Elle incarne son personnage parfaitement, la lourdeur d'un cœur maternel lui va comme un gant. Sa prestation ne subit aucun des dérangements impromptus pourtant si fréquents dans cet endroit désordonné. Dans la salle, on entendrait voler une mouche. La foule s'efface tandis qu'Amy déclame son texte, y mettant de plus en plus de cœur et se donnant avec contrôle. Toutes ces années d'espérance lui traversent le corps. Elle renoue avec la comédienne, sur une vraie scène,

1. Hello, mon nom est Amy Page, et je vais vous raconter une histoire d'éléphants. Comment les mamans donnent naissance à leurs éléphanteaux et pourquoi elles les abandonnent...

jouant un rôle. L'extase se révèle à elle, tellement intense et essentielle qu'elle transforme son jeu. Au moment où James fait la découverte du LSD, Amy, de son côté, renoue avec une drogue tout aussi dure : celle des applaudissements du public et des bravos qu'elle voudrait éternels.

Quand elle emprunte le chemin pour rentrer chez elle, elle le fait avec un certain bonheur. Elle pousse la porte, gagne sa chambre et trouve sur le lit un sac de plastique avec cinq ou six capsules d'acide. Si James l'a laissé là, bien en évidence, c'est qu'il voulait qu'elle sache. Elle saisit la pochette, la lance par la fenêtre au milieu des rebuts accumulés entre les deux bâtisses.

Chapitre 13

En ce 28 février 1966, tout le gratin du milieu du cinéma et de la télévision est réuni à la cérémonie des Golden Globes pour couronner les lauréats de 1965, une année fort prolifique. Omar Sharif triomphe grâce à son interprétation magistrale dans *Docteur Jivago*, l'adaptation du célèbre roman russe de Boris Pasternak. *The Sound of Music*, également primé, porte Julie Andrews aux nues. Les célébrations, d'un faste ostentatoire, offrent l'image d'une richesse sans limites.

Amy Page, fascinée, s'agrippe à sa coupe de champagne sans parvenir à se mêler à la foule des invités dont elle fait partie. Elle ne peut détacher son regard du téléviseur, détaillant les tenues excentriques des stars. L'une porte une robe à paillettes d'or et à encolure ronde et doublée de peau de léopard, aux côtés d'une autre s'affichant dans une robe à volants en plumes d'autruche teintées d'un orangé criard. Les plus conservatrices, néanmoins colorées, se présentent dans des fourreaux satinés, souvent bleus, vert turquoise, fuchsia, ou dans des robes cintrées au buste, mais laissant exploser les hanches sous des couches multiples de tissu. Les coiffures sont relevées, imposantes et figées par la laque.

Aux oreilles et au cou, les bijoux scintillent et ajoutent à l'impression de faste qui se dégage de l'ensemble des tenues. La cérémonie se déroule dans une effervescence générale. Amy réalise qu'il y a peu de gens de couleur au milieu de cet univers de luxe excessif et peu de place accordée aux Afro-Américains sur les écrans des États-Unis. Le plus souvent, lorsqu'on montre des Noirs à la télévision, c'est à l'occasion d'émeutes ou de manifestations dont la Californie a ironiquement été le théâtre récemment. Dans certains quartiers règne une misère inimaginable, sans eau courante, aux murs couverts d'injures et de revendications blasphématoires, mais ils côtoient l'opulence et le gaspillage de ces réceptions destinées à faire rêver et à magnifier le fantasme de la richesse. Tout en observant chaque détail du spectacle, la jeune femme se demande si elle ne fait pas elle aussi partie de cette grande majorité de ceux qui ne seront jamais admis au club sélect des heureux élus du succès et du show-business. Elle porte la coupe à ses lèvres et se perd un instant dans ses pensées. Elle se souvient qu'il y a déjà une année de cela, jour pour jour, alors qu'elle descendait les marches de la scène du Café Wha ?, un homme l'avait interpellée, l'invitant de son index recourbé à le rejoindre à sa table.

— *We must talk*[1]..., avait-elle déchiffré en lisant sur ses lèvres.

Encore ahurie par sa prestation, répétée une nouvelle fois à la demande générale avec autant de succès, elle n'avait pas hésité, avançant d'un pas rapide, se faufilant entre les tables au milieu des bravos et des avances

1. Il faut que nous parlions...

à peine voilées des clients aguichés. Une fois devant l'homme, elle l'avait vu se lever de sa chaise, dévoilant son mètre quatre-vingt-dix. Il l'avait saisie par les épaules et l'avait forcée à le regarder.

— *I want you on my show. I work for Warner Bros. Television*[1].

Amy Page, soufflée par sa déclaration, avait hoché vigoureusement la tête, signifiant qu'elle acceptait sans hésiter. M. Ritchie avait griffonné une adresse à laquelle elle devait se rendre prestement.

— *Someone will be waiting for you... For a role*[2].

L'homme ne lui avait pas menti : une semaine plus tard, elle intégrait les rangs des starlettes embauchées pour faire de la figuration pour l'une des séries télévisées du moment. Comme plusieurs autres, elle jouait une secrétaire dans un bureau de détectives privés aux prises avec des crimes à élucider.

M. Ritchie apparaissait de temps à autre dans le studio, saluant les uns, mais surtout les unes. Les premiers jours, il lui avait envoyé le bonjour de la main. Les filles sur le plateau avaient tout de suite compris qu'il s'agissait d'un appel auquel elle devait répondre sans hésiter. Mais Amy Page s'était contentée, avec son plus beau sourire et un clin d'œil dans le regard, de retourner un « hello » plutôt réservé. Elle qui aurait donné n'importe quoi pour une ou deux lignes à réciter sur les ondes n'entendait pas s'avancer sur le terrain de la séduction. Si M. Ritchie voulait la garder, il faudrait que ce soit pour son talent.

1. Je vous veux pour mon émission. Je travaille pour la *Warner Bros.* Télévision.
2. Quelqu'un vous y attendra… Pour un rôle.

Jim Carter, le réalisateur et chef sur le plateau, exigeait des actrices une soumission complète, tant sur le plan des consignes de jeu que sur le plan personnel. Dès ses premières apparitions, Amy avait eu l'audace d'imposer une attitude à son personnage, accentuant sa démarche, relevant le regard et lui donnant du caractère. L'initiative, quoique juste, avait contrarié le *director*, qui avait exigé qu'elle cesse sur-le-champ cette initiative. Amy s'était soumise. Mais il était déjà trop tard. Blessé dans son orgueil, Carter l'avait prise en grippe. Quelques jours avaient suffi à ce qu'elle soit expulsée du plateau et remerciée pour ses services au cours d'une scène d'autant plus humiliante qu'elle s'était déroulée dans les loges communes.

M. Ritchie était passé au moment où Amy quittait la maison de production en s'efforçant de retenir ses pleurs. L'homme avait tôt fait de comprendre ce qui venait de se passer et avait suivi discrètement la jeune femme à l'extérieur de l'édifice. Quand il l'avait rejointe et questionnée doucement, elle n'avait pas hésité à exposer et à défendre sa vision du rôle, trouvant plus d'intérêt à ce qu'une femme, fût-elle secrétaire, se distingue et affiche une certaine force de caractère. Amy n'avait plus rien à perdre et s'exprimait sans retenue : si elle devait devenir comédienne, autant que ce soit pour tenir de vrais rôles qui avaient de la consistance ! Sensible à son point de vue, l'homme l'avait écoutée avec diligence, puis avait finalement donné raison à l'apprentie starlette. Une semaine plus tard, elle avait retrouvé son rôle, avec cette fois quelques lignes à prononcer, échappant au silence et à la mièvrerie.

Après cette incontestable victoire et une augmentation substantielle de son cachet, Amy Page s'était rendu compte qu'elle avait gagné bien plus que quelques répliques : elle avait obtenu la protection et les conseils d'un mentor. Jo, comme M. Ritchie demandait que ses collaborateurs l'appellent, avait vu en elle une approche nouvelle de la beauté féminine et de la séduction, lui donnant raison dans sa volonté de proposer une image plus émancipée de la nouvelle génération.

En échange de son soutien, Jo n'exigeait rien, ne cherchait pas à obtenir de faveurs physiques ou sexuelles. Lors des sorties où elle l'accompagnait, il la présentait comme sa « protégée », mais n'avait jamais exigé qu'elle monte avec lui à sa chambre d'hôtel. Elle rentrait donc seule à son appartement, où James brillait par son absence.

Quelques mois plus tard, recommandée et soutenue financièrement en majeure partie par Joseph Ritchie, elle entre à l'Actors Studio, sur la 44e Avenue Ouest, à New York. De tous les commentaires glanés ici et là sur cette école, c'est l'aspect ludique de l'approche qui l'a séduite. Et puis le studio, fréquenté par des célébrités, accroît à lui seul la réputation de ses élèves dans le milieu du cinéma et de la télévision. Pleine d'espoir pour sa réussite, elle s'implique aux ateliers, travaille avec acharnement, effectuant les exercices, se dépouillant peu à peu de ces tics que la télévision lui a imposés.

Tranquillement et sans qu'elle s'en méfie, les exercices effectués la ramènent sur un rivage déserté. Forcée par le jeu, elle est confrontée à des parties sombres de son âme. Colère, rage et agressivité émanent de sa gestuelle au point que cela la gêne. Elle résiste tant qu'elle le peut à exprimer ces traits. À cela s'ajoute cette impression de se dissoudre, de couler comme l'eau d'un vase brisé, qui lui revient d'un coin oublié de son âme, particulièrement au moment de se mettre au lit, de fermer les yeux et de s'abandonner. Comme Alice au pays des merveilles, elle a le sentiment de perdre pied et de tomber dans un gouffre sans fin. Elle reconnaît cette sensation qui la met mal à l'aise. Elle s'endort avec de plus en plus de difficulté, d'un sommeil léger ponctué de cauchemars et de fuites éperdues. Le jour venu, une oppression, un serrement lui étreint la poitrine. Il lui arrive de traverser des moments de panique intense qu'elle cherche à cacher aux autres. Parfois, elle doit rentrer chez elle au pas de course, haletante et angoissée, comme si elle était poursuivie par un tueur.

Dans cette détresse croissante, James ne lui est d'aucun secours. Il se montre sourd à ses frayeurs, l'esprit totalement accaparé par ses préoccupations artistiques. Ses compositions, qu'il accompagne lui-même à la guitare, lui ont valu une proposition de disque, trois musiciens se joignant à lui. Avec l'enregistrement de son album qui approche, il travaille jour et nuit. Sa tendance au perfectionnisme maniaque s'est accentuée. Plus rien n'importe que de corriger les harmonies, de modifier et d'ajuster les arrangements, de répéter sans relâche les doigtés. Quand il rentre à l'appartement – sporadiquement –, épuisé par le travail et les abus, il est tout juste bon à dormir quelques heures pour mieux repartir. Il n'offre aucune résonance aux tourments qui ruinent l'existence de son amoureuse.

Amy fait de son mieux pour tenir le coup, jusqu'au soir de la retransmission de la remise des prix des Golden Globes où, en pleine réception réunissant ses collègues comédiens de l'Actors Studio, elle est surprise par un serrement intense à l'abdomen. Elle se replie sur son ventre comme si elle avait reçu un coup de poing. La douleur s'impose tant qu'elle ne parvient plus à respirer normalement. Poussée par le réflexe de fuir, elle échappe discrètement à ses compagnons de jeu, se faufile dans le couloir avec l'idée de prendre son manteau au vestiaire et de rentrer chez elle. Elle réalise trop tard qu'on la suit. Elle se retrouve seule dans un passage étroit qui mène vers l'extérieur. Un homme, derrière elle, d'une pression discrète mais ferme, l'invite à avancer vers une porte qu'il lui ouvre avec galanterie. Lorsqu'elle se retourne, elle reconnaît Jim Carter, le réalisateur, celui dont elle a publiquement critiqué les directives et ébranlé l'autorité. Il avance vers elle.

— *Amy Page... Nice to see you here*[1]..., murmure-t-il sur un ton aux sonorités que la jeune femme interprète comme une menace.

Elle ferme les poings, prête à bondir et à frapper pour se défendre. Une bête s'éveille. Tandis qu'il s'approche, elle est plus que jamais persuadée du danger qui la guette. Le réalisateur blessé tient l'occasion de la faire payer pour son impertinence. Il la domine de son corps tandis qu'elle cherche en vain une issue. Un silence pesant raréfie l'air. Les secondes lui semblent des heures. Elle recule vers un amoncellement de costumes de scène empilés. Où se trouve-t-elle ? L'homme bloque les issues. Une fureur monte en elle et lui chauffe le visage, la plaçant en mode d'attaque. Son geste n'a rien de calculé : vive comme l'éclair, elle tend la main droite et enfonce ses ongles dans la chair offerte de la joue. Carter pousse un cri de douleur.

1. Amy Page... Ravi de vous revoir...

Figé par la surprise, il n'offre aucune défense. Avec vigueur, elle le pousse d'une main et le frappe de l'autre, heurtant violemment le côté du crâne avec le fermoir argenté de son sac à main. Elle ne le voit pas tomber à genoux, proche de l'évanouissement, les paumes sur l'œil droit. D'un coup de genou, elle lui cogne le menton pour faire bondir la tête durement vers l'arrière. Tout proche, elle aperçoit un meuble et une machine à coudre. Que fait-elle dans cet atelier ? Elle voit des ciseaux dorés, à sa portée, qu'elle pourrait lui enfoncer entre deux côtes, là où le cœur bat et où la vie se montre la plus vulnérable. Elle résiste à son impulsion et fait un effort surhumain pour se dominer. Elle repousse l'homme gémissant. Un filet de sang a giclé sur sa robe et imbibé le tissu rose. Son instinct de survie la somme de quitter les lieux, de s'extirper de la trappe dans laquelle elle risque de se trouver prisonnière, de sortir sans se retourner pour échapper à la portée de son agresseur, qui pourrait se relever. Elle n'a que quelques secondes…

Un flash-back lui revient et s'impose, celui d'une main velue se glissant sur le sexe d'un homme, tandis que l'autre baisse un pantalon. À cet instant, le regard de Gaétan croise le sien. Il semble heureux et assouvi. Comme elle le hait. Un hurlement s'échappe de sa gorge. Elle repousse violemment ce souvenir et fuit sans se retourner. Tandis qu'elle se sauve, des images lui apparaissent… Cette fois, c'est cousin Eugène qui l'enlace et la cajole. Confuse, meurtrie, elle craint de perdre la raison.

Une fois dans la rue, sa course effrénée la pousse droit devant. Éperdue de frayeur, elle ne commande plus ses jambes. Comme un cheval fou, elle se dirige vers son logis, mal tenu, misérable, mais qui constitue néanmoins un abri et où des personnes amies l'accueilleront, lui souriront, ne lui feront pas de mal.

Tandis qu'elle traverse la cité, loin de craindre la nuit et ses ombres, elle s'apaise et le réel reprend ses droits. Après ce qu'elle vient de faire, il faut partir. Si elle reste à New York, elle ne sera jamais plus qu'une autre pauvre starlette frappée de folie. Carter se chargera de briser comme une allumette sa fragile réputation. Ritchie ne pourra plus rien pour elle après son accès de démence. Personne n'acceptera d'entendre sa version des faits. Elle-même serait bien en peine d'expliquer les raisons de sa réaction brutale et exagérée. Elle n'a plus le choix : elle doit disparaître au plus vite, trouver refuge à Montréal, auprès des siens. Et puis elle a un compte à régler avec Eugène. Elle qui s'est longtemps demandé pourquoi elle avait fui sa famille, ses frères, sa mère, et qui ne s'expliquait pas l'extrême gentillesse que manifestait cet homme à son égard. Six ans plus tard, il lui semble qu'une partie de l'énigme se résout enfin… Cousin Eugène aurait abusé d'elle !

Greenwich Village dort à poings fermés. Amy Page lui fait ses adieux. En dépit de ses allures bohèmes et tellement romantiques, ce quartier lui a tout pris : son amour, son travail, ses espoirs de réussite, sa confiance. L'entrée décatie de son logis délabré comme son âme l'attend. Pour une dernière fois, elle grimpe les dix marches à toute vitesse. Une fois la décision prise, il vaut mieux ne pas traîner. Pour une fois, il ne se trouve personne endormi dans quelque coin. La baraque déserte offre un moment de silence et de beauté exceptionnelle à cette maison de style malheureusement laissée à l'abandon.

Encouragée et en paix avec sa décision, la jeune femme file tout droit à sa chambre, saisit sa valise sous le lit défait et s'empresse de la remplir. Par-dessus tout, elle doit éviter de croiser son mari, qui la supplierait de rester et qu'elle n'aurait pas la force d'abandonner. Mieux vaut rompre ainsi, sans explications et sans atermoiements. James mettra probablement des jours à se rendre compte de son absence. Quand il comprendra, elle sera déjà loin…

Tandis qu'à la salle de bains elle s'empare de tous ses objets personnels – brosse à cheveux, brosse à dents, tubes de rouge à lèvres, trousse de cosmétiques –, son visage lui apparaît dans la glace, encore couvert de ses atours de soirée. Amy Page finit ici son périple, qui laisse James, son amoureux, dans le sillage de son aventure américaine. Il ne l'escortera pas au Canada, pas plus qu'elle ne le suivra dans ses explorations oniriques. Leurs routes se séparent là, dans cette masure au bord de l'écroulement. Les États-Unis ne lui donneront pas le rôle tant espéré. Elle ne gagnera jamais rien aux Golden Globes ou aux Oscars, ni ne remerciera sa famille d'avoir cru en son talent. Chagrinée à cette évocation, elle referme l'armoire à pharmacie, se démaquille brièvement et regagne sa chambre. Elle glisse la main entre les deux matelas sans trouver les dollars dissimulés depuis son arrivée. Cette déception achève de la décider. Elle enfile ses jeans, sa chemise à carreaux. Bagages à la main, elle part sans se retourner. *Tant pis ! Rien ni personne ne me retiendra.* Elle emballe à la hâte sa robe de satin saumonée et son étole assortie, qu'elle glisse dans son fourre-tout, et quitte la maison sans demander son reste.

La jeune femme n'a pas d'argent. Quatre jours plus tôt, lorsqu'elle s'est présentée à la Chase Manhattan Bank et a demandé le solde de son compte, la caissière a répondu qu'il ne restait plus rien. James avait tout retiré, jusqu'au dernier sou.

L'ombre de l'immense Grand Central Terminal se dessine au loin. Anaïs met la main à son porte-monnaie. Une carte aux coins racornis se cache toujours là. Pendant toutes ces années, elle a failli la jeter au moins une dizaine de fois, mais finalement elle s'est ravisée et l'a conservée. Le jour de s'en servir est arrivé alors qu'elle décroche l'appareil téléphonique et s'adresse à la standardiste. Elle répète consciencieusement le numéro de celui qu'elle veut joindre. À l'autre bout du fil, la sonnerie retentit au milieu de la nuit. Tandis qu'elle espère une réponse, Montréal lui revient en vrac, ses odeurs, son calme, sa joie de vivre…

— Monsieur Saintonge ?

— C'est qu'il est tard ! Quelle heure est-il ? Vous avez vu l'heure ? répond l'agent, la voix empreinte de sommeil.

— Je m'appelle Amy Page. Nous nous sommes croisés à Toronto à quelques reprises. Vous m'aviez offert du travail que j'avais refusé. Eh bien, je le regrette aujourd'hui. Si, à tout hasard, vous aviez un petit rôle pour moi, n'importe quoi, je l'accepterais sur-le-champ.

Saintonge n'hésite pas longtemps.

— Mais absolument, mademoiselle Calvino. Nous avons la télévision en couleur depuis peu, et vous y ferez fureur, je vous le promets, rétorque-t-il avec un aplomb qui le surprend lui-même.

— Alors, c'est entendu. Mais… je me trouve à New York actuellement. Et je rencontre un petit problème technique…

L'imprésario ne pose aucune question embêtante, de crainte que la jeune femme ne mette fin à la conversation. Elle souhaite prendre le premier train, quitte à voyager de nuit. Saintonge ne tergiverse pas. Ses vieilles habitudes d'agent d'artistes lui reviennent. Il lui donne ses directives, organisant mentalement les procédures. À peine a-t-il raccroché qu'il télégraphie le montant nécessaire pour couvrir le déplacement, permettant ainsi à la voyageuse de payer son passage.

Rassurée de se savoir attendue, c'est habitée d'une grande paix qu'Anaïs rejoint son siège, côté fenêtre, en direction de Montréal…

Chapitre 14

Ariane a beau tirer tant qu'elle le peut sur le pantalon, elle doit mobiliser ses forces et soulever Eugène pour que le tissu coincé sous ses fesses glisse enfin vers le sol. Chaque mouvement s'effectue avec lenteur et exige une patience souvent rare à vingt heures, après une journée de travail éreintante. Elle maîtrise néanmoins ses humeurs, car elle tient à prodiguer les meilleurs soins à son homme au moment de son coucher. Chaque jour, Eugène espère ce rendez-vous où ils se retrouvent, ces gestes tendres qu'elle a pour lui, ces baisers qu'elle pose sur son front, ces caresses douces. Tandis qu'elle l'aide à enfiler son pyjama, elle lui relate sa journée. La moindre anecdote retient son attention. Avec lenteur, il questionne et s'intéresse.

Tandis qu'elle alimente le flot continu de ses paroles, Ariane se souvient de ce soir fatidique où elle l'a retrouvé, dans son bain, suffoquant, le visage presque totalement immergé. Il avait passé de longues heures ainsi, incapable de se retourner, respirant par petites bouffées. Il était passé tout près d'y rester. Après de longs mois d'exercices et de réhabilitation, il est demeuré paralysé sur tout le côté droit de son corps, à cause de l'embolie cérébrale dont il a souffert.

Une fois Eugène allongé sur le lit, Ariane lui masse longuement la jambe, partant du talon et remontant jusqu'à la cuisse. L'odeur d'eau de Cologne se répand dans la pièce, avec ses accents fruités. D'une main adroite, elle défait les plis des draps, changés tous les jours. Prisonnier de son corps, très affaibli et ne parvenant à s'exprimer qu'au prix d'une gymnastique faciale compliquée, il garde une vivacité d'esprit étonnante et une sensibilité à fleur de peau. Aux yeux d'Ariane, l'épreuve n'en est que plus cruelle.

Empathique, l'aide-infirmier qui a passé la journée auprès d'Eugène s'assure que celui-ci ne manque de rien et quitte la demeure, laissant au couple son intimité. L'employé referme la porte derrière lui, touché par la force de cet amour exemplaire.

En dépit de ses efforts pour rester éveillé, Eugène s'épuise rapidement et tombe de fatigue. Ariane sait qu'est venu le moment de céder la place au silence. Elle saisit la main de son cher ange, la serre doucement tandis que, de son regard doux, il lui envoie son immense tendresse. Quelle absurdité la vie, parfois ! Alors qu'il ne touchait plus à l'alcool, qu'il travaillait avec bonheur à Radio-Canada, qu'il connaissait un certain succès comme peintre et qu'ensemble, une fois les trois enfants partis, ils traversaient un renouveau amoureux, il a fallu que ça arrive…

Anaïs n'oubliera jamais le jour de son retour à Montréal, alors que la ville lui apparaît, comme émergeant soudainement des nuages. Elle ne la reconnaît plus, tant elle a changé. Elle l'a quittée adolescente, elle la retrouve mûrie par les années de défaites. Après son séjour dans la ville qui ne dort jamais, elle trouve que Montréal ressemble à une bourgade de province. La locomotive ralentit sa cadence et entre en gare. Il faut un temps pour traverser les raffineries et les entrepôts industriels, puis rejoindre les quais de débarquement. Les wagons s'immobilisent. Patiente, appuyée sur le sac à main qui a frappé Carter quelques heures plus tôt, elle attend que le chef de train invite les passagers à descendre. C'est seulement lorsqu'elle pose le pied sur le quai qu'elle prend pleinement conscience de ce qu'elle a fait.

Léon Saintonge, une rose à la boutonnière, est là tel qu'il l'avait promis. Le cœur du pauvre homme bat la chamade et ses mains moites trahissent sa nervosité. Anaïs a mis tant d'années à répondre à son appel qu'il ne veut rien gâcher de ce moment précieux qu'il voit comme un pardon. Cela même si elle ignore tout de lui et qui il est véritablement. Il ne veut pas dévoiler la vérité. Le simple fait de revoir sa fille et de lui parler suffit. Il est devenu vieux et la sagesse a tranquillement eu raison de lui. Certains secrets valent mieux qu'on les emporte au paradis. Il n'aspire plus qu'à ne pas mourir seul et oublié. Anaïs lui offre peut-être une chance de voir ce souhait exaucé. Mais il lui faut cette fois faire preuve de doigté pour ne pas effaroucher l'enfant prodigue.

— Bonjour, *miss Page* !

Elle pose son regard sur lui et il a la nette impression, comme un vertige, de revoir Agathe. Chaviré, les larmes lui montent au coin des yeux. Une magnifique femme de vingt-cinq ans, fruit d'une passion à laquelle il regrettera toujours d'avoir mis fin aussi durement, lui tend la main.

— Appelez-moi Anaïs Calvino, s'il vous plaît. C'est mon vrai nom et je n'utiliserai plus l'autre, répond-elle avec assurance, car elle a bien réfléchi à son nouveau départ.

— J'espère que vous avez fait bon voyage.

— Je vous remercie de m'avoir avancé l'argent. Je vous rembourserai sur mes premiers cachets.

— Ne vous inquiétez pas, je n'en ai pas besoin. Rien ne presse. Je vous ai réservé une chambre dans un hôtel de la rue Sherbrooke. Où sont vos valises ?

— Je n'en ai qu'une. Et encore, elle n'est pas pleine. C'est parfait comme ça !

Il se démène pour lui faciliter les choses, l'enveloppant dans un manteau chaud qu'il a pensé à apporter pour elle. La bienveillance quasi paternelle de cet étranger à son égard la touche et la réconforte. Il saisit la poignée de son bagage et s'engage vers la sortie. Elle le suit en boitillant, pour atténuer la douleur à la cheville qu'elle s'est tordue lors de sa fuite précipitée…

Dans le taxi qui suit la rue Sherbrooke vers l'est, Léon Saintonge explique à quel point ce qu'elle a connu à Toronto et aux États-Unis, sur le plan professionnel, diffère de l'atmosphère qui règne à Montréal.

— Le fait de parler français constitue la première différence. Les gens de la province ont une langue et une culture à défendre, au milieu de cette mer d'Anglais. Ils se comportent autrement face à leurs artistes, ne serait-ce que pour cette seule raison.

S'enthousiasmant, il lui brosse un survol historique de ce qu'a été l'évolution des arts depuis le début du siècle et l'accélération que leur ont donnée la radio puis la télévision.

— Elle a permis de cimenter le peuple d'ici, qui a pu se donner une image de lui-même.

Il en a pour preuve cette suite impressionnante de pièces de théâtre, de séries dramatiques, de concerts et d'interviews, qui a transmis aux gens l'amour et la fierté de leur identité propre. Ses propos trahissent l'attachement qu'il éprouve pour ces gens courageux. Et sur un ton presque solennel, il poursuit :

— Au Québec, les artistes sont traités et aimés comme des membres de la famille. Comme vous tiendrez bientôt un rôle dans une série populaire, il faudra vous en montrer digne. Voilà ce que je tenais à vous dire, mademoiselle Calvino, décrète-t-il tout en lui posant sur le dessus de la main un baiser très « vieille Europe ».

D'abord amusée par le personnage, Anaïs s'y est attachée. Grâce à la bienveillance de Léon, les choses se sont déroulées plus facilement que tout ce qu'elle a connu depuis son départ de Montréal, les portes s'ouvrant toutes grandes sans qu'elle ait à les forcer. Quelques jours plus tard, Léon s'était présenté à son hôtel avec une pile de textes à lui faire lire.

— Je vais vous préparer pour votre audition, car l'avenir appartient à ceux qui savent leurs textes ! N'oubliez jamais cela.

Les épisodes, dupliqués à l'aide de papiers carbone glissés entre les pages, salissent les doigts et marquent les vêtements d'une poudre noire. Saintonge lui impose de lire une année complète de diffusion, lui traçant verbalement un portrait élaboré de chacun des personnages, de façon qu'elle comprenne parfaitement l'univers dans lequel elle aura à s'intégrer. Un si précieux apport permet à la jeune comédienne de trouver rapidement le ton juste et d'y ajouter ses propres nuances.

— Je suis bien placée pour la comprendre, cette héroïne, déclare-t-elle, on jurerait que ce rôle a été écrit pour moi.

L'air heureux de l'entendre, l'imprésario marque un temps, puis fait passer ses pouces sous ses bretelles, un tic trahissant sa nervosité, et lui dit maladroitement :

— Je dois vous avouer que je connais très bien votre grand-mère, qui m'a souvent parlé de vous. Votre mère est aussi une amie...

Anaïs se sent trahie. Ses épaules se contractent et son regard se durcit à l'évocation de sa mère, qui refait déjà surface. Elle s'en rend bien compte, elle n'est pas prête à renouer avec Ariane. L'homme pose une main chaude sur son avant-bras et la force à le regarder bien en face.

— Elle sait, pour votre retour en ville. Je ne lui ai rien caché.

— De quel droit ? Vous m'avez trahie !

— Anaïs, vous ne m'avez pas demandé la confidentialité. Et vous avez devant vous un homme honnête.

Il maintient son emprise, s'adressant à elle avec une autorité qu'il ne se connaissait pas, bien décidé à dissiper ses suspicions. Il évoque son amitié de longue date avec Alice Calvino, l'aide et le soutien qu'elle lui a apportés alors qu'il arrivait de France, sans un sou. Il enchaîne en parlant d'Ariane et de leur travail commun dans le milieu artistique. Avec douceur, il précise qu'il a été témoin des moments très difficiles qu'elle a traversés et de son grand désarroi quand elle a complètement perdu la trace de sa fille. Par humanité autant que par amitié, il n'a pu lui cacher son retour.

— Elle est hantée par l'idée de vous retrouver. Et il aurait été inconvenant de ma part de priver une mère de savoir son enfant bien vivante et hors de danger.

Alors qu'elle va se défendre et lui répondre, d'un geste de la main il indique qu'il n'a pas encore terminé et ajoute qu'à son avis elle doit à Ariane une visite et une explication. Que si elle a du cœur, ce sur quoi il n'a aucun doute, elle ira faire acte de présence auprès de ses parents, qui se sont montrés irréprochables envers elle.

— Partir ainsi, sans laisser d'adresse, on ne fait pas ça. Votre mère ne s'en est jamais complètement remise.

Son ton, sans appel, l'impatiente. Elle a envie de le gifler en le sommant de se mêler de ses affaires et en mettant fin à cet échange déplaisant. Saintonge la regarde fixement, loin de craindre sa réaction. Et par son immobilité, cet homme la pacifie. Habituellement réfractaire à toute autorité, elle subit de sujet, il maintient une intonation paternelle et aborde des questions beaucoup plus légères, ce qui laisse à Anaïs le loisir de plonger dans ses pensées. Ainsi donc, Ariane, ses frères et Eugène auraient traversé une tempête ? Ils auraient souffert de son départ ? Elle leur aurait manqué ? Elle les avait inquiétés ?

— D'accord, monsieur Saintonge. Je leur rendrai visite, vous avez gagné. Prévenez-les. Je passerai à la maison, conclut-elle en lui tendant la main en signe d'engagement.

Elle ira saluer sa mère et s'efforcera de se montrer agréable et polie envers Eugène, du moins pour les premiers temps de son installation à Montréal. Elle se dit qu'elle verra pour la suite…

Une fois son interlocuteur rassuré, elle se replonge dans la lecture des épisodes. Galvanisée, elle imagine les mises en scène, le travail sur le plateau. Saintonge disparaît de son champ de vision. Elle se trouve ailleurs. Elle a cette facilité, cette capacité de fuir le présent quand il devient trop menaçant.

L'agent se tait, l'air soulagé. Grâce à lui, Ariane et les siens retrouveront leur petite rebelle. Il quitte l'hôtel réjoui et fier de son coup. Anaïs, quant à elle, est surprise du pouvoir qu'elle a donné à ce pur inconnu et à cette étrange proximité qui règne entre eux deux.

Anaïs doit se résigner. Elle n'a d'autre choix que de tenir la promesse faite à son imprésario, celle d'aller saluer sa mère. Pour la rassurer, Saintonge mentionne qu'il va préparer sa visite auprès d'Ariane et d'Eugène, qui l'attendent avec impatience.

En revoyant les arbres majestueux, encore dénudés, qui se rejoignent avec grâce au-dessus de la rue, elle a le cœur qui cogne. Sa jeunesse refait surface. Les maisons, sises dans l'opulence, toutes belles et solides, offrent une image de sécurité. Revenir sur les lieux de son enfance et parcourir le chemin en sens inverse plonge Anaïs dans un tel état de désespoir qu'elle est tentée de rebrousser chemin. Pour gagner du temps, elle s'arrête d'abord chez Denise Grothée, sa voisine et amie d'enfance, qui a vite fait de la ramener sur terre et lui permet de recouvrer son calme. Après avoir promis de se revoir, les deux femmes se séparent. Anaïs se plante ensuite devant la porte de la maison familiale. Elle actionne la sonnette.

— Ariane n'est pas encore rentrée mais ne tardera pas, affirme l'infirmier tandis qu'il invite la jeune femme à le suivre dans le couloir jusqu'au salon.

Quelle surprise c'est, pour elle, de voir Eugène recroquevillé dans un fauteuil roulant. Elle le reconnaît à ses yeux qui s'inondent de larmes en la voyant. Il a tellement vieilli ! Elle a l'impression qu'il se noie. Il ne parvient pas à la saluer, ni à la serrer contre lui, ni à lui demander comment elle va. De sa cage de chair, des sanglots émergent et l'étouffent presque. Elle retient son émotion avec peine.

— Venez, mademoiselle, il vaut mieux aller dans la bibliothèque. M. Eugène est très sensible…

La réalisatrice Pierrette Jobin patiente, tout en révisant mentalement son laïus. Si Anaïs Calvino porte un nom de famille connu de tous dans la société d'État, elle ne doit pas s'attendre à obtenir des passe-droits. Elle a un rôle à défendre, un travail à faire, et sera traitée comme les autres. Il faut que cela soit absolument clair. Son discours, rodé, ira droit au but. Du moins, c'est ce qu'elle croit. Mais quand la jeune femme lui apparaît, poussant la porte de son bureau, avec ses allures d'ange aux ailes brisées, la réalisatrice comprend tout de suite l'inutilité de ses réserves. Saintonge a dit vrai : cette comédienne possède trait pour trait le physique du personnage et elle l'aurait choisie entre mille. Par sa présence, sa gestuelle et son regard, Anaïs habite l'espace et incarne naturellement le personnage. Subjuguée, elle tend la main, renonce à ce qu'elle avait préparé et se laisse séduire par l'intelligence et la grâce transcendante de la personne qui se trouve devant elle.

— Alors, vous y allez quand vous êtes prête... Je vous écoute.

Renversée par la profondeur du jeu, Pierrette Jobin garde les yeux fermés, le temps de se ressaisir. Elle auditionne une grande comédienne. Elle n'a aucun doute là-dessus.

— Vous êtes celle que je cherche. Le rôle est à vous, vous en faites ce que vous voulez. Je vais vous suivre, se surprend-elle à déclarer à la fin de la scène, elle qui a pour habitude de diriger le jeu des acteurs jusque dans les moindres détails.

Quelques jours plus tard, Anaïs se présente aux salles de répétition, toujours un peu mal à l'aise lorsqu'il s'agit de faire face à un groupe. Vivant en anglais depuis plusieurs années, elle sent que la barrière des langues l'isole encore plus. À peine a-t-elle accroché son manteau qu'une jeune femme de quelques années plus vieille qu'elle vient à sa rencontre. Andrée, de son prénom, tient le rôle de sa sœur aînée. Anaïs surmonte cette peur panique qui la prend souvent en présence d'inconnus et glisse, à l'invitation de l'autre comédienne, sa main dans la sienne. Elles entrent sur le plateau comme deux complices de longue date.

Au sein de l'équipe règne une atmosphère particulière. À l'entrée des loges, chacun apporte tantôt un pain, tantôt une douzaine de muffins encore chauds du matin, tantôt un quatre-quarts, et pose son butin au milieu de la table. Pierrette elle-même fournit une grosse cafetière brûlante où chacun se sert. Ça ressemble à une rencontre familiale, comme si tout le monde se préparait à endosser la peau de ces Tremblay dont ils vivront sous peu les hauts et les bas de la vie quotidienne. Après les échanges, les blagues et le récit des mésaventures de la veille, le travail se met en branle et l'adrénaline monte dans la troupe. Comme les scènes sont tournées et diffusées en direct, il n'y a pas de place pour les erreurs ou les trous de mémoire. Devant les fautes et les oublis, il faut savoir improviser et retomber sur ses pattes.

On reconnaît les grands artistes à leur humilité, pense Anaïs tandis qu'elle trace le bilan de son premier enregistrement sous la direction de Mme Jobin, en qui elle trouve un maître. Cette femme a séjourné en Europe, a voyagé un peu partout dans le monde et impose son autorité avec un professionnalisme irréprochable. Avec elle, on travaille dans le respect et la passion. Chacun donne le maximum pour la satisfaire.

Vie rêvée, ce feuilleton dans lequel elle occupe un premier rôle, la fera connaître, Anaïs en a la certitude. Tout lui semble facile et naturel. Elle a sa place, là, au milieu de cette histoire où elle incarne Fabienne, fille d'un homme impitoyable et intransigeant qui a voué sa vie à sa réussite financière et professionnelle. Fabienne, jusque-là pensionnaire, revient à la maison à la fin de l'année scolaire. Dans ce premier épisode où elle apparaît, elle trouve le courage de faire face à son père dans une scène dramatique et épique. À la fin de la prestation d'Anaïs, les caméramans bouleversés écrasent une larme, ce qui, les comédiens le savent, est de bon augure. L'auteur, présent, a insisté pour venir la féliciter.

Gênée tout autant qu'heureuse, Anaïs quitte le studio d'enregistrement avec le sentiment d'avoir trouvé ce qu'elle cherchait depuis si longtemps. Il lui reste encore à suivre la route, à travailler fort, mais elle avance enfin sur une voie prometteuse.

Au printemps 1967, la ville de Montréal s'est mise belle pour accueillir les touristes du monde entier. L'Exposition universelle sera inaugurée le 28 avril. Jusqu'en octobre, on offrira aux Montréalais et aux nombreux touristes une occasion de découvrir la Terre des hommes en visitant la soixantaine de pavillons thématiques.

Anaïs vient d'apprendre qu'elle a été choisie comme animatrice d'une émission estivale spécialement dédiée à l'Exposition et qu'elle présentera la visite des pavillons ainsi que les principaux événements de la semaine. Son rôle dans *Vie rêvée* n'est pas étranger à sa chance. Dès la diffusion des premiers épisodes, les gens l'ont adoptée comme l'une des leurs, l'arrêtant dans la rue pour la conseiller gentiment dans ses démêlés ou tout simplement pour lui dire à quel point elle était aimée. D'un seul coup, le vent a tourné à son avantage.

Chapitre 15

Debout sur la scène, Anaïs a l'impression de se trouver face à une cascade d'eau sinueuse et tourbillonnante. Son regard est aveuglé par les rayons argentés du soleil. Le public se trouve là, quelque part derrière la façade des premiers rangs. Elle s'oublie et s'abandonne au jeu dramatique dont elle ne peut plus se passer et tente de rester humble, de donner le meilleur.

Anaïs fait partie de ces acteurs à la fois craints et adulés par leurs pairs. Son nom fait vendre des billets, attire les foules. Sacrée vedette dans *Vie rêvée*, elle a enchaîné les engagements à un rythme d'enfer, cavalant d'un rôle à l'autre et multipliant les apparitions. Son désir de se produire et son inconfort lorsqu'elle ne joue pas la poussent à tout accepter. On la voit aussi bien sur les planches qu'à la télévision et on l'entend à la radio. Elle se fait un nom à une époque où les comédiens sont peu nombreux et très en demande à Montréal. Entre les auteurs français et internationaux et les écrivains canadiens-français tout aussi talentueux, qui multiplient les œuvres et tentent de satisfaire l'appétit d'un public découvrant la télévision, les propositions ne manquent pas. Télé-Métropole et Radio-Canada peinent à assouvir la soif du peuple pour le divertissement, la culture et l'information, dans l'effervescence grisante du mouvement de libération religieuse qui s'accentue.

Anaïs cumule les engagements, compensant ces années où rien ne fonctionnait et où les auditions s'achevaient dans l'humiliation. Grisée par le succès, comblée par l'amour du public, tirée d'affaire sur le plan financier, elle déploie ses énergies pour maintenir le rythme. Étourdie, dans son tourbillon, elle dépense sans compter, elle n'accumule rien.

— Le jour où ça s'arrêtera, où tu devras souffler un peu, tu n'auras pas un sou devant toi, prévient inlassablement Saintonge.

Elle ne prend même plus la peine de hausser les épaules, jetant un regard sur son dernier contrat en date, qui l'attend sur la table du salon pour qu'elle y appose sa griffe, ne lisant que les dernières lignes, celles où apparaît le montant versé.

— Épouse-moi, allez…

— Je suis déjà mariée. Tu as oublié ?

— Arrête les fausses excuses. S'il existait, ton fameux époux, je le croiserais de temps en temps.

— Laisse-moi tranquille avec ça, se contente-t-elle de rétorquer.

La jeune femme se tourne sur son épaule droite, agacée et décidée à dormir. L'autre a posé une main sur sa cuisse et l'y balade avec douceur. De le savoir aussi proche et insistant dans une région où elle n'aime pas qu'on la touche, elle sent son corps qui se méfie, se raidit et prend ses distances. Elle ne retrouve plus l'abandon qu'elle a connu autrefois avec James, le seul qui soit parvenu à lui faire connaître la jouissance physique. Ironiquement, plus elle se montre distante avec les hommes et plus elle obtient de succès. Quelque chose lui échappe dans cette logique de l'amour dont le charme ne fait plus rien vibrer en elle. Les aventures se multiplient sur sa route et lui laissent l'âme meurtrie et le corps triste. Chaque fois, elle se promet que ce sera la dernière.

Avec une lenteur calculée, l'homme se relève sur son coude, pose ses lèvres sur les siennes tandis qu'il caresse de ses doigts les mamelons offerts sous le voile léger de sa chemise de nuit. Anaïs se lasse et accepte qu'il l'entraîne sur les rives du plaisir, mais elle n'est pas de celles qui plongent dans le courant. Elle garde la tête froide, feint la jouissance, puis vite elle se recouvre et se ressaisit.

— C'est fini, nous deux. Demain, tu prends tes affaires.

Elle écoute à peine la réponse et s'endort sans perdre de temps : un enregistrement majeur l'attend à l'aube.

Ariane a passé une nuit blanche, chose rarissime dans sa vie tourbillonnante. Plongeant ses mains dans le lavabo, elle mouille son visage d'eau glacée. Bien qu'elle soit soulagée depuis qu'elle a renoué avec sa fille, une profonde inquiétude l'habite néanmoins. Anaïs a le regard triste. Elle porte son air des mauvais jours. Elle n'est pas heureuse, c'est une certitude. En la revoyant, ça lui a paru une évidence. Saisissant sa brosse à cheveux, elle se regarde dans la glace, repensant à leurs retrouvailles…

Un cœur de mère se doit de pardonner, avait pensé Ariane lorsque, après tant d'années d'inquiétudes et d'angoisses, elle avait enfin revu l'insoumise. Elle avait été dévastée par le peu de contrition affichée par sa fille, qui ne semblait pas mesurer les tourments causés par son départ. Anaïs n'avait que parlé d'elle et des difficultés rencontrées à Toronto puis à New York. Quelques mots sur James, le minimum. *Anaïs ne sait pas aimer. Elle est punie, mille fois punie.* L'existence se charge parfois de régler les comptes mieux qu'on ne le ferait soi-même. Il restait qu'Ariane affrontait une implacable vérité : jamais elle ne retrouverait la jeune fille de dix-sept ans qui l'avait quittée. Les reproches et les désolations ne changeraient rien à cette évidence. Il valait mieux se taire, se résigner et en tirer le meilleur parti possible.

Retardée par un embouteillage dans la rue Sainte-Catherine, arrivée avec plus d'une heure de retard à la maison, la mère ne s'était pas trouvée là à temps pour atténuer le choc de la vision d'Eugène, méconnaissable dans son fauteuil roulant. Elle aurait voulu arriver plus tôt, préparer sa fille… Elle regrettait, sincèrement.

— Pourquoi tu ne m'as pas prévenue ? n'avait pas manqué de lui reprocher Anaïs en la rejoignant à la cuisine.

— Je voulais le faire, te parler… J'ai été retenue. Le travail, avait-elle riposté faiblement.

— N'empêche. Tu aurais dû… C'est arrivé quand ? chuchotait-elle en évitant de regarder Eugène, installé dans la salle à manger.

— L'hiver dernier. Les médecins prétendent l'avoir sauvé de justesse. C'est ce qu'ils m'ont annoncé, quelques jours après son attaque. Ça s'est produit alors qu'il prenait son bain. Il a bien failli mourir noyé. Mais il est parvenu à garder la tête hors de l'eau.

— Eh bien… c'est tout un choc, s'était-elle contentée de conclure, sans un mot tendre pour elle.

Dans le peu d'empathie manifestée par sa fille, Ariane avait vu un reproche voilé à son endroit : dans son besoin d'attirer la sympathie, elle se spécialisait avec les hommes malades…

Une fois ce moment pénible passé, les retrouvailles avaient heureusement pris une tournure plus chaleureuse. Anaïs avait enchaîné sur des sujets plus joyeux et fait comme si elle avait vu sa mère la veille. Un peu désarçonnée sur le coup, Ariane avait emboîté le pas. Discutant à bâtons rompus pendant quelques heures, les deux femmes avaient refait connaissance. L'horloge de parquet, dans le couloir, laissait entendre son tic-tac régulier. La suite des choses, incertaine, restait en suspens, les deux interlocutrices maintenant une certaine distance.

L'infirmier avait ramené Eugène au salon. La douleur se lisait dans son regard ; ébranlé de revoir celle qu'il avait aimée comme sa propre enfant, il aurait voulu se lever de son fauteuil, marcher vers Anaïs en lui tendant les bras et l'enlacer contre son cœur. Anaïs semblait consciente du déchirement du handicapé, mais refusait de s'apitoyer sur la terrible situation. Le luxe de se montrer vulnérable n'était plus à sa portée : elle avait trop peur de s'écrouler si elle craquait, ce dont il ne pouvait être question.

— Il est conscient de tout ; il comprend très bien, mais il s'exprime lentement et avec difficulté à cause de la paralysie de tout son côté droit, avait expliqué l'infirmier.

— Bonjour, cousin Eugène…

Mais sa voix s'était étranglée et elle s'était tue, incapable de regarder le pauvre homme en face.

Telles avaient été les seules paroles que lui avait adressées la jeune femme ce jour-là.

— Si tu veux manger avec nous, je te sers un reste de rôti et un morceau de gâteau aux amandes, avait proposé Ariane.

— Ton gâteau aux amandes…

Et elle s'était interrompue, comme au bord des larmes, puis s'était ressaisie et avait fait non de la tête, prétextant quelque rendez-vous.

Plutôt que de poser une main aimante sur les épaules de sa courageuse maman, de l'enlacer, de fondre en larmes avec elle et de lui dire combien elle regrettait de ne pas s'être trouvée là pour la réconforter aux moments de désespoir, Anaïs avait jeté un regard inquiet à sa montre.

« Excuse-moi. Ces années ont été difficiles et je suis maladroite » avaient été les seuls mots sincères d'Anaïs, sa manière d'exprimer sa peine.

Une fois sur la galerie, au moment de reprendre le chemin de son hôtel, elle avait demandé si elle pouvait revenir, si elle en avait la permission.

— La permission ? Quelle idée ! Mais bien sûr que tu l'as ! Tu es chez toi. Il n'y a rien de changé, avait répondu Ariane, non sans un inconfort qui avait passé proche de mettre Anaïs en colère.

De fait, plus rien n'était comme avant, ce dont toutes deux prenaient conscience. Ariane avait salué sa fille de la main et avait refermé la porte de sa maison.

Elle s'était engagée dans le couloir pour aller rejoindre Eugène avec l'impression que la croix du mont Royal, illuminant la ville avec un Jésus imaginaire en son cœur, veillerait sur son enfant égarée et méconnaissable.

Anaïs, elle, avait grimpé jusqu'à sa chambre et s'était traînée sur son lit. Son corps appelait James, le seul qui aurait peut-être pu l'apaiser, la rassurer, s'il avait été à jeun et disponible, comme au début. Le soleil se levait quand enfin elle s'était laissé prendre par le sommeil. Dans la rue devant l'hôtel, deux voitures étaient entrées bruyamment en collision. Elle n'avait même pas bronché, s'enfuyant dans ses rêves.

La mère pousse un soupir : la tristesse de sa fille lui reste toujours en tête et au cœur. Elle ne peut s'en distraire que de furtifs instants. Le retour d'Anaïs a marqué un point tournant dans sa vie. Depuis ce jour-là, il lui faut vivre avec l'idée que sa grande est malheureuse.

Une soif de changement et de modernisation s'est emparée du gouvernement de la province, emportant tout sur son passage. Depuis le début des années 1960, une fonction publique efficace et indépendante se construit sous l'impulsion de Jean Lesage et de son équipe. La religion, liée au pouvoir politique avec Duplessis, est éloignée de l'État. De nombreux laïcs s'affirment, imposent des réformes, modernisent la société.

Le théâtre n'échappe pas au tsunami. La pièce *Les Belles-Sœurs*, produite pour la première fois le 28 août 1968, a osé mettre en vedette des femmes d'ouvriers dans leurs conditions de mères, d'épouses et de travailleuses étouffées par la misère et le manque d'éducation. Ces héroïnes, émergeant de l'ombre glauque, prennent la parole et s'expriment dans leur langue, le joual, donnant à l'entendre aux Québécois pour la première fois dans une pièce professionnelle. Avec humour, tendresse et génie, l'auteur, Michel Tremblay, aborde la réalité de ce peuple colonisé, exploité, soumis, résigné, mais avide de se sortir du néant.

Pour rien au monde Anaïs ne manquerait cette pièce. Elle est même venue rejoindre son frère Claude à son lieu de travail, car en dehors de sa passion pour le bois Claude adore le théâtre. C'est pourquoi le frère et la sœur s'étaient promis de voir la pièce de Tremblay ensemble.

— Il ne faut pas qu'on soit en retard ! On court !

Leur sprint leur a permis de grimper dans l'autobus sur le point de se remettre en marche. Pas très grand, Claude est néanmoins tout en muscles, et les femmes le remarquent. D'autant plus qu'il est coquet et tiré à quatre épingles. Son visage expressif et les traits de son grand-père italien lui donnent fière allure. Mais surtout, il a un rire communicatif. Il aime la vie qu'il sait maintenir simple. Resté très proche des tantes Calvino, il est le petit protégé de Jeanne, la sœur favorite d'Ariane, qu'il voit régulièrement. On ne lui connaît pas de vie amoureuse, ce qui a de quoi étonner chez un garçon aussi plaisant. *Mon frère m'a manqué*, pense souvent Anaïs. Depuis son retour, il ne l'a pas questionnée sur les raisons de son départ, ni jugée sur la peine qu'elle a causée. Cela seul constitue à ses yeux une grande preuve d'amour.

Claude ne retient pas ses larmes. Il les essuie simplement avec le bout de sa manche, reniflant fréquemment, sa grande sœur lui serrant la main avec plus de force encore, comme pour lui dire que désormais elle est là et qu'elle ne le quittera plus.

La peinture emplit l'âme d'Eugène au point que certains jours il préférerait que cette source se tarisse et le laisse un peu en paix. Mais comme pour compenser son manque de mobilité, son cerveau semble avoir besoin de partir en cavale plus fort et plus loin que jamais, vers les contrées de ses fantaisies. Claude a trafiqué un siège tout en bois aussi magnifique que fonctionnel dans lequel, une fois correctement assis, Eugène peut peindre pendant plusieurs heures d'affilée sans souffrir de son côté paralysé. Heureusement qu'il est gaucher et a gardé intacte sa dextérité avec un pinceau !

Depuis son accident, Eugène a délaissé le style réaliste qui l'a fait connaître pour découvrir le non-figuratif. Plutôt que de reproduire quelque chose, il travaille désormais à peindre une émotion et à la traduire en images. Il s'exprime par les couleurs, les rouges surtout, superposant les couches et donnant une deuxième dimension à ses œuvres. Seuls les oiseaux restent comme éléments réalistes, dans son univers pictural. Il ne se soucie plus de son succès ou du regard que les autres poseront sur son travail. Il peint pour lui seul, pour extérioriser son univers intérieur, pour enjoliver ses jours. Et si, au début, le fait de travailler plusieurs heures de suite le fatiguait, il s'y est habitué, à petites doses d'abord, puis en augmentant les plages, à peindre du matin jusqu'au soir sans s'arrêter.

— Il te faut un agent. Ces toiles sont magnifiques, a décrété l'un de ses anciens compagnons de travail de Radio-Canada, diplômé comme lui des Beaux-Arts.

Il a acquiescé à la proposition, à la condition de ne pas connaître les résultats des ventes. Une fois terminées, ses toiles ne l'intéressent plus, au point qu'il les oublie. Ses tableaux disparaissent de son atelier une fois par mois sans que jamais il ne pose de questions.

Depuis le retour d'Anaïs à Montréal, Eugène traverse une période plus heureuse et plus sereine, tout à la fierté de voir quelle comédienne elle est devenue. Plusieurs fois par semaine, l'infirmier l'assied devant le gros téléviseur pour qu'il voie la jeune femme jouer autant pour les enfants que pour les adultes, en joual aussi bien qu'en français international. En très peu de temps, elle s'est hissée aux sommets. Ses inquiétudes à son endroit se sont apaisées, en dépit du trouble qu'il lit parfois dans son regard et qu'il se dépêche d'effacer de sa conscience.

Dans son malheur, il a eu de la chance et il l'apprécie. La maladie ne lui a pas pris son amour. Ariane a fait installer sur le mur de sa chambre une horloge ronde à grosses aiguilles. À la tombée du jour, il se prend souvent à suivre l'avancée régulière et rythmée du temps. Comme sa femme rentre autour de vingt heures, il sait qu'elle posera bientôt sur son plateau argenté un repas qu'elle dégustera à ses côtés tout en jetant un regard furtif sur les journaux du jour. Il aime l'attendre, inventant le bonheur qu'ils partageront ensemble. Au point que, parfois, ses fantaisies l'emportent sur le réel : il se voit comme autrefois, vaquant normalement à ses activités et discutant politique avec sa complice.

En soirée, il observe son aimée, celle avec qui il fait souvent l'amour dans ses rêveries, avec plus d'imagination et d'habileté qu'avant sa paralysie. Il lui répète qu'en dépit de l'attachement infini qu'il éprouve à son endroit il lui rend sa liberté. Il souhaite qu'elle se sente libre d'aimer à nouveau.

— Comment pourrais-je avoir quelqu'un d'autre dans mon lit alors que dans mon cœur tu occupes toute la place ?

Une vingtaine d'ampoules électriques alignées autour d'un miroir éclairent avec force tout en chauffant la pièce exiguë. Une seconde glace, disposée face à la première, fait en sorte de reproduire à l'infini l'image qui s'y reflète. Cette réflexion sans fin a quelque chose de fascinant, d'hypnotisant.

Anaïs Calvino se trouve assise à sa place, profitant de la chaleur dégagée par l'éclairage dru et intense projeté sur elle. À l'aide d'une éponge de mer – sa peau fragile ne supportant pas les synthétiques –, elle étend le fond de teint d'abord grossièrement, puis, raffinant l'application, elle y va par petites touches assurées. Elle évite de laisser couler son regard vers le miroir pour ne pas se laisser distraire par sa propre image reflétée en continu. En ce soir de première, rien ne doit la faire déroger à sa routine. Elle plonge le pinceau dans le colorant d'un rose prononcé, en enduit le haut de ses yeux. Au théâtre, les couleurs sont amplifiées pour que le public les voie de loin. Une ligne de khôl noir complète la paupière, au-dessus de l'œil, pour agrandir le regard et accentuer le foncé de la pupille. Elle tient à se maquiller elle-même. Du bout de son crayon vermillon, elle trace le contour de ses lèvres, qu'elle remplit ensuite de crème en bâton de la même teinte. Pour la touche finale, elle rosit ses joues en exagérant leur minceur.

Dans quelques minutes, elle va devenir la fée Bérylune, ce personnage inventé par Maeterlinck dans *L'Oiseau bleu*. Le conte pour enfants, empreint de magie, est présenté chaque année sur la Place des Arts, au moment de Noël. La première a lieu en après-midi pour permettre aux jeunes d'en profiter. Anaïs adore cette fable annonciatrice d'un moment de l'année plutôt joyeux et qui donne aux amateurs de théâtre un peu de beauté et d'espoir, du moins pendant les deux heures du spectacle ainsi que pour le temps où ils en rêveront encore. Tandis que son visage transformé adopte des traits féeriques, dans un éclair, elle se demande comment elle qualifierait son enfance… Elle réfléchit le temps que des images lui viennent, mais vite elle se détourne de ses pensées. *Allez, le costume, maintenant !* Les gestes s'alignent les uns à la suite des autres, dans une mécanique calculée et maniaque. Une fois sa robe enfilée, elle va à la porte, l'ouvre, fait signe à la costumière pour le postiche et la coiffure. Les comédiens s'agitent. Anaïs se poste dans le couloir pour être vue. Attendant son tour, elle répète mentalement son texte. Les échos des conversations lui parviennent, étouffés, si bien que certaines phrases lui semblent diffuses.

— Ça a appartenu à Colette Lemyre… Oui, la décoratrice… Celle qui avait adopté une petite fille… Oui, la jeune fille qui est morte…

Joanne, postiche en main, se dirige vers Anaïs au pas de course. Chaque minute est comptée et Anaïs n'est pas sans savoir que ce n'est pas le moment de se laisser distraire par une locution égarée. Peut-être a-t-elle mal compris… Peut-être son imagination ou sa nervosité lui jouent-elles des tours, la ramenant à ses amitiés enfantines en ce moment de trac… Elle doit se concentrer sur cette fée à mettre au monde. Mais la perturbation, survenue à quelques minutes de son entrée en scène, rend l'accouchement difficile. Sans cesse, son esprit revient sur la conversation morcelée qu'elle espère ne pas avoir correctement décodée.

Dès ses premières répliques, un trou de mémoire la cloue sur place, la laissant tétanisée. De telles pannes ne lui arrivent jamais. Quelques secondes passent, qui lui semblent des heures. Un camarade lui souffle gentiment les mots, ce qui la remet sur les rails. Distraite dans sa vie, Anaïs se targue d'avoir une mémoire d'éléphant qui ne lui fait jamais faux bond. Voilà qu'elle a honte de s'être prétendue au-dessus des faiblesses humaines. Perfectionniste à l'extrême, elle quitte la scène humiliée au point d'hésiter à se montrer au public au moment du salut final de tous les comédiens. Elle doit se faire violence pour accueillir les bravos nourris, dont elle ne s'estime pas digne. Elle quitte la Place des Arts en catimini, comme une voleuse…

La fille qui est morte. Ces mots continuent de valser dans sa tête, tandis que son taxi la ramène à son appartement. Elle repousse l'idée que cette rumeur puisse être vraie tandis que le souvenir du visage de Lucille lui revient, la douceur de ses câlins, leur spontanéité et cette admiration sans bornes qu'elle manifestait à son endroit… Une telle âme avait-elle pu s'éteindre sans qu'elle ait senti sa disparition ? Si elle avait perdu de vue depuis plus de dix ans celle qu'elle appelait autrefois sa petite sœur, elle gardait tout de même pour elle une tendresse sincère. Elle nourrissait la fantaisie que, s'il arrivait quoi que ce soit à Lucille, son instinct la préviendrait. Il fallait qu'elle ait mal entendu et que ce racontar soit faux…

Comme Léon doit passer chez elle après le souper prévu avec la troupe, duquel elle s'est désistée, elle parcourt son logement de long en large et tente de recouvrer son calme. Ses mains tremblent, elle est bouleversée. Compulsivement, elle vérifie la serrure de l'entrée, en proie à un sentiment de menace. Elle s'imagine qu'un homme, costaud et imposant, se trouve juste là, de l'autre côté de la porte, et qu'il s'affaire à dévisser les charnières. Bientôt, il apparaîtra, là, avide de la prendre, de la heurter, de la blesser. Elle doit faire un effort pour ne pas sortir dans la rue au milieu des passants, préférant le froid de décembre à la solitude de son logement.

Comme à son habitude, Saintonge cogne trois coups secs. Alors qu'il a la main encore en l'air, elle lui ouvre la porte, le visage défait et recouvert du maquillage de scène à moitié enlevé.

— Tu connais Colette Lemyre ? La décoratrice ! Elle a été une des grandes amies de ma mère ! La connais-tu ?

Désemparé par la virulence de son accueil, mais tout de même habitué à son impétuosité, il s'applique à garder son calme. Plutôt soupe au lait de nature, il parvient à dominer sa contrariété et son désarroi.

— Bien sûr. Elle s'est installée en Europe, il y a de cela quelques années.

— Est-ce que sa fille est morte ? Allez ! Dis-le, Léon ! Dis-moi si Lucille est morte !

La jeune femme gémit, frappe ses cuisses, tourne en rond, menace de s'en prendre à lui physiquement. Le pauvre homme, en proie à la surprise, recule de quelques pas pour reprendre contenance. Mais la comédienne, vive comme l'éclair, l'attaque à nouveau :

— Tu m'as caché ça ! Je te hais ! Tu ne penses qu'à me faire jouer ! Tu ne penses qu'à ton argent !

— Mais qu'est-ce qui te prend ?

Il élève les avant-bras devant lui pour se protéger. Anaïs le frappe, avec lenteur, mais ajoute de la puissance à chaque nouveau coup. Il encaisse, incrédule, consterné que tant de haine puisse lui être adressée. Tandis que les coups pleuvent, il recule vers un coin de la pièce, à la jonction de deux murs. Bientôt, il est fait comme un rat.

— Pendant tout ce temps, tu as gardé le secret.

— Ça n'était pas un secret. En fait, j'ignorais totalement que tu la connaissais, cette personne…

— Cette personne ! Oui ! Cette personne ! Vous avez tendance à l'oublier, mais Lucille est une personne !

Une pulsion régulière bombe la veine bleutée sur son front. Sa voix aiguë, empreinte d'agressivité, lui parvient alors qu'il concentre toute son énergie à dominer ses réactions. Attaqué, frappé, il a envie de bondir à son tour pour riposter, cogner, se défendre. Mais ce serait une grossière erreur qui ne ferait qu'amplifier les choses. De plus, son instinct lui interdit de porter la main sur cette enfant qu'il a pris tant de temps à apprivoiser. S'il a pu abandonner Anaïs autrefois, aujourd'hui, il entend la protéger et l'accompagner dignement, quelles que soient la route, les intempéries ou les embûches. Voilà le moyen pour lui de réparer les torts causés par son insouciance. Paupières closes, il maintient solidement ses coudes scellés, prêt à absorber tous les assauts. Il ne se défendra pas. L'impulsif, pour une fois, et par amour, saura se dominer.

Dans un bref instant de lucidité, Anaïs tente de reprendre le contrôle, ralentissant la cadence et inspirant à fond pour se calmer. Mais l'autre émet un gémissement, une supplication soumise, ce qui a le don de raviver sa colère. S'enrageant de plus belle, elle reprend l'enchaînement des coups, visant cette fois la tête et le ventre du vieil homme.

Lorsque Léon s'écroule au sol comme une masse, elle se dégage, étonnée. Confuse, épuisée, elle reste une bonne minute immobile. Qu'a-t-elle fait ? Que s'est-il passé ? L'a-t-elle tué ? Incapable de répondre, elle s'agenouille près de lui. En proie à la panique, elle dégrafe les boutons de sa chemise et lui étend les bras en croix. Dans une immobilité effrayante, Saintonge, yeux fermés et bouche ouverte, affiche dans un contraste absurde un air satisfait. Submergée par les remords, Anaïs s'approche du bougre, agrippe son poignet, mais ne parvient pas à détecter l'ombre d'une pulsation.

— J'appelle la police, murmure-t-elle à voix basse. Non. J'appelle l'ambulance.

— Tu n'alertes ni l'une ni l'autre, murmure celui qu'elle croyait mort et qui lui saisit le bras pour la retenir. Je suis l'homme le plus recherché du pays et je n'ai absolument pas envie d'aggraver mon cas, lui lance-t-il en lui faisant un clin d'œil blagueur de son œil boursouflé.

Soulagée de le savoir toujours en vie, elle se précipite à la cuisine, tourne le robinet et fait couler de l'eau froide pour en mouiller un linge. Au loin, elle l'entend se relever, non sans peine, amorti par les coups, et son embonpoint l'entravant dans ses gestes. De retour auprès de lui, elle pose avec douceur la compresse sur son front meurtri. Comment a-t-elle pu frapper son protecteur au point de l'amocher ainsi ? Ses sanglots étouffés et ses excuses maladroites témoignent de son désarroi. Du plus profond d'elle-même, elle regrette son accès de folie.

— Il faut aller à l'hôpital.

— C'est hors de question, jeune fille.

— Pas seulement pour toi. Il faut m'enfermer.

— Au moment où tu croules sous les contrats ? Où ta carrière est en train de prendre son envol ? Tu as travaillé trop fort. On ne laisse pas tomber ainsi pour une peccadille. Tu es fatiguée, voilà tout. Il te faut du repos. Et je vais y veiller. C'est ma faute… Allez, mademoiselle, essuyez vos larmes.

Il lui arrive parfois de poser une main sur la sienne et de la laisser là, lourde et tendre comme du bon pain. Quand il fait ce geste, ce jour-là, Anaïs sent sa gorge se dénouer tandis qu'émue elle s'abandonne, le temps que des images de l'enfance lui reviennent. Puis elle revoit furtivement son bourreau allongé sur elle. Pendant un instant, la délivrance de ce secret la tente. Mais c'est Saintonge lui-même qui, sans le savoir, impose à sa protégée de se retrancher dans le silence.

— Toute chose n'est pas bonne à dire. Nous sommes d'accord là-dessus ? On racontera que j'ai fait une mauvaise chute.

Anaïs se relève à toute vitesse, prise d'une crampe abdominale. Elle court vers la salle de bains en se tenant les côtes, laissant l'imprésario assis par terre, un torchon sur le front, le col marqué de quelques gouttes de sang.

Chapitre 16

La table de nuit en bois de noyer, d'un design qu'Anaïs a elle-même élaboré, arbore un dessus de marqueterie aux motifs d'oiseaux exotiques. À aucune autre pareille, elle charme par le contraste de ses volumes et par la qualité du travail de son artisan créateur. À l'aide d'une pointe insérée dans l'ouverture, il serait certes possible de faire sauter le verrou sans trop abîmer l'ouvrage, à condition d'apposer fermement la pression à un endroit très précis du mécanisme. Anaïs n'y parvient pas et elle enrage. Comme ses mains tremblent et qu'elle vise mal, le couteau va parfois se ficher à côté du trou, attaquant le bois, tranchant et éjectant les pièces collées. Elle qui adore ce meuble unique construit expressément selon ses indications par son frère Claude s'affaire pourtant à l'abîmer là où il est le plus vulnérable, au beau milieu de son ventre carré légèrement disproportionné et posé sur quatre pieds ouvragés. Comment a-t-elle pu prendre la résolution de mettre fin aussi radicalement à sa dépendance aux somnifères ? Elle se revoit, quelques heures plus tôt, plonger dans un sac tous ses contenants puis mettre le sac dans le tiroir de la table de chevet, fermer la serrure à double tour et, forte de sa décision, jeter la clé par la fenêtre de laquelle elle aperçoit l'ombre de l'oratoire Saint-Joseph… Voilà qu'en pleine nuit elle se retrouve, les yeux ronds comme des billes, sans défense, assaillie et exaspérée par une nouvelle insomnie. Les heures avancent. Le matin approche. Le manque de sommeil risque d'altérer sa mémoire, sa concentration et son jeu du lendemain. Mais ingurgités une fois la nuit trop avancée, les somnifères ont eux aussi des effets dévastateurs sur son travail. Il lui faut ses maudites pilules entassées dans le petit tiroir. Maintenant. Elle frappe avec force, altérant le bois et l'abîmant sérieusement. Elle a besoin de ses cachets ! Rompue, elle admet avoir surestimé son autonomie. Faiblissant sous les coups qui se multiplient, le loquet cède, dévoilant enfin les bouteilles de plastique salvatrices, pleines de médicaments. Soulagée, Anaïs s'empresse de faire sauter le couvercle. Dans sa main glissent des cachets magiques. La portant à sa bouche, elle veut aspirer une seule capsule, mais la force de son inspiration est telle qu'elle en avale trois d'un coup. Elle regrette déjà son geste et se recouche, le cœur chagrin. *J'aurai une mauvaise journée demain.* Elle tombe d'un sommeil de plomb.

Le statut de vedette s'accompagnant d'une multitude de privilèges, dont celui d'obtenir un accès facile au cabinet de son médecin, Anaïs n'y est jamais refusée. Le Dr Dubé, qu'elle consulte au moindre rhume, a la main leste quand il s'agit de rédiger une ordonnance et de prescrire le Valium en particulier. En dépit de leurs effets secondaires importants, les calmants valent quand même mieux que de passer des jours, des semaines parfois, à ne fermer l'œil qu'une heure ou deux, pour se réveiller en sursaut, comme en proie à une menace…

— Avec ça, vous dormirez douze heures comme un bébé, lui a promis le Dr Dubé. Votre corps a besoin de grand repos, mais il est trop fatigué pour se laisser aller.

Pour briser le cercle vicieux, rien de mieux qu'un traitement de quelques mois, lui a-t-il dit. La science pharmaceutique réalise des miracles et a fait d'incroyables progrès en quelques années, tant sur le plan du traitement des infections avec les antibiotiques que sur celui des malaises de l'âme avec les neuroleptiques. *On neutralise très bien l'anxiété et l'insomnie, aujourd'hui !* Aussi la jeune femme s'est-elle enrôlée avec la confiance d'une soldate obéissante dans l'armée grossissante des consommateurs de régulateurs chimiques des humeurs et des angoisses.

Le soulagement a été immédiat : elle s'est remise à dormir. Et si, au matin, un léger engourdissement devait être dissipé par l'ingestion d'un café fort, c'était un moindre mal, comparé au fait de passer des nuits entières à tourner dans son lit pour se retrouver fourbue au matin à devoir affronter une journée misérable. Mais elle ignorait tout de la tyrannie de ces médicaments, dont la dose allait devoir être augmentée sans cesse pour fournir le même abandon. Le temps a filé et elle est passée de maître à esclave.

— Anaïs ! Bouge-toi, bon Dieu !

De loin, la voix de Saintonge lui parvient comme dans un songe. Il lui secoue l'épaule, tandis qu'elle, telle une poupée de chiffon, a la tête qui oscille de gauche à droite.

Lassé d'insister, l'imprésario ignoré quitte l'appartement en maugréant. Viendra un jour, pas si lointain, où il ne pourra plus intercéder en sa faveur, menace-t-il en vain. Elle a déjà perdu des engagements et elle en perdra d'autres. Il se dit désolé, en raison de ce grand talent qu'Anaïs gaspille, mais surtout fatigué, car il a fait l'impossible et ne peut vouloir à sa place…

Il a raison. Elle ne compte plus les fois où il lui a pardonné. Elle brise tout. Dans sa voix, un réel découragement perce, prélude à un abandon définitif qu'elle redoute. Quand elle entend la porte claquer, dans un effort titanesque, elle émerge des vapes du sommeil. La première chose qu'elle aperçoit lorsqu'elle ouvre les yeux, c'est le dessus de la table de nuit, abîmé comme si un corbeau l'avait picoré de son bec puissant. Son réveille-matin sonne depuis des heures. Elle referme ses paupières : ça n'a plus de sens, il lui faut réagir. Elle se traîne jusqu'à la douche et ouvre les robinets. L'eau froide gicle sur elle et l'extirpe des limbes.

Avec l'enlèvement d'un diplomate britannique, le 5 octobre 1970, et la disparition mystérieuse du député Pierre Laporte cinq jours plus tard, le gouvernement fédéral impose la Loi des mesures de guerre qui suspend les droits courants des citoyens. Jusque-là plutôt marginales, les activités des membres du Front de libération du Québec prennent un nouveau visage, celui du terrorisme et de la menace à l'intégrité physique.

La mort tragique du député libéral, la semaine suivant son enlèvement, marque l'imaginaire collectif et instaure un climat de panique sur le territoire. Au nom de la sécurité civile, l'armée débarque, prêtant main-forte à la police. Les forces de l'ordre circulent partout à la recherche des rebelles regroupés par cellules. Elles suspectent tout le monde, en particulier les artistes.

Ariane Calvino gardera ce soir-là à jamais gravé dans sa mémoire. En ouvrant la porte de sa maison, elle a la surprise de se trouver face à des soldats armés venus la cueillir pour la conduire au poste. Au nom de la protection des citoyens, elle doit se soumettre et accompagner ces messieurs pour répondre à certaines questions concernant ses allégeances politiques et son emploi du temps des derniers jours. Elle éclate de rire à la seule idée qu'on puisse la suspecter, mais elle s'interrompt vite devant le manque d'humour de son escorte. Suspectant que son absence pourrait se prolonger, elle évoque Eugène, son handicap…

— Il ne peut pas rester seul très longtemps. Me permettez-vous de téléphoner à ma fille, pour qu'elle soit prévenue ? Et puis-je aussi prendre une veste ? Il fait froid…

Ce sont les seules faveurs qu'on lui accorde. Un châle sur les épaules, elle obtient la communication avec Anaïs, à laquelle elle dresse un portrait rapide de la situation. Elle quitte la maison, ébranlée, prenant une mesure plus juste de la gravité des événements. Eugène dort encore tandis qu'elle glisse la clé dans la serrure et ferme à double tour. *Si le feu prend, il ne pourra pas sortir…* Ses gardiens l'empoignent par les coudes et la conduisent jusqu'au fourgon cellulaire.

Contrariée, Anaïs s'en veut. Elle aurait dû réfléchir avant de donner sa parole à sa mère. Elle aurait pu trouver un prétexte, mais sentant l'urgence elle s'habille tout de même avec célérité. Avec Claude parti pour quelques jours à une exposition à New York, il ne reste plus qu'elle à qui Ariane puisse faire appel, du moins l'a-t-elle prétendu.

— Maman a eu une petite urgence à son bureau. Elle te racontera tout à son retour, explique-t-elle à cousin Eugène.

— Un s… a… me… di ? demande l'autre avec peine.

Sans être assez naïve pour croire qu'elle a réussi à dissiper complètement les inquiétudes de l'homme, sachant très bien à quel point, même endormi et emmuré dans sa chambre, il décode les moindres perturbations aux routines quotidiennes, Anaïs fait de son mieux pour assurer le confort de son protégé. Elle l'aide à se lever, à se rendre jusqu'à la salle de bains, où elle le laisse seul pour qu'il puisse faire sa toilette. Le souvenir de son père, mort sur ce plancher, lui revient comme un éclair et assombrit son attitude. Quand Eugène ressort de la pièce, la compassion et la patience de la jeune femme se sont envolées.

— Je t'installe dans ton atelier. Moi, j'ai des textes à apprendre. Je serai en bas. Tu sonnes si tu as besoin, d'accord ?

Du regard, il acquiesce, incertain de l'émotion qu'il détecte dans l'intonation de son interlocutrice. Car si cette visite l'emplit de joie, elle reste néanmoins surprenante, et le naturel forcé affiché par Anaïs a de quoi soulever des questions.

Le réalisateur tourne en rond comme un lion en cage. Plus jamais il n'embauchera cette comédienne, il s'en fait la promesse et se jure aussi de ne pas oublier l'enfer des derniers mois. Sur le plateau, la mise en place est achevée depuis une heure. Il a tout surveillé, les techniciens ont ajusté les micros pour cette scène qui se jouera à voix basse. L'équipe technique est en *stand-by*. On n'attend plus que celle sans qui rien n'est possible et qui joue les divas. Chaque minute perdue coûte des sommes folles. Dans un coin la calèche de campagne attelée à deux chevaux robustes est inutile, tout comme lui. De leurs sabots, les bêtes grattent le sol. Puis la vedette se présente. Elle porte un foulard sur ses cheveux, des lunettes noires couvrant la moitié de son visage. Un silence s'installe. L'attente prend fin. Quand elle défait son écharpe, que ses cheveux tombent en ondulant sur ses épaules, qu'elle dévoile son regard, voilà que le charme opère, comme chaque fois. Le réalisateur oublie le retard et tous les blasphèmes qu'il lui a mentalement adressés. Du coup, il sait pourquoi il a choisi cette étoile et pourquoi il fait porter le film sur ces épaules… Anaïs Calvino incarne son personnage et s'y donne sans réserve, sans chercher à se protéger. Elle prend tous les risques. Déjà dans sa voix, elle place des cassures pour traduire la vulnérabilité d'Éliane, celle qu'elle incarne, l'épouse d'un cultivateur de tabac de la région de Joliette. Soulagé et pressé de tourner, le réalisateur passe outre à ce léger manque de coordination, inhabituel chez la comédienne, doublé d'une lenteur accentuée dans les gestes. Il invite la star à grimper dans la calèche. Retrouvant son contrôle, elle prend place aux côtés de son collègue plus âgé, un comédien expérimenté heureusement doté d'une patience inébranlable et qui se garde bien de perdre son énergie à adresser le moindre reproche à la jeune femme pour son manque de ponctualité. Au contraire, le vieil acteur fait montre de tendresse et de compassion, sentiments qu'Amédée Jasmin, le mari d'Éliane dans l'histoire, ne manifeste pas à l'égard de sa jeune épouse.

Anaïs repasse mentalement ses répliques. Elle aurait aimé qu'ils se fassent une italienne[1] alors que déjà le mot « Action » lui parvient. La scène peut enfin être tournée. Les chevaux trépignent, trop heureux de se dégourdir. Tandis que les bêtes se mettent en mouvement, un sentiment de doute l'assaille : pourra-t-elle rendre l'émotion ? Son corps comme son esprit résistent à l'abandon. Il lui faut faire un effort, comme poussant sur une pierre au sommet d'un pic pour qu'enfin elle bascule. Elle se ramasse, concentre son énergie, se résout à donner l'impulsion, puis…

— Ne vous tracassez pas. On va s'en sortir, lance-t-elle, se transfigurant.

Elle s'engage dans cette arène qu'elle redoute tant. Son instinct prend le relais, tandis que les sabots heurtent le sol rocailleux et que l'attelage cliquette.

— C'est rien qu'une mauvaise passe. Ça va s'arrêter. À un moment donné, on va se retourner, et ça sera fini, derrière nous, pas plus, pas moins…, renchérit-elle tandis que son époux lève les yeux vers la terre tellement ingrate et dure qui vient de lui prendre ses maigres fruits.

Non sans un effort pour reprendre courage, l'homme garde le silence. Son corps alourdi sous sa chemise à carreaux ploie vers l'avant. Il voudrait pleurer, mais il a oublié comment on fait. La voix de sa femme lui parvient toujours, comme un guide. Celle-ci se tait et lui lance à la dérobée un sourire auquel il répond. Il

1. Répétition à voix neutre pour mémoriser le texte.

relâche les rênes et la cadence s'estompe. Alertée par ce ralentissement étonnant, Éliane parle sans arrêt, se débattant comme un oiseau affolé. Pour une rare fois, Amédée lui fait face et la fixe d'aplomb.

— Si je te dis pas merci, c'est pas que je veux pas, lui glisse-t-il à l'oreille.

— Arrête-moi ça, répond-elle en frappant ses bottillons l'un sur l'autre pour décoller la boue. Si ça continue on va arriver en retard à l'église, là. Les Morin nous attendent. On les ramasse sur le chemin, as-tu oublié ?

— Je suis pas un bavard, mais tu me comprends. Hein ?

— Bien sûr. Puis moi, j'ai du bagout pour deux…

— Quelquefois, je ne suis plus sûr. Je veux dire que je me le demande, ajoute-t-il, la gorge nouée. C'est tout coincé ici, dur comme du ciment. (Il frappe au milieu de sa poitrine avec une rage contenue.) Si t'étais pas là pour parler pour moi, je pense que je deviendrais fou.

Bouleversée par la confession, Éliane s'impose le silence comme au moment de la génuflexion, le dimanche. Oui, elle sait toute l'importance qu'elle a pour lui, et l'extrême douleur que ce serait pour cet homme que de se retrouver emmuré avec lui-même, impuissant et prisonnier. Il passe une main le long de sa taille fine, puis sur sa blouse entrouverte. Dans un éclair, la scène se fait bien réelle. Cette fois, c'est le visage d'Eugène qui se superpose à celui d'Amédée. Anaïs est habitée par une telle rage qu'elle doit s'arrêter.

— Coupez, entend-elle au loin.

En cette fin de février 1971, James Robert, après une longue et fructueuse tournée en Europe, termine son périple par l'Angleterre, où il a passé quelques années. Là-bas, il a fait la connaissance d'Allen Klein, qui a été durant une courte période le *manager* du groupe The Beatles, et l'homme l'a recommandé à l'un de ses amis vivant à Los Angeles. Alors qu'il rentre à New York, il est en pleine forme – autrement plus qu'à son départ, alors que les drogues et l'alcool ruinaient ses nuits. Joana Jones, sa compagne, n'est pas étrangère à son nouveau style de vie. Celle qu'il appelle sa « belle Anglaise » – en dépit du fait qu'elle possède la citoyenneté américaine – est une jolie jeune femme aux cheveux longs, portant chapeau de cuir, jeans délavés et sandales marocaines, qui préconise le yoga comme moyen d'échapper au stress du quotidien.

Elle ne boit pas, ne fume pas, ne mange pas de viande et est de toutes les manifestations pour la non-violence. Ils se sont rencontrés lors du lancement de son deuxième disque, alors que James, complètement bourré, avait déclamé sur scène un poème totalement improvisé qu'il avait prolongé pendant presque quarante-cinq minutes. Joana et sa fille Caroline, âgée de cinq ans à l'époque, avaient été séduites par la prestation de James, qu'elles avaient attendu pendant des heures à la sortie des artistes. Après quelques semaines de fréquentations, Joana a incité James à subir une cure de désintoxication où on l'a initié à la pratique de la méditation. Cette démarche lui a sans aucun doute sauvé la vie et donné une seconde chance.

Tandis qu'elle s'affaire à récupérer leurs valises dans le tourniquet des bagages, James est empreint de reconnaissance envers cette grande femme tellement équilibrée sans laquelle il ne pourrait plus vivre. Et le ventre arrondi de Joana la rend encore plus désirable. Caroline a grandi. Elle aide Jacob, son petit frère, à attacher ses chaussures. James est de retour à New York et il entend en profiter pour régler sa situation matrimoniale. Il a engagé un avocat pour entreprendre les démarches nécessaires. Plus rien en lui ne correspond à ce qu'il était au moment de quitter cette ville, quelques années plus tôt. S'il reste un bohème dans l'âme, il revient néanmoins avec un compte de banque bien garni, un premier album vendu dans plusieurs pays et un deuxième en très bonne position. Comme sa réputation ne se limite plus au cercle restreint des artistes en marge, la prudence exige qu'il régularise sa situation et protège sa compagne actuelle et leurs enfants. Il entend adopter légalement Caroline et obtenir son divorce en bonne et due forme pour finalement épouser Joana. C'est son souhait le plus cher.

Ils s'asseyent tous les quatre dans le taxi jaune en direction de Central Park. Un appartement a été loué et meublé pour eux.

— Je pense qu'il faut que je te parle de cette journée-là, annonce-t-elle à Eugène sur un ton assuré, tandis qu'elle replace les coussins dans son dos. Tu es d'accord ?

D'un clignement de l'œil, il signifie son acquiescement. Inquiété par le ton impératif de la jeune femme, il regarde à gauche et à droite, cherchant en vain une échappatoire.

— Tu te souviens de ce soir où nous sommes allés chez Lucille ?

De nouveau, un sourcillement du côté gauche indique l'approbation.

— Eh bien moi, je ne l'oublierai jamais !

En proie à la panique, Eugène bouge ses yeux dans tous les sens tandis qu'un râle monte de sa gorge, l'étouffant presque.

— Com... prends... pas, articule-t-il péniblement en surmontant son angoisse.

— Ce n'est pas Gaétan qui a abusé de Lucille ! C'est toi qui as abusé de moi ! Tu avais peur que je te dénonce, alors tu as tout fait pour me donner tort !

Debout devant cet homme tant aimé et en qui elle avait confiance, elle se libère de sa rage et de sa confusion. Sur le coup, elle a l'impression de s'être vengée.

— Je ne te pardonnerai jamais ! Je veux que tu le saches !

Eugène passe aux larmes, tandis qu'une Anaïs méconnaissable par sa froideur prend forme devant lui.

— Je t'en voudrai toujours pour ce que tu as fait, mais je garderai le secret pour ma mère, car elle aurait trop de peine.

Le téléphone sonne une dizaine de coups puis se tait. Avec ces journalistes qui la poursuivent jusque dans l'intimité de son appartement du quartier Côte-des-Neiges, elle a l'habitude et supporte le son agaçant de l'appareil. Après son souper, qu'elle prend généralement seule, les soirs où elle ne joue pas au théâtre, elle élimine les contrariétés et ne répond jamais. Mais ce soir, elle a oublié de décrocher le récepteur, ce qu'elle fait habituellement pour protéger ses soirées et se les rendre agréables. La solitude, cette compagne exigeante, se fait de plus en plus douce et calmante. Rien ne la distrait plus que la lecture de piles de revues ou de livres de décoration. Elle colore passionnément son univers de ces teintes à la mode que sa mère qualifie de criardes. Elle emplit des cahiers de collages et de photos découpées qui lui inspireront son prochain changement d'aménagement. À intervalles réguliers, elle modifie totalement une pièce, donnant ses meubles, les remplaçant par d'autres, mieux adaptés à la nouvelle luminosité des murs fraîchement repeints.

Le moment d'aller au lit s'accompagne d'une tisane de camomille et de lecture de romans à l'eau de rose. Les comprimés jaunes, consommés il n'y a pas si longtemps comme des bonbons, prolongent leur séjour dans le pilulier. Anaïs est ravie de tenir ses résolutions, prises au lendemain des révélations faites à Eugène et qui l'ont soulagée. Le soutien de Léon Saintonge, demandé de sa propre initiative, précieux surtout aux pénibles heures du sevrage, lui a permis de traverser les maux de tête, les douleurs articulaires et les amnésies des premières semaines.

La mémoire, si précieuse à une comédienne passionnée par son métier, lui revient, efficace comme avant. Sa vie prend une tournure plus agréable. Même que, de temps à autre, il lui arrive de se sentir bien, de jeter un coup d'œil à la fenêtre pour apercevoir, devant chez elle, les clients du Café Campus entrer puis sortir de l'établissement sans que le désir de faire la fête ne lui vienne. *À trente ans, il est temps que j'atteigne l'harmonie et la sagesse...*

Une bourrasque violente a ragé toute la nuit. Un vent glacial souffle encore, gelant les coins des fenêtres et les couvrant de frimas. *Les giboulées de mars annoncent le printemps*, voilà ce qu'Anaïs se répète pour s'encourager. En sécurité chez elle, après s'être autorisé une grasse matinée bien méritée, elle se tire enfin du lit. Elle enregistre à quatorze heures. Pour plus d'assurance, Saintonge passera en taxi vers midi, ce qui lui donne le temps de faire ses exercices, de déjeuner et de s'habiller. Sur le tourne-disque, le trente-trois tours de Bob Dylan l'attend. Elle dépose l'aiguille sur sa chanson préférée, *Just Like a Woman*. À l'unisson, elle chantonne avec force cet air qu'elle adore par-dessus tous les autres.

She takes just like a woman, yes, she does
She makes love just like a woman, yes, she does
And she aches just like a woman
But she breaks just like a little girl.

Les haut-parleurs hurlent à tue-tête, couvrant presque complètement le bruit de la sonnerie de l'entrée. L'impresario se pointe plus tôt qu'à l'heure annoncée. Il a cette fâcheuse habitude. Se détournant pour aller ouvrir, Anaïs marque sa joue d'un trait d'eyeliner. Ce n'est pas Léon.

Si les gens qui détestent leur travail sont légion, cet huissier n'en fait pas partie. Il faut bien quelqu'un pour transmettre les documents légaux en mains propres, comme l'exige la loi. Des mauvaises nouvelles, sa besace ne contient que ça. Et alors ? Ça ne l'empêche pas d'aimer son métier et de bien le faire. Aussi a-t-il développé un détachement total face à ceux avec lesquels il entre en contact. Mais quand la vedette de la télévision lui apparaît dans l'embrasure de la porte, il perd tout de même un peu de son impassibilité. Reconnaissant l'héroïne d'une saga familiale diffusée au canal 10 qu'il se prend lui-même à regarder avec son épouse, il se fige un quart de seconde avant de lui tendre le document officiel.

— Madame Anaïs Calvino ?

Elle bafouille un oui étonné tandis qu'il la détaille du coin de l'œil. Il l'aurait crue plus grande. Pendant qu'il récite son laïus et qu'elle lui tend une main tremblante, il remarque à l'arrière-plan un couloir tapissé de cercles bleus, rouges et orangés qu'il ne manquera pas de décrire à sa femme en rentrant. Les vedettes n'échappent décidément pas au mauvais goût. Il repart comme il est venu vers de nouvelles adresses.

Le ton froid du document détruit par grands pans sa fragile confiance en elle. Ainsi donc James demande le divorce. Si la requête ne l'étonne pas, la manière dont il s'y prend la dévaste. Il aurait pu l'appeler, lui faire signe et l'aviser qu'il s'apprêtait à entamer une telle démarche, avec laquelle elle était parfaitement d'accord, par ailleurs. Elle ne reconnaît pas le jeune garçon sensible des années de leurs amours, celui qui détestait l'argent et ceux qu'il corrompt. Voilà qu'il leur ressemble. L'idée qu'il n'ait même pas pris la peine de faire les choses humainement, au nom de ce passé qu'ils ont partagé, lui matraque l'âme. *Quel homme décevant !* Elle tente de s'accrocher à sa bonne humeur présente il y a quelques minutes encore et de se convaincre qu'après tout il ne s'agit que de confirmer un état de fait existant. Rien de nouveau ne brusque sa vie. Rien, sauf cette indifférence froide qui se superpose au souvenir aimant de James, à ses poèmes écrits pour elle, à son amour naïf et pudique. Et à cette enfant qu'ils ont eue ensemble. Sur le tableau des sentiments nobles, tout se déforme et arbore l'image du rejet et de la trahison. Pour ne pas pleurer, elle s'engage dans le couloir, vers la cuisine, ouvre le tiroir à débarras, saisit un pot et gobe une pilule. Elle se présentera à l'enregistrement la bouche légèrement pâteuse mais parviendra, non sans peine, à accomplir son travail.

La tempête de la veille a immobilisé Montréal sous une chape de neige mouillée et lourde. Seuls quelques-uns trouvent le courage de sortir, pelletant et pestant pour dégager leur voiture et aller s'embourber ensuite quelques rues plus loin.

Après avoir annulé ses rencontres de la journée, Ariane profite de ce congé forcé. Vêtue d'un peignoir de velours éponge bleu roi, une tasse de café fort à la main et postée devant la fenêtre du salon, elle se laisse charmer par le tableau vivant devant elle. Les Greenberg, ayant déménagé depuis quelques années à Westmount, ont été remplacés par une famille canadienne-française, un jeune couple sympathique et leurs deux enfants qui profitent de la fermeture des écoles pour construire un fort à même les congères formées après le passage de la déneigeuse. La vie la comble d'un bonheur nouveau et d'une certaine sagesse. Dans trois ans, elle entrera dans la soixantaine. L'âge la rattrape : elle ne parvient plus à abattre en une journée autant de travail qu'avant, et surtout elle voit un détachement poindre à l'égard de ses tâches professionnelles. Une envie de flâner la prend souvent au détour, comme une nécessité de ralentir, pour explorer et réfléchir. Qu'a-t-elle fait d'utile ? Que laisse-t-elle derrière elle ? N'est-il pas temps de profiter de ce que l'existence a encore à lui offrir ? Ces questions reviennent souvent, comme des vagues sur le sable. Le travail l'a aidée à traverser des épreuves difficiles et il a nourri son existence. Servir les autres, faire œuvre utile, cela a enrichi son âme et lui a procuré des satisfactions immenses. Peut-être a-t-elle dû sacrifier de longs pans de sa vie de famille, mais elle ne regrette rien. Son labeur lui a donné l'indépendance, vertu suprême à ses yeux. Mais tout doit trouver sa fin.

Eugène sommeille encore. Son infirmier va et vient à son chevet, évitant de faire craquer le parquet, prodiguant les soins requis à l'impitoyable condition d'un malade immobilisé. Si, pendant quelques années, en dépit de sa piètre qualité de vie, il a gardé sa combativité et son désir de vivre, elle remarque qu'il manifeste des signes de grande lassitude. C'est arrivé tout d'un coup, la peinture, sa compagne de toujours, ne parvenant même plus à maintenir la flamme allumée. Tout le heurte et rien ne semble le rendre heureux. Il ne veut plus qu'on lui fasse la lecture, ni qu'on le déplace, ni qu'on le lave, ni qu'on lui parle. Il dort beaucoup, beaucoup trop, et demande à dormir encore… Se peut-il qu'Eugène abandonne la partie, brisant le lien qui les relie, se laissant tomber dans le gouffre ? Au bord d'un grand chagrin, Ariane entend son cœur lui dire de lâcher prise, que l'heure est venue de déposer les armes et d'accepter le choix de celui qu'elle aime…

Central Park bourdonne d'activité, avec ses spectacles en plein air, ses jeunes hippies musiciens et ses ethnies diverses. La température, plus chaude qu'à Montréal, montre les signes d'un printemps déjà bien engagé. Assise devant les canards et les voiliers téléguidés, une enveloppe sur les genoux, Anaïs se sent ridicule. Elle a pris l'avion, à fort prix, sur un coup de tête. Elle ose à peine se l'avouer, mais elle compte espionner James ! Le banc qu'elle a choisi se trouve en diagonale avec l'appartement de son époux, qui lui réclame le divorce et qui, surtout, exige qu'elle renonce à une somme compensatoire faramineuse, une clause qui leur avait été suggérée par leur notaire, à l'époque, et qu'il avait prétendue courante. Déçue et flouée par une attitude aussi bassement matérialiste, elle nourrit l'espoir de comprendre. James n'était-il pas pour l'amour, pour la paix et la douceur entre les êtres ? Comment peut-il avoir tant changé ? Il faut qu'il y ait une raison…

L'adresse inscrite sur le document l'a menée devant ces appartements luxueux. Se peut-il qu'il habite là, dans cette opulence qu'il décriait autrefois ? A-t-il pu s'enrichir autant et si vite ? Perplexe, elle croit à une erreur et ressort le document pour vérifier. C'est alors qu'elle le voit, émergeant de cet hôtel particulier, fringué et coiffé avec une négligence étudiée, à la bohème, donnant ses consignes au portier. Dans un éclair, elle revoit Julian, son père, jadis, regardant les autres de haut.

Elle inspire un bon coup, se lève, s'engage à le suivre, décidée. Quel étrange effet que de constater combien il a vieilli. Son torse chétif d'adolescent a pris du volume, les traits de son visage se sont creusés et durcis. James porte un chapeau de suède, des bagues aux doigts, un foulard de soie au cou et un veston de cuir. Plus elle avance vers lui et moins elle le reconnaît. Puis une hippie arrive à ses côtés, un jeune bambin accroché à ses basques et une fillette dans sa foulée. Anaïs stoppe net. Le ventre rebondi de la femme lui apparaît entre les pans de sa veste, rond et plein d'espoir. Cette image lui brise l'intérieur, comme si ses eaux à elle se déchiraient. Sa fille sortant de son ventre refait surface, flash oublié la frappant en plein cœur. Sa mère, Agathe, au jour de son départ pour le sanatorium, se surimpose ensuite. Puis sa tante Ariane, l'entraînant avec douceur dans le couloir vers la petite chambre du sous-sol. Ces images se relient les unes aux autres pour former une étoile scintillante et éclairante. James est devenu un étranger avec lequel elle n'a plus rien en commun.

Anaïs Calvino repart avant même qu'il puisse la reconnaître. James Robert ne lui doit rien. Elle tourne le dos à son passé qu'elle veut quitter pour de bon afin de renaître autrement. Elle signera le document dès son retour à Montréal. Et confiera à Saintonge le soin de le faire parvenir à qui de droit.

Chapitre 17

Dans son discours préparé avec soin, elle remercie ceux qui, au cours de ces années, l'ont appuyée et encouragée. L'année 1973 a été pour elle une sorte d'apothéose, un grand bonheur pour lequel Anaïs remercie le public et tous ses collaborateurs, sans lesquels rien ne serait possible. Léon Saintonge, aux premières loges, écrase une larme de fierté. Dans la salle, Ariane assiste au couronnement le cœur gonflé d'admiration et de joie. Au cours de la réception suivant le gala, le président de l'Union des artistes vient même la féliciter en personne.

Les journalistes s'arrachent la comédienne. Ils veulent connaître ses projets et s'intéressent beaucoup à ce bel homme paradant à son bras. À l'aise comme un poisson dans l'eau devant les caméras, Anaïs sourit à s'en décrocher la mâchoire, pose pour les photographes et donne toutes les entrevues demandées. Patiente, professionnelle et rayonnante, elle séduit. Et quand elle rentre chez elle, aux petites heures du matin, escortée par son beau cavalier, elle pense que sa vie ne peut être meilleure. Fourbue, elle se dévêt à moitié et se laisse tomber sur son lit. *Lorsque tout s'arrêtera, il faudra que je me souvienne de cette soirée.* Elle s'endort comblée.

Un vieux rêve prend forme ! Les directeurs, soutenus par les artistes et les artisans, l'avaient espérée, réclamée et l'ont enfin obtenue : la maison de Radio-Canada est inaugurée le 5 décembre 1973, en grande pompe. Depuis l'émergence d'une culture francophone à la radio, l'affirmation de la province de Québec se prolonge avec la télévision et ce gratte-ciel à l'architecture avant-gardiste qui surplombe la ville. Pierre Elliott Trudeau, Premier ministre du Canada, préside l'événement auquel Robert Bourassa, Premier ministre du Québec, et Jean Drapeau, maire de la ville, ont tenu à être associés. Cette immense tour hexagonale d'une vingtaine d'étages, aux tons de brun et d'ocre, sise dans l'est de la ville, changera indéniablement le visage de ce quartier pauvre autant que celui de tout l'est de la métropole. Laurent Picard, à la tête de la société, pilote désormais un centre de création regroupant vingt-cinq studios de radio, neuf de télévision, des ateliers pour la fabrication des costumes et des décors, des salles de répétition, des entrepôts et une cinémathèque. Bref, tout le nécessaire pour être à la fine pointe des développements technologiques et assurer une production de qualité centralisée et efficacement administrée, puisque les bureaux administratifs logeront à la même enseigne.

Étendu dans son lit et gavé par son infirmière, la douce et patiente Françoise aux yeux d'azur, Eugène regarde le reportage télévisé sur cette soirée de décembre où l'on inaugure le nouveau quartier général de la télévision du pays. Quelques heures plus tôt, Ariane a quitté la maison vêtue d'un tailleur foncé très élégant, un bouclé noir taillé sur mesure, porté sur un chemisier blanc aux pointes allongées et nouées sur le devant. Elle s'était parfumée d'une fragrance d'œillet qui a du caractère tout en étant discret. En tant que membre de la direction de la société d'État et rare femme invitée à ce titre, elle tenait à afficher une image sobre et professionnelle. Eugène aurait donné gros pour se trouver à ses côtés et assister à la consécration de l'expression en langue française. Après des années d'efforts, de jeux politiques et de combats, un tel investissement représentait une grande victoire, une reconnaissance de la francophonie au Canada. Il doit se contenter de suivre pendant quelques minutes les reportages diffusés en direct sur la cérémonie, non sans peine, car ses forces ont beaucoup décliné depuis quelques mois. Tout lui est devenu pénible et difficile. *La vie n'en vaut plus la peine*, pense-t-il souvent, *et pourtant, la cruelle me garde avec elle...*

En rentrant à la maison, ce soir-là, son aimée lui raconte avec détails le déroulement de l'ouverture officielle. Il peut s'imaginer avec une exactitude relative le fil des événements. Et cela parvient à le réjouir. Le baiser posé sur son front par Ariane achève de le réconforter malgré tout. *J'ai de la chance qu'elle m'aime autant.*

Dans les semaines suivantes s'amorce une activité inhabituelle dans la maisonnée. Le temps des fêtes et ses rencontres, ses moments chaleureux passés autour d'une table bien garnie brisent la routine du quotidien. Eugène avait jusque-là, à sa façon, participé aux festivités. Calé dans son fauteuil, installé tantôt dans la salle à manger, tantôt au salon, il accueillait les parents et amis qui défilaient, prenait lentement le temps d'échanger et clignait des yeux à qui mieux mieux pour se faire comprendre. Ces souvenirs heureux lui réchauffaient l'âme et lui donnaient le courage de continuer.

Mais 1973 a été une année difficile. Une nouvelle attaque a détérioré sa condition. Son immobilité accentuant l'atrophie de ses muscles, il parvient de moins en moins à s'alimenter, le réflexe de déglutition se dégradant et compliquant la moindre ingestion d'aliment. Tranquillement, l'idée de son départ s'impose, tant et si bien qu'il a la conviction que ces réjouissances seront pour lui les dernières. Aussi les célébrations prennent-elles à ses yeux une saveur intense. Il profite de chaque caresse, de chaque baiser, de chaque cadeau. Claude, particulièrement attentionné, semble avoir décodé son état d'esprit. Henri, en escale à Montréal, relate avec enthousiasme ses traversées, la tête pleine de projets et d'horizons à voir, et témoigne d'un attachement affectueux. Même Anaïs essaie de se montrer tendre et douce à son égard ; un peu comme autrefois. Ariane, affairée comme toujours, veille sur lui comme une louve bienveillante. Elle fait plus figure d'une mère à ses côtés que d'une maîtresse. Et ce deuil-là est celui d'entre tous qui le heurte le plus. Alice, vieille dame de quatre-vingt-trois ans, affiche plus de tonus et une bien meilleure vivacité que lui. Il a envie que tout cela se termine : le gavage pour maintenir ses forces, la vidange manuelle de ses intestins, le lavage impudique de son corps atrophié. Il s'est battu, mais son combat lui semble parvenu à son terme.

Il y a eu Noël, le jour de l'An. Puis subitement les forces investies à survivre s'inversent. Ses énergies s'appliquent à lâcher prise, à se détendre, à se dissoudre. Son corps ne met pas grand temps à s'essouffler.

— Les médecins ne comprennent pas. Sa santé décline rapidement, confesse Ariane. Il s'affaiblit de jour en jour.

Anaïs ne peut qu'acquiescer. Elle aussi a été à même de constater l'absence de tonus et l'indifférence dans laquelle cousin Eugène s'enveloppe. Il faut se préparer à une séparation définitive. Mais sa mère se refuse à décoder le signal et s'entête. Elle multiplie les consultations avec les plus éminents spécialistes, dépensant des fortunes pour les faire venir à la maison. Elle entend déjouer les pronostics. C'est à se demander si cette femme n'est faite que pour aider et soutenir ses proches.

Au premier jour de février, par une journée d'hiver particulièrement lumineuse, le ciel, complètement bleu et sans nuages, est pendant quelques minutes strié de rayons d'une lumière jaune intense. Eugène Boyer profite de cet instant béni pour s'envoler, quittant ce corps si gauche.

Pour une fois qu'elle est restée à la maison, Ariane croit son amour endormi quand elle le rejoint pour lui lire les grands titres du jour. Voyant son chéri garder les yeux fermés, elle s'affole et ressent une vive douleur au plexus solaire.

Les limousines, astiquées comme des chaussures de cuir verni, scintillent devant le salon funéraire. Un attroupement de badauds s'est formé sur le trottoir. Certains attendent avec curiosité, d'autres, empreints de compassion, guettent la sortie d'Anaïs Calvino, toujours à l'intérieur de l'établissement. La nouvelle du décès d'Eugène Boyer, peintre du Grand Nord et décorateur à Radio-Canada, a été annoncée à la radio, puis a coulé dans les journaux à potins. De l'aveu de la principale intéressée, Anaïs perd, malgré sa colère contre lui, un proche qui a été un peu comme un père. Cette comédienne, qui a joué enfant dans les séries dramatiques à succès et que le public a retrouvée adulte, fait pour ainsi dire partie de la famille de tous les Québécois. On compatit à sa peine, on veut la saluer, lui serrer la main, la réconforter. On en profite aussi pour admirer sa tenue, observer son attitude et ses réactions devant l'épreuve. Le malheur des vedettes apporte un sentiment de justice aux gens ordinaires.

Les traits décontractés, Eugène a recouvré une allure paisible. Anaïs comprend à quel point il devait souffrir, ces derniers temps. Tout proche du cercueil ouvert, elle fixe l'image sereine de sa mort une dernière fois avant que la bière se referme. Un maître de cérémonie, vêtu de noir, l'invite à s'éloigner, la soutenant dans son mouvement de recul. La boîte capitonnée tel un écrin, une fois close, emporte les vestiges de cette vie dont il restera une quantité importante de moments furtifs et d'impressions fugaces peints à l'huile sur des toiles disséminées à Montréal, à Toronto, à New York, à Paris et même à Tokyo. Ces dernières années, les œuvres signées Boyer prennent leur envol, et les critiques, jadis unanimes à le dénigrer, aujourd'hui le portent aux nues.

Voilà qu'Anaïs se retrouve seule face à sa mère. Ariane, non loin, peine à garder contenance. Elle pleure comme jamais on ne l'a vue s'abandonner. Même pour Marcel, elle n'était pas aussi abattue. L'intensité de son désespoir la rend méconnaissable. Anaïs en éprouve presque de la honte : secouée par les sanglots, le nez morveux, et dissimulée derrière des lunettes noires démesurées, sa mère doit, pour rester debout, être soutenue par ses deux fils, qui l'encadrent. Comment une femme qui s'est battue toute sa vie pour afficher une image de force peut-elle se donner en spectacle de manière aussi pitoyable ? Autant d'impuissance met sa fille mal à l'aise.

Empoigné et maintenu par six hommes qui le conduisent dans l'église tout à côté, le cercueil verni semble léger. Les porteurs avancent d'un pas saccadé, celui des cérémonies officielles. Ils doivent se frayer un chemin parmi les curieux, de plus en plus nombreux, qui se déplacent pour laisser passer le cortège. Certains inconnus applaudissent lorsqu'ils reconnaissent leur idole, semblant croire qu'elle joue un rôle. D'autres sanglotent avec sincérité. Les hommes, en retrait, compatissent à la peine de la famille. La mort rassemble…

Une messe commence. *Cousin Eugène doit hurler dans sa boîte, lui qui ne croyait ni à Dieu ni à diable et qui haïssait les hommes d'Église*, pense Anaïs. Sa mère a tenu à faire des funérailles somptueuses, défendant bec et ongles, et contre toute logique, la nécessité d'une cérémonie religieuse.

— Qu'Eugène meure en paix, avec Dieu. On ne sait jamais…

L'église offre le recueillement avant la mise en terre. Prenant pour prétexte de préserver la réputation de son grand amour, Ariane refuse qu'il laisse une image décevante aux gens, car si les jeunes n'emboîtent plus le pas, on reste encore majoritairement catholique au Québec. Anaïs devine que les propos de sa mère cachent un désir plus profond, un besoin de prier et de confier celui qu'elle a tant aimé à une puissance supérieure.

La voix du curé résonne dans la nef, et les vitraux brillent en cristaux colorés. Les images saintes s'affichent sur le plafond et sur les murs, avec les regards suppliants des saints et la souffrance des femmes inscrite dans leur attitude implorante. Elle qui n'avait pas remis les pieds dans une église depuis son adolescence se laisse transporter par une vague d'émotions et de souvenirs bruts. Enfant, elle a tant prié pour sa délivrance, supplié Jésus et la Vierge Marie de l'absoudre de ses péchés. *Mon Père, qui êtes aux cieux, pardonnez-moi mes offenses et délivrez-moi du mal...*

Léon Saintonge est assis derrière une colonne imposante, proche de l'allée centrale. Sur son banc, il doit jouer du coude pour préserver sa place. Outre les membres de la famille Calvino, nombreux, il peut reconnaître une quantité importante d'amis et de collègues peintres, décorateurs, costumiers, maquilleuses, comédiens, réalisateurs et auteurs que cet homme charmant avait touchés. Le couple Greenberg, leurs enfants et leurs petits-enfants se sont déplacés, le temps de rendre un dernier hommage à cet être qui avait su rendre leur amie enfin heureuse. Le courage et la simplicité de cette personne d'exception resteront.

Saintonge se rappelle ce jour où, après une longue discussion avec Eugène, il avait pris la décision de changer tous ses plans concernant Anaïs. Il n'allait pas briser le sceau de son secret. Il n'allait pas blesser un homme sympathique et généreux avec lequel il s'était tout de suite lié d'amitié. Eugène aimait Anaïs comme sa fille et méritait le titre de père plus que quiconque.

— Cette petite était complètement bouleversée quand j'ai fait sa connaissance. Elle a aimé Marcel et ne se remettait pas de son décès. Elle a accepté de me faire confiance. Et que je l'accompagne…

— Eugène suivait Anaïs partout comme une ombre, avait confirmé Ariane.

— C'est la plus grande marque d'attachement qu'une enfant m'ait jamais portée. Je ne sais pas pourquoi, mais un jour elle a voulu tout briser. Moi, en tout cas, je l'attendrai toujours comme un père attend sa fille…

Saintonge n'était pas aussi noble et digne. Aussi avait-il décidé de taire son histoire.

— Tu n'as plus rien à craindre de moi, Ariane. Je ne dévoilerai rien.

En tant qu'imprésario d'Anaïs, Saintonge se plaît désormais à se considérer comme un mentor, ayant établi une relation de confiance réciproque. Il estime qu'il vaut mieux abandonner sa place de père à un être plus méritant.

Tandis que le servant de messe agite la clochette et signale le moment de la génuflexion, Saintonge ne peut réprimer un sourire. Il dépose en pensée un baiser fraternel sur le coffre de bois. Son *alter ego* peut dormir en paix.

Le chœur entonne le *requiem*. Les porteurs progressent lentement dans l'allée, suivis par Ariane et sa famille qui lui emboîte le pas. Dans la tristesse, la foule marche avec recueillement.

Le cortège funèbre prend la route de la montagne, en direction du cimetière Notre-Dame-des-Neiges. Dans la voiture au luxe démesuré, Anaïs, sobre et glacée, s'étonne de ne rien éprouver. Si elle affiche du chagrin, c'est plus pour se conformer aux circonstances. Bien qu'Eugène lui ait servi de père, il reste qu'il a aussi été son bourreau. À cette pensée, un sentiment de colère la submerge juste au moment où sa mère s'approche d'elle. Perplexe, Anaïs surmonte son inconfort. Ariane garde la main de sa fille contre son cœur et maintient ses yeux clos. Elles restent ainsi, tout le trajet. Claude, ému, se mouche bruyamment. Henri se contient, le regard rivé vers l'extérieur.

Une dernière épreuve attend la famille : déposer Eugène en terre. Le curé adresse un dernier hommage. Il bénit le cercueil et les gens se signent tandis que la bière, couverte d'un immense bouquet mortuaire, descend lentement au fond, au cœur de la terre qui l'ensevelira.

— Les vers vont manger cousin Eugène ?

Une voix enfantine a posé la question, imposant des images terrifiantes pour tous. Ce qu'il y a de plus dur, avec les morts, c'est que leur absence nous rappelle que tôt ou tard il nous faudra les rejoindre.

La liste des invités s'allonge. Et si on ne veut froisser personne, il faut accepter les ajouts.

Joignez-vous à nous
Pour célébrer l'anniversaire
De Madame Ariane Calvino !

Sa mère célèbre son soixantième printemps, en cette fin de juin 1974. Les mois ont été difficiles depuis la mort d'Eugène. Pour distraire Ariane de sa tristesse, Anaïs a dans le plus grand secret réservé une immense salle de l'hôtel Saint-Denis, dont elle est membre honoraire. La table de l'établissement, réputée, ne peut que plaire aux nombreux convives.

Secondée par Léon, elle revoit à nouveau la liste des noms, la disposition de la salle.

— Colette Lemyre viendra finalement accompagnée. Quand je lui avais parlé au téléphone, il y a quelque temps, elle n'était pas encore certaine.

— Tu l'as invitée ? Avec son mari ? C'est hors de question ! Je ne veux pas, laisse échapper Anaïs avec une fermeté qui l'étonne elle-même. Tu aurais dû m'en parler.

Léon Saintonge, surpris par sa véhémence, ajoute à voix basse pour la calmer :

— Colette est une amie de ta mère… Quant à son mari, il repose six pieds sous terre.

— Il est… mort ? Es-tu certain ?

— Je le croirais bien, répond l'agent. C'est son fils qui escortera Mme Lemyre.

Secouée, sans trop savoir pourquoi, Anaïs se dirige vers le réfrigérateur, dans la cuisine inondée de lumière. Loin d'éprouver des regrets en apprenant la mort du père de Lucille, elle sent une montée de joie la submerger, telle une délivrance. Pourquoi réagit-elle ainsi ? Elle saisit la bouteille de champagne à peine entamée la veille, l'agite de haut en bas de telle sorte qu'un « pop » fait sauter le bouchon.

— Sors les verres, Léon ! On va boire à ma santé !

— Tu joues au TNM ce soir, ma beauté. Ça ne me semble pas la meilleure idée.

— Une petite gorgée pour moi, une grosse pour toi et une pour le théâtre ! Allez !

Un peu déstabilisé, il saisit la coupe. Anaïs rayonne sans trop se l'expliquer, et il craint de la contrarier en lui demandant les raisons de cette réaction à quelques heures d'entrer en scène.

Fin juin 1974. La fête bat son plein. Il y a des gens partout dans la salle ; des artistes, majoritairement, qui ont travaillé avec l'élue de la soirée et qui sont devenus des amis. Il y a également de nombreux auteurs. Les journalistes sont là aussi, certains qui ont été invités, alors que d'autres cherchent à passer inaperçus avec leurs photographes qui croqueront les clichés destinés à tapisser les pages du prochain numéro d'*Échos vedettes* et autres journaux à rumeurs du vendredi suivant. Ariane Calvino, au milieu de cette masse de gens connus qui lui témoignent une affection et une admiration sincères, se réchauffe le cœur. Et ce qui la réjouit par-dessus tout, c'est de savoir que cette fête a été l'initiative d'Anaïs, qui a fait des efforts pour la surprendre et la combler. Si elle n'oublie pas un instant l'absence cruelle d'Eugène, il reste qu'elle goûte en cet anniversaire un certain bonheur.

Claude saisit la main de sa sœur, qu'il entraîne dans un réduit où les employés rangent leurs effets. À l'étroit dans le cagibi, il pousse Anaïs et referme la porte sur eux.

— Qu'est-ce qui te prend ? questionne-t-elle en riant car elle croit à une blague.

— Il faut que je te parle, répond Claude avec sérieux.

— Ça ne peut pas attendre ? Il y a du monde partout. Je dois jouer mon rôle d'hôtesse, car si je relâche ma vigilance ne serait-ce que dix minutes, maman va prendre le relais. Tu la connais…

— Oui, justement, je la connais bien. Et si elle apprend ce que tu as fait, je te jure que tous tes efforts pour lui faire un bel anniversaire vont tomber à l'eau.

— Ah non, Claude… Pas des reproches !

— Anaïs, as-tu donné *L'Esquimau en chasse* à Léon Saintonge ? As-tu fait ça ?

— Il n'y a que moi que ça regarde.

— Eugène t'a laissé ses plus belles œuvres et tu te défais des toiles les unes après les autres ! Maman adorait *L'Esquimau en chasse*. C'est une œuvre qui vaut une petite fortune.

— Léon a tant fait pour moi. C'est ma façon de le remercier.

— Eugène a voulu contribuer à assurer ta sécurité financière. Il s'inquiétait pour toi et tenait beaucoup à te protéger. Tu ne peux pas dilapider ton héritage…

— C'est mon droit.

— Tu sais combien je t'aime, ma grande sœur, mais là je ne comprends pas pourquoi tu refuses tout ce qui te vient de cet homme-là. Il a été bon avec moi et m'a énormément aidé à traverser mon adolescence. Sans lui, je ne serais peut-être pas ici. Et quand maman croisera ton imprésario et qu'il se vantera de posséder l'un des plus beaux Boyer, elle n'aura plus du tout le cœur à la fête.

— Je vais parler à Léon, ne t'inquiète pas.

— Tu aurais dû refuser ton legs, au lieu de l'accepter pour le distribuer à tout vent. On jurerait que tu cherches à renier la noblesse du geste…

— Tu as peut-être raison, je l'ignore.

— Cousin Eugène a été une figure paternelle pour nous trois.

— Parle pour toi. En ce qui me concerne, le seul père que j'ai eu, c'est Marcel.

— Tu l'idéalises tellement que ça m'exaspère ! Marcel s'est montré si injuste envers toi ! Il a refusé de te donner son nom et tu rejettes Eugène alors qu'il a cherché à compenser en te léguant ses tableaux les plus beaux et ceux qui ont la plus grande valeur !

— Laisse-moi sortir d'ici !

— Non. Tu vas m'expliquer.

Pourquoi son frère adoré lui fait-il aussi mal ? Lui qui, jusqu'ici, l'a protégée et chérie. Pourquoi s'acharne-t-il à la mettre devant ses contradictions et à lui arracher une des grandes sécurités de son existence ? Avec une force qu'elle ne se connaissait pas, elle repousse vigoureusement son interlocuteur et se dégage de son emprise. Elle quitte le réduit sans se retourner.

Comment expliquer le malaise qui l'habite et les incohérences qui en découlent ? Tandis qu'appuyée à la colonne de l'entrée elle affiche son sourire de diva, sa taille de guêpe et son élégance, et qu'elle joue de ce charme irrésistible dont elle use avec adresse, conquérant chacun des invités se présentant à la porte de la salle de réception, elle sent au-dedans d'elle un vide immense qui, comme lors d'un glissement de terrain, s'agrandit à un rythme fou.

Anaïs rentre chez elle aux petites heures, complètement vidée, incapable de faire un pas de plus. Elle se jette sur son lit. Elle n'a pas bu une goutte d'alcool et pourtant elle a la tête qui tourne. Dans sa poitrine, son cœur bat la chamade. Elle vomit violemment et passe proche de perdre connaissance.

La Chevrolet Nova décapotable vermillon, avec son toit blanc cassé, ne passe pas inaperçue. Anaïs l'a achetée sur un coup de tête, pour ses banquettes beiges assorties à la carrosserie. Elle-même, quand elle sort au volant de son bolide, s'organise pour porter des vêtements coordonnés à l'ensemble. Affublée de lunettes de soleil à la monture octogonale signée Christian Dior, elle noue sur ses cheveux teints en brun foncé un carré de soie rouge. Avec son chemisier de coton léger, des jeans ajustés à sa taille fine et des *boots* western rapportés de Winnipeg, elle semble tout droit sortie d'un film de Clint Eastwood.

Tandis qu'elle se dirige vers le nord, son esprit flotte sur une eau où défilent les rôles au théâtre, au cinéma et surtout à la télévision qu'elle a enchaînés à un rythme fou. Qui est-elle, au milieu de ces montagnes de costumes, de ces tenues de toutes les époques, de tous les milieux, de ces accents, de ces maquillages, de ces personnages qu'elle a incarnés le temps d'une saison, d'une soirée ou d'une série complète, puis s'effaçant avec le mot « Fin » inscrit au générique ? Sa vie professionnelle a déteint sur sa vie privée où, fuyante comme une couleuvre sous les pierres, elle se déguise, se métamorphose.

Avec les hommes, elle a multiplié les aventures sans pause ni répit. Et si elle a un nombre imposant de relations, de connaissances et d'amis, elle ne partage pas son intimité avec facilité. Et celle qu'elle aperçoit dans le rétroviseur de sa voiture ne lui inspire ni tendresse ni haine. Elle ne sait plus qui elle est.

À la hauteur de Saint-Jérôme, les montagnes enveloppent le paysage, absorbant les chauds rayons du soleil de juillet. Les Laurentides lui ont manqué ! Il lui a fallu tout ce temps pour que son besoin de nature refasse surface. Comme elle joue tout l'été au théâtre Sainte-Adèle, elle a pris la décision de passer la belle saison à la campagne et a refusé tout engagement à Montréal. Pour la première fois depuis son départ de New York, elle s'accorde une quasi-pause et se réfugie dans les bois.

— Excellente idée, décrète Léon, tout aussi épuisé qu'elle pour l'avoir suivie dans sa cadence. Il n'est pas mauvais pour une comédienne de se laisser oublier pour revenir en force.

— Ça, c'est si je reviens, répond-elle du tac au tac.

— Repose-toi et, surtout, refais le plein. Tu m'inquiètes, ajoute-t-il, avec du sérieux dans la voix.

Deux gros chats propriétaires
Aimeraient louer, avec ses volets verts,
Leur maison adorée, ses chaises berçantes sur la galerie,
Son toit de tôle sous la pluie.

L'annonce, parue la veille dans le *Montréal-Matin*, l'a charmée. Son instinct la trompe rarement. C'est cette maison qu'il lui faut. Curieuse et pressée de voir enfin ce gîte plein de promesses, elle accélère. Des souvenirs d'enfance lui reviennent, tableaux vivants ressortis du passé avec Marcel, Ariane, Claude et Henri. Une vie de famille épanouie, souriante, enviable. Elle ignore quels reproches on pourrait adresser à ces gens généreux et aimants qui l'ont traitée comme une des leurs alors qu'elle n'avait plus personne…

L'embranchement à droite mène à Sainte-Marguerite. Elle s'y engage par erreur, croyant à tort suivre le trajet indiqué par une dame charmante à qui elle a parlé au téléphone, quelques heures plus tôt. Elle roule pendant quelques kilomètres encore quand, tout à coup, une bâtisse fantôme lui apparaît, comme un spectre. La demeure, laissée à l'abandon, n'est plus que l'ombre d'elle-même. N'empêche, Anaïs l'a reconnue… Et elle s'empresse de rebrousser chemin.

Dans la maison de location, des bagages gisent çà et là. La demeure est isolée et encore étrangère à sa nouvelle occupante. Un lit confortable et douillet, coquettement recouvert d'une courtepointe déclinant des teintes de rouge et de jaune, meuble la chambre. Allongée sur sa couche duveteuse et pleine des odeurs du bois, Anaïs tient sur ses genoux un cahier à la couverture rigide sur lequel le mot « Journal » a été tracé, élégamment. La jeune femme se rappelle sa rencontre furtive avec Colette Lemyre, lors de la fête d'anniversaire d'Ariane. Cette femme, qu'elle n'aurait pas reconnue tant elle avait vieilli, lui a remis discrètement une enveloppe brune scellée à la cire. Lorsqu'elles étaient petites filles, Lucille et Anaïs, sous la supervision de leurs mamans, s'amusaient à fermer à la cire chaude les lettres qu'elles s'écrivaient, chauffant d'une allumette l'extrémité d'un bâton qui pétillait en s'égouttant sur le papier.

— J'ai trouvé ça lorsque j'ai vidé sa chambre. Il y a un moment que je souhaite te le remettre. C'est pour toi, de la part de Lucille.

Les pages séchées du cahier craquent en tournant les unes après les autres. Une fleur de marguerite écrasée tombe en poussière sur les draps. Puis les mots font leur apparition : épars au début, mais s'enchaînant avec cohérence et précision par la suite. En des termes enfantins, Lucille relate les événements de cette visite au chalet lors des festivités du Nouvel An de 1954. Anaïs revient à cette chambre, décrite avec précision, comme pour s'assurer de la véracité des faits et leur donner plus de poids, comme si cela était possible. La fièvre et la toux l'immobilisaient, ce jour-là, alors que la neige promettait une belle journée de ski à tous. Tandis que sont dépeints les Bambi imprimés sur sa chemise de nuit, la jeune femme renoue avec cette impression de quitter son corps et de voler au-dessus d'elle-même. Ce n'est pas une voix d'adulte qu'elle entend en train de lire, mais celle d'une fillette qu'il n'aurait pas fallu laisser seule cette journée-là.

— Il a mis son doigt sur la bouche d'Anaïs…

Les précisions ne peuvent relever de la fabulation. Lucille, dans la pièce adjacente, s'était levée, alertée par le bruit. Elle avait jeté un œil par les interstices, entre les billes de bois séparant les deux pièces, là où l'isolant était dégarni. Elle avait assisté à cette scène qui l'avait terrifiée, elle aussi, et qu'elle décrivait avec force détails.

La souffrance ressentie lui vrille la poitrine. Anaïs sent son pouls s'accélérer, ses oreilles bourdonner et ses tempes frapper de grands coups. Les sensations lui reviennent. Elle doit à l'enfant qu'elle était de se rendre au bout du récit, même si cela équivaut à jeter du sel sur des plaies déjà à vif. Et quand enfin Anaïs referme le journal de son amie, son âme a vieilli de cent ans, mais son cœur s'est remis à battre…

Elle relève le regard. Des larmes brûlent ses joues. Des bras grands ouverts devant elle l'appellent. Une peine immense se dessine sur le visage de sa mère, venue lui rendre visite. Ariane a lu le cahier à son tour. C'est dit et c'est trop tard : le sceau du secret est rompu. Anaïs a fait basculer la vie de sa mère dans la sienne. Et en dépit du chagrin qu'elle lui cause, Anaïs n'éprouve plus de honte ou de regret. Elle a le sentiment d'avoir accompli son devoir envers elle-même. Ariane lui donne raison.

— Ma petite Anaïs ! Je t'ai laissée… avec lui ? J'ai fait ça ? Et je ne peux même pas le tuer moi-même, de mes mains ?

Anaïs a pris son temps, lovée contre le corps de celle qui n'a pas pu la protéger. Les pleurs chauds d'Ariane la rassurent et confirment l'inacceptable. Elle émerge de sa coque invisible, déplie de nouveau ses ailes. Les souvenirs reprennent enfin leur juste place dans son esprit : jamais Eugène n'a accompli ces actes dont elle avait perdu la trace. Comment a-t-elle pu imaginer une telle chose ? Oncle Gaétan est celui qui a fait dérailler le train de son enfance et brouillé sa mémoire. Libérée, Anaïs sent que malgré tout, en elle, une flamme brûle toujours et lui permettra de reprendre son envol…

Chapitre 18

Les épis de maïs, une fois bouillis dans de l'eau aromatisée d'un peu de lait, sont égouttés puis couchés quelques minutes sur les braises chaudes. Tandis que les légumes crépitent, dégageant une odeur de foin brûlé, Anaïs achève sa mayonnaise. Après avoir vérifié la cuisson des steaks, elle sort de l'armoire les planches de bois striées sur lesquelles elle pose la viande. La table est mise pour un festin gargantuesque. Légère, elle se sent en convalescence, comme lorsque, enfant, son corps émergeait d'un épisode de fièvre intense. Elle rejoint son frère qui l'attend, sirotant un verre de bière sur la galerie. Claude fait face au soleil dardant l'arrière des montagnes, les rayons s'entrecroisant tels les doigts de deux mains surdimensionnées, sur fond d'un bleu parfait. Vert d'un bout à l'autre de ses feuilles, l'été bombe le torse et atteint son paroxysme de beauté avant d'éclater tout en couleurs. Anaïs rayonne. Autour d'elle et de sa maisonnette, ça croasse, ça stridule, ça ramage, ça roulade, ça gazouille et ça bourdonne dans un concert vivifiant. Elle pose les maïs fumants sur le plat de service au milieu des salades de légumes de saison, puis les pièces de viande avec leurs beaux os en T.

Claude est impressionné lorsque sa sœur lui présente les plats rustiques, comme lors des étés de leur enfance, ces vacances idylliques passées en famille dans le Nord. Les plus beaux souvenirs lui reviennent alors que Marcel, guéri, prenait plaisir à faire lui-même la cuisine. Il portait un tablier cousu à la main par leur mère, radieuse à ses côtés, rigolant et blaguant avec insouciance. Il se délecte, se remémorant avec une grande précision les traits de sa mère chérie.

— Je vais repartir gras comme un moine !

— Tant pis ! Tu n'en seras que plus beau ! dit-elle en lui pinçant le pli du ventre.

— On ne fait que manger ! s'exclame-t-il en riant et dévoilant un brin d'herbe collé sur l'une de ses dents.

— Il n'y a rien de mauvais là-dedans ! Profitons de notre chance ! répond-elle, s'esclaffant de voir son sourire édenté.

Pas un instant elle n'a regretté sa décision : elle s'est fait remplacer à quelques jours de la première de la pièce qu'elle devait jouer au théâtre Sainte-Adèle pour l'été. Léon Saintonge a dû s'organiser avec tous les problèmes causés à la troupe et au théâtre, qui perdait sa tête d'affiche sans préavis. Du jour au lendemain, elle a senti qu'elle n'en pouvait plus de jouer. La seule idée de devoir être une autre qu'elle-même et rendre un texte sur scène la paralysait. Anaïs Calvino, qui avait tant donné pour qu'on l'aime, avait perdu le goût du regard des autres, de cette admiration qu'il lui fallait nourrir sans cesse. Comme les couleuvres vert et jaune se glissant furtivement entre les pierres des jardins tout autour, la jeune femme changeait de peau. Pour ce faire, elle avait besoin de cette rupture avec son ancienne vie.

Un mois de repos complet, allongée au soleil du matin au soir, a facilité la métamorphose. Tristesse et angoisse, compagnes habituellement présentes, se tiennent désormais tranquilles. Depuis qu'elle ne travaille plus, les cachets et les calmants sont restés dans sa valise, oubliés. Celle qu'elle a été enfant lui rend parfois visite, capable d'émerveillement, en harmonie avec les arbres, les animaux, les pierres, émergeant du monde des morts et refaisant surface. Meurtrie, mais debout… Une survivante.

Après un temps de désœuvrement, elle reprend goût à ses balades dans le village, qui lui rappellent de doux moments lorsque, gamine, elle accompagnait Ariane en voiture pour aller faire des courses. La boulangerie, ouverte de bonne heure, accueille les visiteurs avec les meilleurs pains, fumants de volutes de bonheur lorsqu'on les beurre et les couvre de confiture. Quittant la rue Morin pour rejoindre le lac Rond, un trou bleu en plein cœur du patelin, elle pose à même le sol une serviette, son sac et un pique-nique. La journée s'écoule sur le bord de l'eau à faire quelques brasses, à se sécher au soleil et à nager de nouveau. Cachée derrière son chapeau à large bord qui camoufle son visage, elle suit les conversations des vacanciers et des résidants ; des gens ordinaires parmi lesquels elle se plaît à se fondre. Les caméras, les répétitions, les studios et les scènes ne lui manquent pas. Première étonnée de ce fait, sous ses lunettes noires, elle s'offre le luxe d'être et s'abandonne à la découverte de cette personne qu'elle a trop longtemps oubliée : elle-même.

Anaïs s'est accoutumée très vite à cette nouvelle vie, aussi prolonge-t-elle la location de la maison de deux semaines, puis d'un mois. La rivière aux Mulets, qu'elle fréquente assidûment, est devenue une confidente dont elle ne veut plus se passer. La gentillesse des habitants, le calme de son existence, la splendeur des paysages, elle se les offre comme un bon champagne longtemps désiré. Si, au détour d'une promenade, certains la reconnaissent et sourcillent, la plupart respectent son intimité, essentielle à ce moment de sa vie. Autant elle s'est plu dans son rôle de vedette, autant elle se donne entièrement à celui de solitaire anonyme, qui est en train de s'imposer. Avec elle, c'est noir ou c'est blanc. Les virages se font à cent quatre-vingts degrés et s'opèrent à plein régime.

Anaïs n'est pas sans savoir à quel point le soutien de sa mère a facilité la transition. Ariane l'a aidée à aménager cette résidence tout en miniature, comme une maison de poupée. Ensemble, elles ont pleuré tout leur soûl sur ce qui est arrivé, se sont enlacées beaucoup, rattrapant ces années de distance douloureuse et d'incompréhension. Bienfaitrice Ariane… qui, à la demande de sa fille, s'est résignée à repartir pour Montréal, encore bouleversée par les révélations, mais encouragée par leur rapprochement inespéré et par le bonheur qu'elle lisait de nouveau dans le regard de celle qui demeurait sa petite.

— Tu veux rester seule, ici ? Tu en es bien certaine ?

— Il le faut, maman. Je t'appellerai tous les jours, c'est promis. Ne t'inquiète pas. J'ai besoin de solitude, de me retrouver avec moi-même… Il y a si longtemps que je n'ai pas été seule et bien !

Anaïs revient à Claude, qui se délecte, mordant dans la chair bien juteuse. Il aurait voulu éviter ce geste d'impolitesse barbare mais, vaincu, il a agrippé les extrémités de l'os entre les pouces et les index pour le ronger comme un chien. Avec un restant de sa civilité proverbiale, il s'acharne à garder le petit doigt en l'air, alors que le gras de la viande lui coule sur les mains jusqu'aux poignets, qu'il s'empresse d'éponger de sa serviette de tissu à carreaux… Sa sœur rit de le voir faire et l'imite, déchirant la viande à belles dents. Une chouette hulule alors qu'il fait encore jour ; ils tournent le regard dans sa direction et l'aperçoivent, à cent pas, juchée sur un tremble s'agitant de toutes ses feuilles et du vent qui les fait frémir. Le frère et la sœur, unis dans un silence serein, observent le rapace, posé, qui les fixe aussi.

— Que pense-t-il de nous, cet oiseau ?

Alors qu'Anaïs murmure ces mots, la chouette oriente son regard perçant en direction d'eux comme si elle avait compris qu'on parlait d'elle.

— Que nous sommes bêtes de nous enfermer derrière les moustiquaires de la galerie… Que je suis bête de t'avoir jugée pendant toutes ces années d'absence. Si j'avais su… Et puisque tu m'as enfin ouvert ton cœur pour me confier ton secret, j'ai envie moi aussi de te faire une confidence, ajoute-t-il nerveusement en avalant une gorgée de vin.

Dans un mouvement d'ailes, le volatile quitte la branche, prend son envolée et plonge dans l'azur.

— Tu sais, la personne que j'aime, celle dont je t'entretiens depuis si longtemps… Cet amour-là n'a pas un corps de femme… Je l'avoue à toi seule, maintenant que tu as eu le courage de me révéler ton histoire.

— Je suis heureuse pour toi. Maintenant que nous sommes quittes pour les aveux, trinquons !

— À la vérité…

— Et à l'amour que nous avons l'un pour l'autre.

Les deux verres s'entrechoquent avec douceur. Un silence les enveloppe tandis qu'assis côte à côte ils épient les bruissements de la forêt. Claude repartira bientôt, libéré et encore étonné du peu de cas fait par sa sœur de sa confession. *Je l'ai toujours su*, semble-t-elle murmurer à son frère, son grand complice…

Fidèle habituée de l'adorable cinéma Pine, sis au cœur du village, Anaïs trouve refuge une fois par semaine dans les salles de taille réduite où l'on se sent comme Pinocchio dans le ventre de la baleine. Elle se rend à pied à la séance du jeudi soir, avant la cohue de la fin de semaine. Après son été de farniente, elle a étiré son congé et prolongé son séjour pour la saison hivernale. Annuler tous ses engagements, dont deux premiers rôles à la télévision, lui a coûté une fortune qui l'a obligée à vendre trois Boyer. Elle ne regrette rien : Eugène approuverait. Désormais, elle ne vient à Montréal que les lundis, passe une nuit dans son appartement, emporte son courrier et reprend le volant dès que possible après une petite visite à l'avenue Outremont pour embrasser sa mère.

Plus son arrêt de travail se prolonge et l'éloigne des flashes, plus elle s'ajuste à son nouvel équilibre.

Les chimères après lesquelles elle a tant couru ne lui disent plus rien. Elle aspire à la simplicité, à l'honnêteté, au pardon.

Avec l'hiver tout juste arrivé, le village de Sainte-Adèle, recouvert d'une nappe blanche et cotonneuse, s'est décoré de rouge et de vert. Les fêtes de Noël approchant, les commerçants s'animent et se démènent pour attirer les touristes. Anaïs qui s'est jusque-là toujours refusée à participer aux réjouissances se surprend à apprécier la gaieté imposée par ce temps de l'année et à avoir envie de faire partie de la bonne humeur collective. Ce jeudi soir de décembre 1974, c'est avec un cœur d'enfant qu'elle rejoint le cinéma Pine et s'y love. Une fois les lumières éteintes, lorsque les premières images du film sont projetées sur l'écran, elle se rend compte qu'elle s'est trompée de salle. Benji, le chien, fixe l'auditoire de son regard irrésistible et déjà s'agite et se démène. Alors qu'elle s'apprête à se lever pour changer de salle, tenant d'une main sa boisson gazeuse et de l'autre son sac de maïs soufflé, elle remarque, à quelques rangées devant elle, trois enfants peinant à rester sages. L'aîné, un garçon à la chevelure rebelle, une dent en moins à l'avant, remue sur son banc. Il grimpe sur le dossier, puis retombe lourdement en un mouvement répétitif et bruyant qui l'amuse beaucoup. À ses côtés, une poulette à la chevelure tout en vagues, recroquevillée en boule, l'index enfoncé dans la bouche, s'impatiente de ne pas parvenir à inspirer et à téter simultanément. La troisième bambine, déguisée en princesse de pied en cap, chantonne l'air de *Jingle Bells* en usant d'une langue inventée pour imiter les sonorités de la version originale avec force gestes et exclamations. Les trois larrons sont à l'aise et peu conscients des dérangements qu'ils causent. Prise au plaisir d'espionner leurs échanges, Anaïs leur jette un nouveau regard. L'attendrissement la happe. Les trois paires d'yeux noirs pétillent d'intelligence et de curiosité. Ils sont si mignons qu'elle aurait envie de croquer ces belles joues rougies par l'hiver ! Comme les tendresses de sa propre enfant lui manquent, à cet instant ! L'image de son bébé gazouillant dans sa poussette la traverse comme un coup de couteau. Le 24 décembre, ça fera treize ans… Elle fournit un effort énorme pour se dominer et éviter d'aller rejoindre les gamins ; essuyer ce nez qui coule, ajuster cette couronne dans les cheveux et attacher ces lacets trop longs. Alors que pour se protéger elle se détourne des enfants, elle s'étonne car c'est la première fois qu'un tel élan maternel la surprend.

Tandis que se termine le générique d'ouverture, une voix masculine brise le charme… et impose le sien. Anaïs n'entend que la douceur tandis que l'homme, de retour du comptoir à friandises, remet de l'ordre dans sa petite faune grouillante. Il appelle au calme et au silence dans sa portée. Bientôt, les trois gamins, chacun une main enfoncée dans leur baril de chips, bien ancrés à leur fauteuil, s'extasient alors que les aventures de Benji commencent. Captivées par l'histoire, les trois petites bouches cessent un instant leur mouvement perpétuel et s'entrouvrent d'ébahissement. Anaïs tente de maintenir son sérieux et sa concentration. Les marmots ne lui rendent pas la tâche facile, bien vite s'extasiant à voix haute devant la perspicacité de l'animal, posant mille et une questions, tantôt sur des détails, tantôt sur les choses graves et tragiques. Un chien amoureux, cela est-il possible ? Et pourquoi pas…

— L'amour, c'est beau ! murmure la plus jeune d'une voix tendre.

Les spectateurs sont les premiers à s'enticher du héros texan à quatre pattes doté de grandes vertus, dont celle du courage. Et quand au détour du scénario les enfants du Dr Chapman se font enlever par des malfaiteurs, le trio alerté pousse des cris dans la salle pour donner des indices au chien et tenter de lui venir en aide. Tandis que l'histoire se conclut sur la libération des enfants, l'arrestation des ravisseurs et l'amour de Benji pour une jolie chienne aussi brillante que lui, les trois gamins restent figés et silencieux une bonne minute devant le mot « Fin ». Leur père, sourire en coin, observe la stupéfaction de ses petits, ne les pressant pas de s'en extirper. Puis ils regardent autour d'eux, espérant peut-être voir apparaître le chien du film.

— Je voudrais en avoir un ! Est-ce qu'on pourrait, papa ? Comme Benji ! demande la benjamine en sautant de son banc, une poignée de chips volant dans les airs.

Anaïs Calvino ne quitte pas du regard ce père au milieu de sa nichée d'oisillons piailleurs, affichant le flegme d'un sphinx. Incapable de s'en détacher, elle garde les yeux rivés sur lui, comme en proie à un engourdissement, ne parvenant pas à reprendre contenance. Remarquable, non pas tant par sa beauté que par cette douceur qui transparaît dans ses gestes et dans sa voix, l'inconnu lui semble proche. Elle a l'impression qu'elle le connaît, qu'elle peut lui parler. Elle éprouve déjà un sentiment amoureux…

— Tu auras de l'eau à la maison. Ne me le demande plus, car je te répondrai non.

Il ne hausse pas la voix, se dédie aux gestes simples, ordinaires : ces cordons qu'il faut nouer sous le menton, ces mitaines à rapatrier, ces boutons qui résistent aux petits doigts… À l'observer, une paix intérieure envahit la jeune femme, occupée elle aussi à attacher sa canadienne et à s'habiller chaudement pour affronter le froid. Sans qu'elle s'en rende compte se dessine à la commissure de ses lèvres un sourire auquel, timidement, le père affairé répond. Anaïs est bouleversée par ce premier contact et reste au ralenti, comme transportée par cette émotion nouvelle, cette confiance en l'autre, cette acceptation.

La famille s'échappe, glissant dans la rangée et abandonnant derrière elle un foulard de laine rouge. Dans une impulsion quasi enfantine, Anaïs se jette sur le vêtement, y voyant un prétexte, un espoir pour interpeller le bel étranger qui s'en va avec sa smala. Elle accélère le pas pour se rendre jusqu'au hall. Écharpe à la main, elle le repère aisément puisqu'il dépasse la foule d'une bonne tête.

— Monsieur !

L'homme s'arrête, revient sur ses pas et se retrouve face à elle. De nouveau, le courant passe, électrique et puissant. Il la remercie alors qu'elle ne trouve rien à répondre et se contente de sourire. Un enfant appelle son père. Il retourne à ses obligations et la laisse pantoise, ébranlée, toute chaude à l'intérieur.

Cette fois, elle n'a pas cherché à retenir son attention. Elle n'a pas non plus joué les indifférentes, les indépendantes, les femmes fatales. Elle n'a pas ressenti la peur de s'abandonner. La neige, qui s'est mise de la partie, blanchit l'horizon par gros flocons ouateux dans le ciel de fin de soirée. Pour Anaïs, c'est déjà Noël.

Ariane réfléchit longuement, mais une fois sa décision prise elle ne revient jamais en arrière. Elle se refuse à cultiver les regrets ou la nostalgie. Aussi, c'est d'une main assurée qu'elle rédige la lettre dans laquelle elle annonce à la direction de Radio-Canada – des patrons devenus, depuis toutes ces années, des amis sincères – qu'elle compte quitter ses fonctions de directrice dans quelques mois. Avec l'année 1974 qui se termine, elle sent le besoin de fermer les livres, de boucler une longue réflexion entamée depuis l'été dernier.

Les quelques jours passés auprès d'Anaïs et ses divulgations l'avaient laissée complètement détruite et ont déclenché en elle un complet bouleversement. Si, devant sa fille, elle était parvenue à garder un semblant de force et de retenue, il reste qu'une fois seule elle s'était sentie totalement perdue. Elle se souvient d'ailleurs qu'en quittant le village de Sainte-Adèle, plutôt que de s'engager vers Montréal, elle avait pris la route vers le nord et vers le sanatorium, celui où elle allait rendre visite à Agathe, autrefois, bien des années auparavant. Les mains sur le volant, le regard rivé sur les lignes blanches, elle ne trouvait rien pour soulager sa souffrance. Des images de l'agression l'assaillaient et la secouaient de spasmes douloureux. Elle ne s'était doutée de rien ! Voilà ce qui se passait lorsqu'une mère n'avait que son travail en tête : elle négligeait ses enfants ! Elle n'avait cessé de s'adresser tous les reproches ! Pourrait-elle se pardonner son absence de ce jour-là ? Sa sœur Agathe lui avait confié ce qu'elle avait de plus cher au monde. Sa mission avait lamentablement échoué. La nature, son immensité et sa paix, pour une fois, ne lui apportaient pas de secours. Comment parviendrait-elle à surmonter la culpabilité ? Voilà la question qui la torturait et à laquelle elle ne trouvait pas de réponse. Elle se souvient d'avoir stationné sa voiture dans une halte déserte et d'avoir marché un bon moment au milieu des arbres, s'avançant dans la montagne, désorientée. Puis, une fois certaine qu'on ne puisse l'entendre, elle avait hurlé. Comme une bête.

Elle a oublié le trajet parcouru après pour revenir vers la ville et rentrer à la maison. Elle se rappelle son fils Claude, fou d'inquiétude, proche de signaler sa disparition à la police. Ariane était ébranlée. Après avoir traversé tant d'embûches – la maladie d'Agathe et celle de Marcel, les soucis financiers, l'absence prolongée d'Anaïs et ses confidences récentes, la mort de son grand amour, Eugène –, l'agression de sa protégée lui paraissait la peine la plus insurmontable.

Aussi, une fois de retour à son bureau dans l'immense tour, bien qu'elle eût fait de son mieux pour poser les gestes de la routine rassurante, elle avait dû admettre qu'elle n'était plus la même. Elle saluait son monde, discutait de projets et de mise en ondes avec l'impression étrange d'être hantée par une autre. L'ancienne Ariane Calvino se sentait inhabitée, telle une carapace abandonnée sur la rive, une coquille vide.

Puis, en pleine rencontre avec des réalisateurs pour discuter de budgets, elle a éprouvé ses premiers malaises. Elle a été prise de vertiges, et un bourdonnement à ses oreilles s'est ajouté à l'inconfort. Elle a voulu remplir son verre d'eau, devant elle, mais bientôt son cœur s'est emballé et s'est mis à battre la chamade. Très incommodée, elle a dû reposer la carafe, s'excuser et sortir de la salle de réunion. Elle n'est parvenue à retrouver son calme qu'une fois chez elle, alitée.

Le lendemain du fâcheux événement, elle a tenté de reprendre le chemin du bureau. *Quand on tombe de cheval, il faut remonter en selle*, se disait-elle.

De retour à Radio-Canada, elle s'est efforcée de prendre l'ascenseur jusqu'au neuvième étage. Les portes étaient à peine entrouvertes que les crises ont recommencé, plus fortes et handicapantes. Elle est passée près de perdre connaissance et a regagné non sans peine l'extérieur. Elle s'est rendue directement au bureau de son vieux complice, le Dr Greenberg, qui lui a fait une place entre deux de ses patients. Après une auscultation sommaire, le médecin l'a mise au repos et lui a imposé une batterie d'examens. Du test d'urine à l'électrocardiogramme, son corps n'a révélé aucune anomalie.

— Il faut chercher ailleurs, a-t-il lancé à son interlocutrice, un peu désemparée devant ses propres limites. Peut-être du côté d'une certaine usure… Vous avez traversé un deuil difficile et vous ne vous êtes pas arrêtée pour absorber le choc. Cela a parfois des répercussions d'autant plus graves. Il est peut-être temps de penser à ralentir le rythme de travail… Peut-être devrez-vous devancer votre projet de retraite.

Se pliant aux consignes de son ami, Ariane s'est reposée pendant un long mois, au bout duquel, elle a été forcée de l'admettre, elle n'est pas parvenue à remonter la pente. Si les crises ont disparu, elle demeurait toutefois en état d'épuisement, toujours sur le qui-vive.

— Et si on faisait un voyage, tous les deux ? On pourrait se rendre à Kuujjuaq et voir le Grand Nord qu'Eugène aimait tant ? lui a suggéré Claude, qui cherchait lui aussi à échapper à une mauvaise nouvelle qu'il venait d'apprendre.

— D'accord ! Avec toi, je veux bien aller là-bas. Donne-moi le temps d'annoncer ma retraite officiellement et d'en régler les détails.

— Cette pause nous fera le plus grand bien.

— Partons après le temps des fêtes !

Le centre hospitalier regorge de malades, en ce lendemain du jour de l'An. Tous ceux qui n'ont pas trouvé le loisir de s'occuper de leurs bobos au cours des jours précédents semblent s'être donné rendez-vous à l'hôpital.

— Si ça continue, on va y passer la journée ! Ce n'est pas possible !

— Calme-toi, Léon ! On n'est pas au théâtre de Quat'Sous : les spectacles n'ont pas le même effet qu'à Montréal, murmure Anaïs en lui tapotant le bras. En ville, les gens sont nerveux, tandis qu'ici ils ont tout leur temps.

Anaïs a laissé sa mère, Henri, Claude, ses tantes, ses oncles, ses cousins venus chez elle célébrer la nouvelle année à la campagne. Alors que la maisonnée dort encore, elle accompagne Léon, la main bandée depuis la veille, victime d'une mauvaise coupure qu'il s'est lui-même infligée en tentant d'ouvrir une huître.

— Monsieur Léon Saintonge ?

Cette voix, elle la reconnaîtrait entre toutes. Elle rebondit en écho sur les murs verdâtres de la salle d'urgence et jusque sur les parois de son cœur, pour les colorer d'un rouge ardent. Anaïs lève la tête au-dessus de la suite anonyme des patients en attente et le retrouve, aussi beau, calme et serein que l'autre soir, au cinéma. C'est bien lui. Léon se lève, grognant, agrippant sa canne et replaçant son veston fripé dans le creux de son coude. Elle lui attrape le bras pour l'accompagner.

— Je peux marcher tout seul ! Je ne suis pas encore un vieillard !

— Je veux seulement m'assurer que la trouille ne te fera pas tourner les talons au dernier moment.

En blouse blanche, le médecin les attend à la porte du bureau de consultation. Il est plus séduisant encore que la dernière fois qu'elle l'a vu. Ses cheveux coupés court révèlent la chair rose et tendre de son cou derrière le col de sa chemise à rayures. Anaïs s'approche tant qu'elle le peut pour humer les effluves de son eau de Cologne.

— Ne me tiens pas comme ça ! Desserre ton étreinte, bon Dieu !

— D'accord. Vas-y. Je retourne dans la salle, répond-elle, encore bouleversée par celui qu'elle vient de recroiser.

Et c'est le cœur enflammé et les mains moites qu'elle reprend place au milieu des éclopés.

Libérée de ses attaches professionnelles, Ariane Calvino quitte la métropole pour découvrir le Grand

Nord québécois. Elle a si peu voyagé, si peu accordé de temps aux loisirs, qu'elle se sent comme une étrangère débarquant sur une terre inconnue. Dans sa valise, elle aurait voulu emporter tous ces ouvrages qu'elle n'a pas eu le temps de lire au cours des dernières années. Il lui a fallu choisir, parmi la masse, quelques titres. Teilhard de Chardin fait partie des rares élus toujours essentiels pour nourrir sa quête d'absolu. Elle a besoin de s'éloigner, de se détacher, de prendre du recul, de ne rien contrôler, de ne plus décider. Elle compte se laisser flotter comme sur les eaux vives d'un ruisseau, tourbillonnantes, roulant d'une pierre à l'autre, sans résistance.

Les au revoir à sa fille ont été comme un baume sur sa blessure. Si Anaïs lui avait fait part de la moindre réticence quant à sa décision de partir pour un certain temps, elle aurait changé ses plans et serait restée auprès d'elle. Mais au contraire, la jeune femme s'est montrée fort enthousiaste à l'annonce de ce voyage, comme si le départ de sa mère la libérait. Curieusement, des deux, c'est la fille qui, pour une fois, se montrait la plus forte.

— Ta tristesse me pèse, maman, je m'en sens responsable. « Il ne faut pas », c'est ce que tu vas me dire. Mais tout de même, la lourdeur reste. Nous devons nous en sauver, toutes les deux, mais chacune de notre côté. Pour mieux nous retrouver par la suite.

— Toutes mes énergies vont à cet espoir.

— Un jour, nous célébrerons notre victoire, a ajouté Anaïs en l'entourant de ses bras et lui embrassant la chevelure.

Puis elle a ajouté en murmurant, avec une ferveur enfantine :

— Je crois que je suis amoureuse, vraiment amoureuse… Aussi, je te demande de partir sans inquiétude et de revenir heureuse, je t'en fais la prière. Pour que je puisse l'être complètement aussi.

Elles se sont quittées sereines, unies et résignées à cette séparation nécessaire. Elles espéraient se retrouver allégées, reconstruites, plus fortes. Voilà le pari qu'elles faisaient.

Dans ses songes, c'est avec Eugène qu'Ariane s'envole. Il avait mille fois imaginé ce voyage, tenant sa main pour partager les beautés de cet horizon béni des dieux. S'il avait peint cette terre bleutée sous tous ses angles, c'était en pensant à elle, tentant de lui transmettre l'intensité des émotions éprouvées devant les paysages féeriques, les aurores boréales, le soleil, plus scintillant en pleine nuit qu'aux beaux jours de l'été. Alors qu'elle se décide enfin à larguer les amarres, c'est en compagnie de son fils qu'elle découvrira ces paysages idylliques. Il aurait fallu agir alors qu'Eugène était encore là plutôt que de remettre à plus tard. La leçon lui est cruelle. Les découvertes qui l'attendent vont abreuver son âme et, elle l'espère, la rapprocher de celui qu'elle aimera toujours.

Faire confiance au temps, s'abandonner, fermer les yeux et espérer. Voilà ce qu'Anaïs se répétait, tel un mantra. Aujourd'hui, il est là, devant elle, assis à la table d'un restaurant, tout près de la Place des Arts, où il a acheté deux billets pour l'opéra. Le Dr Bernard Fortier semble émerger d'un halo lumineux, un peu comme sur ces images saintes de la petite école que les religieuses distribuaient à leurs élèves favorites. Il mange comme il parle : peu, lentement, par petites bouchées et sur un ton égal. Le silence s'étirant parfois entre deux propos ne l'incommode pas. Il regarde autour, observe, sans s'agiter ni s'alerter. C'est un être empreint de sérénité.

La peur, celle qui mord à l'arrière de son cou chaque fois qu'elle se trouve en compagnie d'un homme qui lui plaît, Anaïs ne la rencontre pas. Elle suit une route, docile. Alors qu'elle ne connaissait que la fuite, pour se sortir des situations menaçantes, voilà qu'elle s'accommode de rester, d'écouter, de parler, de répondre aux questions sur sa vie, ses goûts, son travail. Quand Bernard Fortier l'interroge, elle s'exprime librement. Elle qui a toujours pris plaisir à exagérer les anecdotes, à gonfler la réalité, se surprend à afficher une simplicité désarmante. Quelques phrases suffisent pour qu'elle trace un bilan de ces années d'enfilades effrénées de succès, pour qu'elle décrive cette quête d'amour du public et de reconnaissance de son talent ainsi que le vide, au bout de cette course folle.

— En juin dernier, j'ai tout arrêté. Je suis venue à Sainte-Adèle. Pour l'été. Je ne suis pas encore repartie.

Une fois son tour venu, il met un temps à s'engager, comme s'il se demandait par quel bout prendre un objet fragile.

— Je suis médecin. Comme mon père. Et mon grand-père. On a la vocation. J'ai grandi à Lachute. J'ai fait ma médecine à Montréal, mais je ne pouvais pas habiter en ville.

Le temps est suspendu, les passants vont et viennent, occupés. La rue Sainte-Catherine s'affaire, avec ses prostituées au travail, croisant les acheteuses pressées de regagner leur voiture. La nuit tombe. Un froid glacial paralyse les affaires. Devant un hamburger complet, un couple tombe en amour.

— En 1966, je me suis marié avec ma première petite amie, qui habitait mon village. Elle m'a suivi à Montréal. Puis à Sainte-Agathe, où on s'est installés. J'ai ouvert ma clinique. On a fait trois bébés coup sur coup. Je travaillais tout le temps. Elle s'est lassée de m'attendre, elle a rencontré quelqu'un. Elle est partie. Sans les petits.

— Des enfants, moi, je n'en ai jamais voulu. Avant…

Ce mot laissé en suspens l'étonne elle-même. Qu'est-elle en train d'insinuer ? Qu'elle serait prête à en prendre trois ? D'un coup ? Alors qu'elle entame tout juste les fréquentations avec leur père ? Elle fait dévier la conversation, histoire de se donner le temps de peser l'absurdité de ses propos.

— Que tu m'invites à l'opéra, ça m'a étonnée.

Du regard, il l'interroge, craignant de l'avoir déçue :

— Si tu préfères, on n'a qu'à aller ailleurs.

— Pas du tout ! Je suis ravie. Mon grand-père chantait l'opéra. Professionnellement, rétorque-t-elle en affichant un sourire candide.

Des étoiles s'allument dans les yeux de son cavalier.

— Et ma mère a fait carrière comme pianiste, en Europe, en Amérique du Sud, aux États-Unis. Après sa mort, pendant des années je n'ai plus écouté de musique : ça me faisait trop pleurer. J'ai mis du temps…

Les Variations Goldberg, du coup, se mettent en marche dans sa tête. Les préférées d'Agathe, chantantes, rythmées, heureuses, qu'elle répétait en oscillant vers la gauche puis vers la droite sur son banc. Et elle, sur le petit piano droit, qui essayait d'imiter son modèle. La minuscule chambre, au sous-sol de la maison, lui apparaît de nouveau, avec le sourire de cette femme qu'elle aimait, partie sans explications, disparue, envolée, plus jamais revue, mais qui semble toujours l'attendre.

— Je croyais que ta mère travaillait à Radio-Canada…

— En fait, c'est compliqué. J'ai eu deux mères… Quand la première est morte, la seconde a pris le relais.

Agathe Calvino se trouve au premier plan, digne comme une reine, alors qu'Ariane, en retrait, pose une main sur l'épaule de sa sœur aimée. Voilà le portrait qui tout d'un coup s'imprime en couleurs dans son esprit.

Tandis qu'Anaïs parle, Bernard approche une main vers elle, y dépose une caresse, douce et tendre, et remonte le long de son bras nu. Elle se sent transportée, heureuse comme jamais.

Colette Lemyre marche d'un bon pas dans la rue Sainte-Catherine. Elle doit avouer que sa meilleure amie lui manque, de même que leurs séances de shopping chez Marshall's, Ogilvy ou Eaton. D'Ariane autant que du Canada, elle doit faire son deuil. Comment, en effet, leur amitié pourrait-elle se remettre de leur dernière rencontre, empreinte de tellement de méchanceté ? Elle peine à y croire. Son retour à Montréal, grandement motivé par son désir de rejoindre celle qui lui était comme une sœur, a perdu tout son sens. Elle n'a trouvé auprès de sa confidente que fabulations accusatrices. *Gaétan avait raison : les Calvino sont des menteurs !* En plus de se remettre péniblement de la perte de son mari, elle a pris conscience de l'énormité des ragots véhiculés à l'endroit de celui-ci par la fille de sa plus grande complice ! Rien n'est plus odieux. Horrible ! Injuste ! Gaétan n'aurait jamais touché à Lucille, et encore moins à Anaïs ! Et son époux qui n'est même plus là pour se défendre ! C'est abject. Elle repart vers l'Amérique du Sud, où cette fois elle espère trouver définitivement la paix et se lier d'amitié avec des gens moins ingrats.

Anaïs veut réussir son carré d'agneau. Rien ne semble plus important aux yeux de la jeune femme que de suivre la recette écrite dans la bible, l'Encyclopédie de la cuisine canadienne. Bernard apprécie la bonne chère et, à l'occasion de leur premier souper officiel, seuls dans sa maisonnette, elle a mis la journée à concocter un repas de cinq plats semblable à ceux qu'elle se payait parfois à Montréal, les grands soirs de première.

Il s'annonce à la porte, un bouquet de roses dans une main et un chaton noir dans l'autre. Elle ouvre et, du coup, se sent gênée comme une gamine. Tout aussi bouleversé qu'elle, il tend la boule de poils âgée de quelques semaines à peine. *Jamais je ne sacrifierai ma liberté pour un animal...* Ces propos-là, elle les renie dès qu'elle tient contre elle l'espiègle minet aux yeux comme des billes bleues : elle faisait fausse route. Bernard et Anaïs échangent un regard empreint de cette tendresse qui baigne leurs rapports depuis quelques semaines. Ils se sont vus tous les jours, tantôt autour d'un chocolat chaud au restaurant du coin, tantôt dans les rues du village, partageant une marche de santé.

De sa main laissée libre, Anaïs frôle la sienne. Cette fois, les convenances ne résistent pas. Il l'agrippe, l'attire vers lui et, avec lenteur, pose un baiser sur sa joue, puis gagne sa bouche. Le chat entre eux fait valser les cordons de sa blouse indienne, indifférent à leurs baisers, plus intenses, plus profonds. Ne lâchant pas des yeux sa bien-aimée, Bernard pose son manteau, son chapeau et enlève ses bottes. Anaïs, comme pétrifiée, ne bouge pas. Il saisit le chaton et le porte délicatement sur le coussin du fauteuil de l'entrée. Puis, enfin libre, il se redresse et la rejoint.

— J'avais tellement hâte de te retrouver ! La journée ne finissait pas !

— Je commençais à m'inquiéter…

Il l'enlace et l'embrasse de nouveau. Après ces semaines d'attente, se retrouver à l'abri du regard des autres attise les braises ardentes de son désir. Il ne peut plus retenir cette envie d'elle qui l'obsède et l'éveille la nuit. Saisi par la force du sentiment éprouvé pour cette femme d'exception, il tente de revenir à la raison.

— J'ai trois enfants, tu le sais…, s'entend-il murmurer.

— Je les aime déjà, répond-elle avec conviction.

— Et un métier exigeant…

— La médecine m'a toujours intéressée. Et je suis de nature plutôt indépendante…

— Je vais vouloir te garder, je suis comme ça…

— Garde-moi, Bernard, s'il te plaît.

Il prend son temps, la cajolant, l'embrassant, murmurant des mots tendres. De ses caresses habiles, il explore son corps comme une terre nouvelle. Il ne cesse de s'extasier sur la douceur de sa peau, la beauté de ses traits, la langueur de ses gestes. Sans s'imposer, il lui fait découvrir le plaisir de l'attente. Pour une fois, elle se laisse guider, ce à quoi elle s'était refusée jusque-là. Avant ce jour, faire l'amour se résumait à atteindre l'orgasme le plus rapidement possible, et ce, quand elle y parvenait. Rien à voir avec l'échange, encore moins avec les émotions. Vulnérable, elle se laisse embrasser du haut jusqu'en bas et, quand la bouche de Bernard se pose sur son mont de Vénus, toute la douceur investie lui fait oublier les terrifiantes marques de l'enfance…

Bernard a la conviction que cette femme, son âme sœur, le comble. Il veut la protéger, la serrer dans ses bras et se blottir en elle à jamais. Alors qu'il s'était juré de ne plus aimer, de consacrer ses efforts à ses trois enfants à mener à l'âge adulte, il devra revoir ses plans, intégrer à son quotidien ce grand amour dont il ne peut déjà plus se priver.

— Viens habiter chez moi, demande-t-il, lui, habituellement si posé et réfléchi.

— Entendu. Mes cartons seront faits au courant de la semaine. J'ai peu de choses ici. Le gros de ce que je possède est à Montréal.

— Je viendrai t'aider… Car je souhaite que tu quittes la ville pour t'avoir toujours auprès de moi.

L'un comme l'autre ne sont pas sans savoir que leur décision est rapide. Mais ils ont avec eux l'expérience. Ils savent ce qu'ils veulent, ce qui leur convient. Ils ont discuté, échangé, ont pris le temps de faire connaissance. Leur accord physique survient comme une confirmation de ce qu'ils explorent depuis quelques mois. Loin des questionnements et des angoisses, ils ont l'impression de parvenir à un aboutissement. Rien n'a été planifié et pourtant tout les mène là, à cette acceptation. Ils sont faits pour vivre ensemble.

Le souper s'est finalement déroulé au milieu de la nuit. Le carré d'agneau se défaisait à la fourchette et fondait en bouche. Ils se sont délectés autant du repas que de pouvoir passer leur première nuit ensemble, les enfants de Bernard étant en sécurité sous les bons soins de la voisine. Au matin, c'est main dans la main qu'ils ont quitté la maisonnette d'Anaïs. Ils se sont rendus jusque chez lui, sous la neige, pour déjeuner avec les petits. Ni eux ni la bienveillante gardienne, pourtant catholique et à cheval sur les principes, ne se sont opposés à cette union annonciatrice d'un bonheur longtemps cherché de part et d'autre.

Chapitre 19

Émilienne a le dos bien droit et les fesses posées sur le banc de cuir de couleur sang-de-bœuf. Sous ses mains, le clavier prend vie et se met à chanter. Elle joue surtout du Bach, son compositeur préféré. Le petit piano droit ressemble à s'y méprendre à celui qu'Agathe avait acheté pour sa fille, il y a de cela une trentaine d'années. Anaïs a sélectionné l'instrument dans le catalogue et l'a fait venir à grands frais.

Fabien rentre, va en courant au réfrigérateur, se sert un verre de lait et attrape un sac de biscuits dans l'armoire. Il ne s'arrête jamais une minute, en raison de sa passion pour les sports qu'il partage avec ses amis. Il avale en vitesse un biscuit au gruau et aux raisins, salivant d'avance en reconnaissant l'odeur de son mets favori, le pâté au poulet qui cuit dans le fourneau. Au passage, il ne peut s'empêcher de taquiner Lucie, captivée par Bobino et Bobinette.

Une famille comme les autres vaque à ses occupations dans une petite ville de région, surprise par la nuit hâtive depuis le changement d'heure automnal. On profite de ce temps de flottement avant le moment du souper. Les enfants rentrent de l'école, les parents du travail, les commerces s'apprêtent à fermer. C'est un mardi soir ordinaire.

Anaïs s'affaire et jongle entre la soupe sur le feu, la lessive à plier, les devoirs et les leçons à vérifier. L'heure qui précède le repas du soir est toujours agitée. Exceptionnellement aujourd'hui, elle a pu rentrer plus tôt de la clinique, où de temps à autre elle dépanne son docteur adoré, accueille la clientèle, classe les dossiers, répond au téléphone. Pour le dessert, elle a préparé un gâteau au chocolat, qu'elle doit encore couvrir de glaçage chocolaté lui aussi. Elle s'étonne d'aimer autant cette vie humble et discrète, ces gens taiseux qui peuplent son quotidien sans artifices, loin de la ville, des caméras et du spectacle. Plus d'un an a passé depuis qu'elle habite cette maison au cœur du village et pas une seconde elle ne s'est ennuyée.

Cette soirée mémorable du 15 novembre 1976, alors que le Parti québécois – avec René Lévesque à sa tête – s'est emparé du pouvoir, Ariane n'est pas près de l'oublier. Elle avait connu l'homme à ses débuts et l'a appuyé bien avant qu'il parvienne enfin à son but ! Le peuple l'a élu, surmontant la peur et les menaces, pour accomplir ce grand rêve de faire l'indépendance de la province de Québec. Pour Ariane, cette victoire que personne n'attendait marque une étape. Tout ce qu'elle a fait au cours de sa vie, ses efforts pour permettre au peuple d'accéder à la culture et à l'éducation, elle l'a accompli avec l'espoir qu'un jour les Québécois s'affirment et s'affranchissent. Car pour elle, il ne fait aucun doute que cette culture héritée de France que son père avant elle a contribué à faire naître ici ne peut survivre que si on la protège comme une richesse. Le soir de cette élection, tous les efforts et tout le travail de son existence ont pris un sens. Cette accession au pouvoir s'apparente à une récolte…

Dès le moment où Ariane a vu de ses yeux toute l'immensité du Nord et qu'elle s'en est remplie, une sorte de paix l'a habitée. Et depuis plusieurs mois, Claude et André logent avec elle dans sa grande maison, et leur présence la rassure. Ils forment un joyeux trio, assistent à toutes les premières, discutent théâtre et cinéma, et projettent de faire un voyage ensemble. André est un gendre attentif et aimant. Restaurateur de talent, il s'avère un compagnon raffiné et son fils est heureux comme jamais. Henri, de son côté, est reparti sur les bateaux et parcourt toujours le monde, mais il écrit régulièrement et il appelle à la maison. Sa rébellion semble s'être enfin apaisée. Quant à Anaïs, elle respire le bonheur et l'harmonie depuis qu'elle a trouvé l'amour auprès de Bernard. Et Ariane, heureuse dans son rôle de grand-mère par alliance, s'abandonne au bonheur de voir grandir ceux qu'elle considère comme les siens. De temps à autre, quand la santé est de son côté, elle conduit Alice en voiture jusqu'à Sainte-Adèle. La vieille femme n'aime rien plus que d'enseigner de nouvelles pièces à la petite Émilienne, car la gamine ne manque pas de talent.

Léon Saintonge monte lentement les escaliers de son immeuble. Chaque marche lui semble un défi. Et pourtant, il ne peut se priver de sortir, de prendre l'air, de se rendre jusqu'au petit parc, de s'asseoir et d'attendre les autres vieillards du quartier qui sont devenus ses amis. Un jour, il le sait bien, ses jambes ne le soutiendront plus. Le temps et le diabète font leur œuvre, sans compter le manque d'argent…

Le plancher fendillé de l'entrée signale sa présence aux trois chats qui se précipitent sur le tapis. Minette, toute blanche avec quelques poils gris, se faufile entre ses jambes, se frottant de bonheur et toujours prête à accueillir de la visite. Bandit le terrible, au contraire, se méfie encore chaque fois qu'une clé glissée dans la serrure présage le retour de son maître. Quant à Grisou, qui ne pense qu'à manger, il se lèche déjà les babines. Compagnes de vie, ces trois bêtes sont devenues plus que des amies. Elles meublent le silence du petit matin et la terrible solitude du soir. Leur fausse indépendance attendrit le vieil homme, car il s'y reconnaît. Lui non plus n'a jamais supporté qu'on l'approche, qu'on le retienne et qu'on l'aime de trop près. Il se dirige vers la cuisine, sort une boîte de conserve. Grisou saute sur le comptoir, tourne autour du contenant, le lèche.

— Donne-moi le temps de l'ouvrir ! Bon sang !

Obéissant à la semonce, l'animal s'assoit, vaguement froissé. Léon s'empare de l'ouvre-boîte, le tient solidement tandis que le récipient se met à tourner. Il se surprend à saliver en identifiant l'odeur de thon qui s'en échappe. Il répartit la viande rosée dans les assiettes de ses minets, puis plonge sa fourchette une fois de plus dans la boîte et prend une bonne bouchée de pâtée. *Ça n'est pas si mal, et puis en Amérique ils nourrissent mieux leurs chats que leurs vieux artistes…*

Une sonnerie l'interrompt dans sa rêverie. Depuis qu'Anaïs a définitivement quitté le métier, comme il avait tout misé sur elle, il ne travaille plus. Et les fins de mois sont difficiles. Le téléphone se fait rarement entendre.

— Léon ? C'est moi ! J'ai une bonne nouvelle : une place s'est libérée pour toi ! Tu t'installes à La Maison des Lilas à la fin du mois ! Tu vas habiter un trois pièces dans un ancien couvent à dix minutes de chez nous, annonce Anaïs, radieuse.

L'amour peut transformer une existence. Il est bien placé pour le savoir : au crépuscule de sa vie, rien ne compte plus pour lui que cette enfant qu'il a conçue en toute insouciance, mais dont il mesure l'importance aujourd'hui. Sa fille a trouvé son équilibre et cette seule certitude suffit à le combler de joie. Ce n'est pas lui qui va tout brusquer avec des révélations bouleversantes, car elle le chérit déjà comme un père.

Léon se tourne vers ses chats et leur annonce que, bientôt, ils iront vivre à la campagne.

Bernard rentre tard, les vendredis. Ce matin, il a bravé le mauvais temps pour ouvrir son bureau, comme d'habitude. Rien ne l'empêche d'honorer ses rendez-vous avec ses malades. Pas même les soixante centimètres de neige qui se sont accumulés dans la journée. Le vent continue de souffler et de secouer les arbres, mais avec moins de force. L'homme marche d'un bon pas vers la maison, la bouche protégée par son col de manière à pouvoir respirer. Il ne sent ni le froid ni le vent. Il aperçoit un filet de fumée qui s'échappe de la cheminée et savoure son bonheur aussi tardif qu'inespéré. Jamais dans ses rêves il n'aurait imaginé avoir une vie aussi heureuse.

Anaïs, tablier fleuri autour des hanches, laisse son regard porter sur l'horizon. Elle sait que les montagnes, immuables, protègent son univers. Elles font désormais partie de son existence, comme des amies inconditionnelles.

La sonnette de l'entrée s'agite joyeusement. Comme à son habitude, Bernard a oublié ses clés sur le crochet, dans le hall. La chienne Miquette, défensive et plus mauvaise depuis qu'elle a mis sa première portée au monde, jappe avec vigueur, suivie de sa marmaille de chiots gaffeurs et encore maladroits dans leurs déplacements. Minou aux yeux bleus s'échappe des genoux de Lucie et court se cacher, fuyant les visiteurs. Anaïs jette un œil par le carreau de la fenêtre. *Je me suis trompée, ce n'est pas Bernard*, se dit-elle quand elle reconnaît Jacquelin Grignon, le facteur, un autre cœur fidèle.

— Il y a un colis pour Bernard et une lettre pour toi, ma belle fille, lance-t-il, incapable de vouvoyer la jeune femme qui pourtant l'impressionne beaucoup.

— Merci, monsieur Grignon ! Vous devriez rester chez vous par un temps pareil.

— Je suis bien équipé, ne t'inquiète pas !

Documents dans les mains, elle retourne à la cuisine et repasse devant la fenêtre. Au même moment, elle l'aperçoit, son Bernard. Son caban relevé sur les joues et son chapeau de castor posé sur le crâne. Leurs regards se croisent : il s'y trouve tout l'amour possible.

J'ai eu beaucoup de chance ; la vie a mis sur ma route des hommes extraordinaires. Il n'en a fallu qu'un seul pour risquer de me faire croire le contraire... Mais il n'a pas réussi.

Épilogue

Sainte-Adèle, le 24 décembre 1976

Bernard chéri,

En apparence, manier le verbe et la parole semble facile pour moi. Mais ça n'est qu'un leurre, car pour révéler les choses importantes je suis vraiment malhabile. Aussi je m'impose d'aborder ici un sujet difficile. Avant toi, je n'ai jamais souhaité avoir d'enfant. Je te l'ai dit maintes fois. Et pourtant, quand tes petits soleils sont arrivés dans ma vie, je les ai pris comme miens et les aime depuis comme tels. Mon rôle de mère me comble, mais mon plaisir est assombri par un secret que je ne peux plus garder.

Il existe en mon cœur une trace de mon passé que j'ai niée et reniée. À un tel point que j'en suis presque parvenue à l'oublier. Mais le bonheur que je vis avec toi et les enfants réveille des ombres. Aussi ai-je décidé de t'avouer la vérité.

Il y a quinze ans, jour pour jour, j'ai mis au monde une vie pleine de promesses. Une fille que j'étais alors incapable de chérir et de protéger. Convaincue de mon incompétence maternelle absolue, je l'ai confiée au hasard.

Si je ne t'en ai rien dit avant aujourd'hui, c'est parce que les mères n'abandonnent pas leurs enfants. Et que je me refusais à être de celles qui ont osé le faire. Il m'a fallu tout ce temps pour accepter ma faiblesse et la douleur qu'elle me causera toujours.

Le hasard est revenu me faire signe la semaine dernière. Ava, c'est le nom qu'on lui a donné, a trouvé de bonnes personnes sur sa route, des parents généreux et aimants qui lui ont donné une enfance pour forger ses jours. Ces gens m'ont écrit et m'ont libérée de l'angoisse d'ignorer tout de ce que ma fille devenait. Ava est heureuse. Je peux donc l'être entièrement moi aussi.

Voilà, il n'y a plus de secrets entre nous maintenant, et je peux vivre au grand jour.

Ta femme qui t'aime,
Anaïs

Remerciements

Sans l'appui indéfectible de plusieurs personnes, cet ouvrage n'aurait jamais vu le jour.

Merci à mes grands complices : Gabrielle, Jean-Michel et Bernard, pour l'amour, le soutien et les encouragements inconditionnels.

Merci à Johanne Guay, vice-présidente Édition, qui a cru à mon récit et m'a ouvert la porte du groupe Librex. Merci pour cette confiance, tellement essentielle.

Merci de tout cœur à Nadine Lauzon, éditrice incomparable, pour m'avoir prise sous son aile et encouragée à donner le meilleur de moi-même. Merci pour l'intelligence, la gentillesse, la grande compétence. Un tel apport dans l'aventure n'a pas de prix et donne à la tâche un goût de bonheur.

Merci à tous les gens du groupe Librex qui font un travail formidable. Je leur suis très reconnaissante.

Merci à ceux qui ont servi d'inspiration à mon histoire.

Merci à Anne, François, Marie-Claude, Lorraine, Louise, Annick, Louise, Suzanne, Sylvie, Hélène, Yvan, Marie-Hélène, Geneviève, Marie-Pierre, Annie, Michel et les autres, si précieux…

Merci aux amis, aux collègues, qui m'ont gentiment appuyée.

Un merci tout spécial à Chrystine.

Merci à ma grand-mère pour ces histoires qu'elle laisse derrière elle et pour celles qu'elle a pris le temps de me raconter.

Merci enfin aux lecteurs et aux lectrices de saisir cette main que je leur tends.

Merci à ceux qui m'écrivent.

À vous tous, un immense merci !

Cet ouvrage a été composé et mis en page
par PCA 44400 Rezé

Imprimé en France par CPI
en janvier 2018
N° d'impression : 2034497

POCKET – 12, avenue d'Italie – 75627 Paris Cedex 13

Dépôt légal : avril 2017
Suite du premier tirage : janvier 2018
S27252/02